1855
合衆国議会上院報告書

ペリー提督日本遠征書簡集
──上海・香港・琉球・江戸湾・小笠原・箱館──

梓澤　登訳
ティネッロ・マルコ解説

榕樹書林

マシュー・カルブレイス・ペリー Matthew Calbraith Perry（1794-1858）

　ロードアイランド州ニューポート生まれ。海軍軍人クリストファー・ペリーとアイルランド出身のセアラ夫妻の３男。兄弟全員が海軍軍人となり、妹２人は海軍士官・軍医に嫁した。14歳で士官候補生に登録され、練習船で基礎訓練を受ける。長兄オリヴァーは米英戦争（1812〜14）のエリー湖海戦を勝利に導き国民的英雄となる。戦中、海軍中尉に昇進したマシューは、14年末に銀行家の娘ジェイン・スライデルと結婚し、４男６女をもうけた。19年海軍大尉に昇進。翌年、最初の解放黒人送還船の護衛艦を指揮し、西アフリカへの入植を支援した。帰国後の21年に海軍少佐に昇進、西インド艦隊の一員としてカリブ海の海賊船拿捕に貢献。この時期に、声の大きさや威圧的態度からOld Bruin（熊おやじ）の綽名がついた。海軍工廠と艦上勤務をくり返しながら26年に海軍中佐、37年には当時の最高位である海軍大佐に昇進。海軍工廠司令官（41年就任）として、蒸気船導入や灯台施設改良、士官養成教育制度確立に尽力。後に、「蒸気船海軍の父」と称される。43年、アフリカ艦隊司令官。46年に勃発した対メキシコ戦争で艦隊副司令官（後に、司令官）として功績をあげる（〜48年）。52年３月、東インド艦隊司令官に任命され、11月、ミシシッピ号で日本に向け出航する。

―――――――――――

　1855年１月に帰国して以後、フランシス・L・ホークスとともに『遠征記』編纂作業に邁進する。持病のリウマチ性痛風が悪化し、全３巻が刊行されて間もない58年３月に死去（享年63）。

1

［凡例］

1．本書は、「合衆国第33連邦議会第2会期上院記録文書（番号34）」『合衆国大統領教書；海軍日本遠征関連の信書類開示を求める1854年12月6日上院決議にもとづく海軍長官報告を示達する』の完訳である。原本は榕樹書林蔵のものを使用した。

2．原本には元々目次はない。本書の目次及び 連番 は、本訳書制作にあたり付したものである。

3．（書簡番号を除き）［　　　］内は、訳者による補記。長文に及ぶ場合は、＊を付し、原文脚注と同様に、【訳注】として同一頁下段に掲載した。

4．度量衡はヤード・ポンド法による原文を、メートル法に換算して表記した。ただし、併記した個所もある。

5．原文中の地理（測量）データが、現在確認されているものと大きく異なる場合もあるが、逐一注記しない。

6．イタリック体の原文は太字で表記した。

　＊図版・写真は、『ペリー提督日本遠征記』原本（榕樹書林蔵）及びウィキペディアから収録した。

目次及び書簡リスト

001	1854.12	合衆国大統領の教書	9
002	1855.1.30	合衆国上院宛て	10
003	1.29	合衆国大統領宛て	10
004	1852.11.13	海軍長官からペリー提督に宛てた書簡	11
005	11.5	［国務長官代理］コンラッド氏から ［海軍長官］ケネディ氏に宛てた書簡	15
006	11.13	合衆国大統領より日本国皇帝に宛てた親書	24
007	12.13	ペリー提督から海軍長官に宛てた書簡	27
008	10.28	イギリス海軍本部委員一等書記官から ペリー提督に宛てた書簡	27
009	12.13	ペリー提督から イギリス海軍本部委員一等書記官に宛てた書簡	28
010	12.14	ペリー提督から海軍長官に宛てた書簡	29
011	1853.2.15	［国務長官］エヴァレット氏からペリー提督に宛てた書簡	33
012	2.2	ペリー提督から海軍長官に宛てた書簡［書簡番号４］	35
013	4.7	海軍長官からペリー提督に宛てた書簡	36
014	4.9	ペリー提督から海軍長官に宛てた書簡［書簡番号８］	37
015	4.18	海軍長官からペリー提督に宛てた書簡	39
016	4.25	海軍長官からペリー提督に宛てた書簡	40
017	5.6	ペリー提督から海軍長官に宛てた書簡［書簡番号11］	42
018	1852.9.22	（翻訳文Ｄ）オランダ領東インド総督から ペリー提督に宛てた書簡［書簡番号134］	44
019	1853.5.16	ペリー提督から海軍長官に宛てた書簡［書簡番号12］	46
020	5.11	マーシャル公使からペリー提督に宛てた書簡	48
021	5.7	アメリカ人商人からマーシャル公使に宛てた書簡	49
022	5.12	ペリー提督からマーシャル公使に宛てた書簡	50
023	5.13	マーシャル公使からペリー提督に宛てた書簡	51
024	5.16	ペリー提督からマーシャル公使に宛てた書簡	56
025	5.15	［ケリー司令官からペリー提督に宛てた書簡］	58
026	6.2	ペリー提督から海軍長官に宛てた書簡［書簡番号13］	59
027	9.5	海軍長官からペリー提督に宛てた書簡	60
028	6.25	ペリー提督から海軍長官に宛てた書簡［書簡番号15］	61
029	6.24	文書Ａ　ペリー提督の日誌（抜粋）	67

3

030		ケンペルの記述（抜粋）	72
031		『三国通覧図説』のクラプロートによる翻訳文（抜粋）	72
032	1853.6.28	ペリー提督から海軍長官に宛てた書簡［書簡番号16］	77
033	6.26	ケリー司令官からペリー提督に宛てた書簡	79
034	5.18	マーシャル公使からケリー司令官に宛てた書簡	80
035	5.18	ケリー司令官からマーシャル公使に宛てた書簡	80
036	5.23	アメリカ人商人からケリー司令官に宛てた書簡	81
037	5.28	ケリー司令官からアメリカ人商人に宛てた書簡	83
038	10.18	海軍長官からペリー提督に宛てた書簡	84
039	8.3	ペリー提督から海軍長官に宛てた書簡［書簡番号17］	85
040	7.30	M・C・ペリー提督と日本の当局者の予備折衝時に起きた出来事に関する覚書	88
041	7.12	［ペリー提督から皇帝に宛てた書簡］	94
042	6.-	日本の皇帝が伊豆国戸田候に授与した信任状（英訳文）	96
043	6.-	浦賀奉行・香山栄左衛門の証明書（英訳文）皇帝の親書および印影が真正であることをここに保証する	96
044	6.9	ペリー提督に渡された伊豆候および石見候の受理証（英訳文）	98
045	7.14	ペリー提督から皇帝に宛てた書簡	104
046	7.7	ペリー提督から皇帝に宛てた書簡	107
047	11.14	海軍長官からペリー提督に宛てた書簡	110
048	8.31	ペリー提督から海軍長官に宛てた書簡［書簡番号18］	114
049	8.28	シンクレア副司令官からペリー提督に宛てた書簡	117
050	8.18	［アメリカ人商人からペリー提督に宛てた書簡］	118
051	8.24	［ペリー提督からアメリカ人商人に宛てた書簡］	121
052	9.2	ペリー提督から海軍長官に宛てた書簡［書簡番号20］	123
053		文書A　J・ケリー司令官への指令書（抜粋）	126
054	7.30	文書B　琉球に留まるようケリー司令官に命じた指令書	127
055	8.22	文書C　ケリー司令官からペリー提督に宛てた書簡	129
056	11.19	海軍長官からペリー提督に宛てた書簡	130
057	9.26	ペリー提督から海軍長官に宛てた書簡［書簡番号21］	131
058	10.9	ペリー提督から海軍長官に宛てた書簡［書簡番号22］	133
059	9.22	［マーシャル弁務官からペリー提督に宛てた書簡］	136
060	9.29	［ペリー提督からマーシャル弁務官に宛てた書簡］	138
061	8.28	［シンクレア副司令官からペリー提督に宛てた書簡］	140
062	10.24	ペリー提督から海軍長官に宛てた書簡［書簡番号25］	141

063	1854.1.13	海軍長官からペリー提督に宛てた書簡 ……………… *143*
064	1853.10.28	海軍長官からペリー提督に宛てた書簡 ……………… *144*
065	11.20	ペリー提督から海軍長官に宛てた書簡［書簡番号26］…… *146*
066	11.5	［広東在住アメリカ人商人からペリー提督への第2信］… *148*
067	11.9	［ペリー提督からアメリカ人商人に宛てた書簡］……… *150*
068	12.24	ペリー提督から海軍長官に宛てた書簡［書簡番号30］… *151*
069	11.12	文書A　ロシアの最高司令官から ペリー提督に宛てた書簡 ……………… *154*
070	12.22	イギリス通商監督官からペリー提督に宛てた書簡 …… *155*
071	10.1	ハワイ諸島駐在イギリス領事代理から 同国外務卿に宛てた書簡 ……………………*156*
072	12.27	1843年に出版された『小笠原諸島』からの抜粋 …………*157*
073	12.23	ペリー提督からイギリス通商監督長官に宛てた書簡………*159*
074		ペリー提督の日誌（抜粋）………………………… *162*
075		クラプロートの記述（抜粋）……………………… *163*
076		『三国通覧図説』のクラプロートによる翻訳文（抜粋）………*163*
077	12.17	文書E　ウォーカー司令官からペリー提督に宛てた書簡 …*164*
078	1854.1.2	ペリー提督から海軍長官に宛てた書簡［書簡番号31］………*166*
079	1853.12.26	文書A　マーシャル公使から ペリー提督に宛てた書簡（機密扱い）………………*167*
080	12.29	文書B　ペリー提督からマーシャル公使に宛てた書簡 …… *170*
081	12.24	文書C　マーシャル公使からペリー提督に宛てた書簡 …… *173*
082	1854.1.9	ペリー提督から海軍長官に宛てた書簡［書簡番号33］………*175*
083	1.4	［マーシャル公使からペリー提督に宛てた書簡］……………*179*
084	1.9	ペリー提督から海軍長官に宛てた書簡［書簡番号34］……… *189*
085	1.12	ペリー提督から海軍長官に宛てた書簡［書簡番号36］………*191*
086	1853.12.24	ウォーカー司令官から ペリー提督に宛てた書簡［書簡番号19］………*192*
087	12.24	上海駐在副領事E・カニンガム氏から ニンフ号にて届いた1853年12月24日付書簡の抜粋………*193*
088	1854.1.8	マーシャル公使からペリー提督に宛てた書簡 ……… *194*
089	1.12	ペリー提督からマーシャル公使に宛てた書簡 ……… *195*
090	1853.9.29	ペリー提督から ハンフリー・マーシャル閣下に宛てた書簡の抜粋………*196*
091	9.30	ペリー提督からウォーカー司令官に宛てた書簡の抜粋 … *196*
092	1854.1.14	ペリー提督から海軍長官に宛てた書簡 ………………………*197*

5

093	1854.1.25	ペリー提督から海軍長官に宛てた書簡［書簡番号38］ ········*199*
094	1.25	ペリー提督から海軍長官に宛てた書簡［書簡番号39］ ······*202*
095	1853.12.23	オランダ領東インド総督から ペリー提督に宛てた書簡（翻訳文）·······*206*
096	1854.1.23	ペリー提督からオランダ領東インド総督に宛てた書簡 ·······*207*
097	5.30	海軍長官からペリー提督に宛てた書簡 ·······*208*
098	2.9	ペリー提督から海軍長官に宛てた書簡［書簡番号41］ ·······*210*
099	2.25	海軍長官からペリー提督に宛てた書簡 ·······*214*
100	3.20	ペリー提督から海軍長官に宛てた書簡［書簡番号42］ ·······*216*
101	3.23	M・C・ペリー提督が率いる合衆国艦隊が 第2次日本訪問の際に対応した事項についての覚書·······*218*
102	2.18	ペリー提督による注意書き（日本当局者への対応）·······*222*
103	2.20	ペリー提督が アダムズ艦長に搬送を託した［短信の写し］·······*223*
104	2.24	［林大学頭からペリー提督に宛てた回答書（翻訳文）］·······*226*
105	3.1	［ペリー提督から林大学頭に宛てた書簡］·······*228*
106	3.17	ペリー提督の回答に対する日本側交渉委員の提案 ·······*233*
107	3.23	1854年3月17日に行われたペリー提督と日本側交渉委員の 会見の場で合意された事項についての日本の主張 —記号Gを付し、添付する ·······*238*
108	3.1	文書B　ペリー提督から林大学頭に宛てた書簡 ·······*242*
109	3.1	文書C　［ペリー提督から林大学頭に宛てた書簡］·······*243*
110	3.8	文書D　3月8日水曜日、首席交渉委員に手渡した覚書 その場で通訳を介して議論が交わされた ·······*246*
111	3.17	文書E　日本の皇帝に宛てた 大統領親書への回答（翻訳文）·······*247*
112	3.10	文書F　［ペリー提督から林大学頭に宛てた書簡］·······*249*
113	3.17	文書G　1854年3月17日に行われたペリー提督と 日本側交渉委員の会見の場で合意された事項についての 日本の主張 ·······*251*
114	3.23	文書H　日本側交渉委員が持参した回答文書の オランダ語版 ·······*251*
115	3.23	同じく中国語版 ·······*251*
116	3.15	日本側交渉委員からペリー提督に渡された覚書 ·······*252*
117	2.2	ペリー提督から海軍長官に宛てた書簡［書簡番号40］·······*253*
118	1.18	蒸気フリゲート艦サスケハナ号乗組員の雇用期限一覧 ·······*257*

119	1854.1.18	蒸気フリゲート艦ミシシッピ号乗組員の雇用期限一覧 ……258
120	4.1	ペリー提督から海軍長官に宛てた書簡［書簡番号43］………259
121	4.3	（ペリー提督による）覚書の続き …………………………262
122		文書ＡＡ　日本との条約の
		いくつかの条項に関する注釈的な覚書 …………264
123	4.1	ペリー提督から林大学頭に宛てた書簡 …………………267
124	4.4	ペリー提督から海軍長官に宛てた書簡［書簡番号44］………268
125	5.30	ペリー提督から海軍長官に宛てた書簡［書簡番号50］………269
126	5.30	文書ＢＢ　旗艦副官からペリー提督に宛てた書簡 …………271
127	3.31	［日米和親条約］ …………………………………………272
128	1853.10.1	大琉球島、那覇への航路指示（1854.5.27追記）…………275
129		大琉球島、運天港、別名メルヴィル港 …………………278
130	10.1	小笠原諸島、父島二見湾港への航行指示ならびに
		サラトガ号とサスケハナ号航海士代理マディガンと
		ベネットから報告された観察記録（抜粋）…………279
131	1854.7.18	ペリー提督から海軍長官に宛てた書簡［書簡番号52］………281
132	6.17	文書Ａ　［和親条約追加規則］ …………………………284
133	6.12	文書Ｂ　交渉委員２名の信任状 …………………………286
134	6.15	文書Ｃ　交渉委員２名からペリー提督への書簡 …………287
135	6.28	文書Ｄ　下田港に入航するアメリカ船舶への
		水先案内ならびに物資補給に関する規則 ……………290
136	6.27	文書Ｅ　下田港水先案内人の任命・案内業務料金の制定 …292
137	7.18	ペリー提督から海軍長官に宛てた書簡［書簡番号53］………293
138	7.19	ペリー提督から海軍長官に宛てた書簡［書簡番号54］………295
139	7.20	ペリー提督から海軍長官に宛てた書簡［書簡番号54Ａ］………297
140	7.7	文書Ａ　琉球王府総理官が準備した釈明書 ………………299
141	7.−	文書Ｂ　東村［現在の那覇市東町］在住の
		50歳女性ミトゥに関する裁判所の調査結果 …………301
143	7.11	文書Ｃ　ペリー提督から琉球王府総理官に宛てた書簡 ……303
143	7.17	合衆国と琉球王国の盟約［琉米修好条約］
		1854年７月11日、大琉球、那覇で調印 …………304
144	7.29	ペリー提督から海軍長官に宛てた書簡 …………………306
145	7.22	［ケリー司令官からペリー提督に宛てた書簡］ …………306
146	3.7	文書Ａ　副官からケリー司令官に宛てた書簡 ……………311
147	9.19	海軍長官からペリー提督に宛てた書簡 …………………313
148	10.7	ペリー提督から海軍長官に宛てた書簡 …………………314

7

149	1854. 9.19	［ペリー提督からマクレーン弁務官に宛てた書簡］ …………	317
150	10. 9	ペリー提督から海軍長官に宛てた書簡 …………………	318
151	10.14	ペリー提督から海軍長官に宛てた書簡 …………………	320
152	1855. 1.20	ペリー提督から海軍長官に宛てた書簡 …………………	321
153	1854. 7.31	ミシシッピ号乗組員一同からペリー提督に宛てた書簡 …	322
154	8. 1	ペリー提督からミシシッピ号乗組員一同に宛てた書簡 …	324
155	9. 4	アメリカ人商人からペリー提督に宛てた書簡 ……………	325
156	9. 7	ペリー提督からアメリカ人商人に宛てた書簡 ……………	327
157	9. 9	在中国イギリス官吏一同からペリー提督に宛てた書簡 …	328
158	9.11	ペリー提督から在中国イギリス官吏一同に宛てた書簡 …	329
159	7. 7	Wm・L・モーリー合衆国海軍副官による 　　下田港への航行指示 …………………………………	330
160	7.18	Wm・L・モーリー合衆国海軍副官による 　　箱館への航路指示 ……………………………………	334
161	9. 4	Wm・L・モーリー合衆国海軍副官による 　　江戸への航路指示 ……………………………………	336

訳者あとがき ……………………………………………………………… *340*

解説「ペリーの議会への報告書書簡」の訳稿について

　　　　　　ティネッロ・マルコ ………………………… *345*

人名索引 ……………………………………………………………………… *360*

地名索引 ……………………………………………………………………… *364*

8

001

行政文書番号 第34号

第33連邦議会第2会期　　　上　院

合衆国大統領の教書

海軍の日本遠征に関連する往復書簡等の開示を求めた1854年12月6日の上院決議にもとづく海軍長官の報告をここに送達する。

1855年1月31日——外交関係委員会で読み上げられ、付託された。
1855年2月2日——印刷への回付を命じられた。

Franklin PIERCE　President

002

　合衆国上院宛て

　大統領に要請のあった昨年12月6日の上院決議に応じます。
　要請の内容は「公益に反しないと大統領が判断する範囲で、海軍
の日本への派遣ならびに日本政府との条約締結に至る経過、および
交渉内容に関連する指示命令書や往復書簡、その他の諸文書を上院
に開示されたし」というものでした。
　海軍長官から提出された報告を、添付の資料類とともにここに送
達します。

フランクリン・ピアース[1]
ワシントン　1855年1月30日

───────────

003

海軍省
1855年1月29日
　海軍長官は、昨年12月6日の上院で決議された「公益に反しない
と大統領が判断する範囲で、海軍の日本への派遣ならびに日本政府
との条約締結に至る経過、および交渉内容に関連する指示命令書や
往復書簡、その他の諸文書を上院に開示されたし」との要請にもと
づき、当該書類の写しをここに大統領に提出いたします。
J・C・ドビン
　合衆国大統領宛て

───────────────────────────────

1　フランクリン・ピアース（1804-69）合衆国第14代大統領（1853-57）

004

海軍長官からペリー提督に宛てた書簡

合衆国海軍省
ワシントン　1852年11月13日

謹啓

　蒸気フリゲート艦ミシシッピ号の準備が整い次第、出航してください。蒸気艦船プリンストン号が中国のマカオもしくは香港まで随行しますが、当地には提督の指揮下に入る複数の艦船が集結する予定です。移動中に、補給などが必要と判断された場合には、随時寄港してください。

　東インドおよび中国海域におけるわが国の海軍力を増強する必要があると判断するにいたった理由については、1852年11月［5日］付で国務長官から海軍省に宛てた書簡の写しを同封しますので、参照してください。

　現下の艦隊は、ブキャナン司令官が指揮する蒸気フリゲート艦サスケハナ号、ケリー司令官のスループ型帆船プリマス号、ウォーカー司令官のスループ型帆船サラトガ号で構成されています。さらに、シンクレア副司令官の物資輸送船サプライ号が集結地に向けて航海中です。

　この艦隊に、可能な限り早期に、以下の艦船が合流する予定です。

　ポールディング艦長の戦列艦ヴァーモント号、マクルーニー艦長の蒸気フリゲート艦ミシシッピ号、アボット艦長のコルヴェット艦マセドニアン号、リー司令官の蒸気艦船プリンストン号、サンズ司令官の蒸気艦船アレゲイニー号、ポープ司令官のスループ型帆船ヴァンダリア号、ボイル副司令官の物資輸送船サウサンプトン号。

　この編制については、東インド艦隊の新司令官についたジョン・H・アウリック提督への概括的指示の写しが閣下のもとに届く予定です。指揮発令に際してきわめて有効かつ応用度の高いものですが、これに添えて、アウリック提督に宛てたさまざまな指示命令書の写

11

しを同封します。集結地に到着次第、お目通しください。

　閣下が政府から委任された日本への使節団という特別な任務については、断固たる決意とともに格段の慎重さが求められますが、閣下におかれては、いかなる緊急事態にも万全の対応ができるものと海軍省は全面的に信頼しています。

　日本への特使という課題の遂行にあたって、閣下には大きな裁量権が付与されているうえ、公文書送達船、通訳、現地の荷役<ruby>荷役<rt>クーリー</rt></ruby>ほか所期の目的達成に必要なすべての手段の使用が認められています。国務長官から届いた同封の書状に記載されている提案については、指針として受けとめ、政府の指示と理解してください。

　中国政府に対するアメリカ市民の主張を裁定する際には、中国駐在弁務官と協議を尽くし、弁務官の中国政府への要求を一貫して重視する方向でお取り組みください。

　日本および隣接する大陸や島々の沿岸部の探索には、特段の配慮を傾けるようお願いします。注目に値する場所の有無を、精細かつ広角的な観察眼によって確認し、港や河川などの進入口、浅瀬とその周辺では深浅測量を実施して、海図の作成に必要な水路測量情報をもれなく収集してください。

　すべての信頼にたる情報源、とりわけ領事代理あるいは代理商からの情報、具体的には、これから訪問する国や地域の社会的・政治的・経済的状況、特に商業分野の最新動向の情報収集には細心の注意を向けるようお願いします。この目的を達成するために、配属士官のさまざまな才能や習得技術を積極的に活用してください。これらの作業と探査の成果を、できる限り頻繁かつ詳細に海軍省に報告するようお願いします。

　閣下が一時不在にされる場合も、万全の態勢が求められます。最大限の警戒と用心を全艦隊に徹底してください。

　1837年3月2日に承認された布告は、「海軍勤務を希望する青年の入隊に備え、上等水兵の服務期間を延長する」ためのものですが、

その第2項は次のように規定しています。

　「海軍に入隊した者は誰であれ、外国勤務で雇用されて合衆国の公用艦船にて航海中に服務期間が満了した場合は、公用もしくはその他の船舶で本国に送還させることが、当該者所属の艦隊fleet、船隊squadronあるいは艦船の司令官の責務である。ただし、期間満了者の身柄拘束が公益に照らして必須とされる場合には、当の艦船が合衆国に帰還するまで、前述の司令官は拘束を継続できる」

　さらに第3項は次のように規定しています。

「本布告の前項により、服務期間満了後も拘束される者は、合衆国への帰還まで海軍省の法令・規則に例外なく従うものとする。さらに、勤務する艦船の帰還まで拘束される者および志願により再入隊する者は、引き続き勤務する艦船の帰国まで、すなわち本国で規則に準じ除隊するまでの拘束期間あるいは再入隊による服務期間について、在来給与に加えて25％の割増額が支払われる」

　したがって閣下は、公益を満たす場合には、上記布告に定められた権限を行使してください。あるいは寄港先で採用する新規入隊者によって船隊総定員数の維持が可能と判断した場合には、航行中に服務期間が満了するすべての者を合衆国に送還してください。ただし、いかなる場合にあっても、軍務の緊急事態対応が最優先されることは言うまでもありません。

　遠征の成功にとって重大な脅威となる案件に、いずれ直面されることでしょう。それは艦隊の動向を伝える印刷物や新聞への情報提供ならびに個々の艦船内の規律や内部規則に関連するすべての問題に影響します。これらの事柄について友人その他への手紙で言及す

2　一般に艦隊はfleetの訳語として使用され、squadronは小艦隊あるいは船隊とされる。本原書ではsquadronが一貫して使用されているが、「艦隊」とした。「訳者あとがき」参照。

ることを指揮下の全員に禁じてください。遠征に関与する士官以下全員の日誌や私的記録は、公表の許可が海軍省からおりるまで、政府に帰属するものと見なされます。

閣下が必要と判断される補給品については、時宜を得てしかるべき部局の長に申し出る、あるいは航海の目的に最適な手段で入手するようにしてください。

出航までに、1800年4月23日に承認された海軍省改革布告の第29条に準拠して、両艦船の正確な乗組員名簿を海軍省に送付するよう、閣下からお手配ください。

航海の成功ならびに閣下、士官各位、乗組員一同が祖国と友人のもとへ無事に帰還されるよう切に祈りつつ、謹んで閣下の忠実なる僕より
<small>しもべ</small>

ジョン・P・ケネディ

バージニア州ノーフォークにて
東インドおよび中国海域艦隊司令官に任命された
M・C・ペリー提督閣下

John P. KENNEDY

|005|

［国務長官代理］コンラッド氏から［海軍長官］ケネディ氏に宛てた
書簡

国務省

ワシントン　1852年11月5日

謹啓

　日本に向かう艦隊の出航準備がまもなく完了するにあたり、大統
領の指示により遠征の諸目的を説明し、目的達成の方法に関連する
いくつかの一般的指示をお伝えします。

　ヨーロッパの国々が日本列島を最初に巡回して以降、大規模な人
口と富の蓄積が商業面で大きな魅力をなすこの国との通商関係を確
立しようと、さまざまな海運国が絶えざる努力を傾けてきました。
ポルトガルが最初に試み、これを先例にして、オランダ、イギリス、
スペイン、ロシアが続き、最後にアメリカが参画しました。

　しかしながらこうした試みは、成功にはほど遠い状況で今日にい
たっています。ポルトガルは短期間ですがこの島国と交易する認可
を得ましたし、オランダにも、長崎港に年1回、1隻の大型船を停
泊させることが認められましたが、注目するほどのものではありま
せんでした。

　中国は日本の島々と相当量の交易がある唯一の国です。

　こうした排他的制度は厳格に実行されて、外国の船舶は遭難時の
入港も許されず、漂流民をいたわる行為さえ禁じられています。

　1831年に日本の小型帆船（ジャンク）が遭難し、数か月漂流した後、オレゴ
ン州のコロンビア川河口付近に漂着したことがありました。アメリ
カの船舶モリソン号が乗組員の生存者を日本まで送り届けることを
引きうけたのですが、江戸湾に入るや海岸からの砲弾を浴びました。
修理をほどこして別の港に向かい、上陸を試みましたが、やはり手
荒な歓迎を受け、日本人を乗せたままアメリカに戻ったのです。

　日本の沿岸で難破あるいは座礁した船舶の乗組員は、残酷きわま

りない仕打ちを受けます。近年も、こうした事例が2件発生しています。1846年、わが国の捕鯨船ラゴダ号とロレンス号が日本の本州で難破したとき、乗組員は拘束されたうえ、残酷な扱いを受けたのですが、長崎のオランダ総督の仲裁によってなんとか命拾いしたとのことです。——（第32回合衆国議会第1会期、上院文書番号59の写しを同封します。ご参照ください）

　いずれの国も、他国と交流する範囲については自己決定権を有することは明らかです。しかしながら、この権利を行使する国を保護する国際法は、看過できないいくつかの義務を当該国に課しています。

　とりわけ、その国の沿岸で海難に遭遇した人々を救援する義務は絶対的なもので、強制力のない公法とはいえ、法律起案者が特記した義務のひとつです。公法は、他国に対してなんらかの行為を強要する権利を認めませんが、それでもなお、ある国が習慣的、制度的にこれを無視するばかりか、不幸な事態におちいった人々を凶悪な犯罪者であるかのように扱うならば、このような国は人類共同の敵と見なされてしかるべきです。

　世界の文明諸国が長期にわたって、愚鈍で野蛮な状態から抜けきれない人々によるこうした処遇を甘受してきた事実は、その国が遠く離れていることもあり、こうした対応がおそらく稀な事例であるうえに、厳罰を処するには非常な困難がともなった、と推測するしかありません。

　日本がアジア大陸並みの距離でヨーロッパやアメリカの大陸に近接していたなら、その政治体制もずっと以前に野蛮なものとして扱われるか、文明国の慣行を尊重して、その庇護のもとに入るよう強制されるか、したことでしょう。

　海軍省としては、日本との通商関係を確立しようとこれまで再度

3　本書には収録されていない。類似例が以後も散見されるが逐一注記しない。

にわたり試みてきました。1832年には、ロバーツなる人物を特別代理人に任命し、東洋のさまざまな国、とりわけ日本との条約を協議する権限も与えましたが、日本の地を踏まずして亡くなりました。1845年には、2隻の戦艦を率いたビドル提督が日本に派遣され、接近可能な港の所在を確認しました。ところが、提督には「アメリカ政府への敵対感情あるいは不信感を刺激しないよう」警告が発せられたのです。

ビドル提督は江戸に向かいましたが、日本はオランダと中国以外の外国とは交易できないと通告され、日本を退去し再来することのないよう、強硬な態度で拒否されました。ビドル提督には人格にかかわる侮辱まで加えられたのですが、直後に起きたラゴダ号の乗組員への蛮行は、ある意味では、優秀な士官が部下への指示に束縛されて自制したことが原因だったかもしれません。―――（前述文書の64頁をご参照ください）

最近の一連の出来事――蒸気船による大洋航海、太平洋に広大な海域をもつ日本による占有と急展開の入植、当該地域での金の発見、ふたつの大洋を分断する地峡を横断して確立した速報態勢[4]――は実用面で、東洋の国々とわが国の距離を縮めました。こうした出来事の重大性は、ようやく理解されはじめたばかりですが、東洋の国同士の通商関係はすでに大幅に拡大し、今後もその動きは止まらないでしょう。

これらの海域を航行するアメリカ市民を保護する任務は、もはや先延ばしにはできません。こうした次第で、1851年に当時、東インド諸島海域の海軍を指揮していたアウリック提督に、日本政府との交渉を開始するよう指令が下されました。この指令に沿って実現した成果は皆無だったと考えられており、今次の遠征では、アウリック提督に付与されたものとは比較にならない権限が、ペリー提督閣

---

4 1850年に着工したパナマ鉄道の敷設（1855年開通）を指す。

下には授けられています。

　海軍省が追求する目標は、以下の通りです。

　　1．日本の島々で難破したり、荒天により日本の港に避難した
　　　アメリカ人船員と資産を保護するための恒久的な協定を結
　　　ぶこと。

　　2．食糧、水、燃料などの補給品を入手するために、あるいは
　　　被災時に航海の継続を可能にする修理を実施するために、
　　　アメリカの船舶がひとつまたは複数の日本の港に入る許可
　　　をとりつけること。
　　　石炭貯蔵所の設置許可を得られるなら、その意義はきわめ
　　　て大きく、主要な島が無理な場合は最小限、沿岸に点在す
　　　る無人島への設置を認めさせること。

　　3．アメリカの船舶が、販売や交換を目的とする貨物を仮置き
　　　する目的で、ひとつまたは複数の日本の港に入ることを認
　　　めさせること。

　海軍省には、他の国々との間で条約を締結したり、苦情を処理す
る権限はありません。したがって、上記事項のいずれかにおいてな
んらかの譲歩が得られても、他国の住民あるいは船舶にまで適用す
る必要がないことは言うまでもありません。海軍省は、独占的な商
業利益の獲得自体を今次遠征の目的にはしていませんが、それとは
別に、成果としていかなる恩恵を得ようとも、最終的に文明世界で
共有することを願い、期待しています。

　日本の港がある国に開放された場合には、時をおかずすべての
国々に開放されるべきことは当然です。

　以下に述べるいくつかの理由から、閣下の交渉において他国の不
正あるいは主張に言及することは目的達成から逸脱し、失敗を招き
かねません。

　先に述べた目的をいかに達成するか、これが次なる問題です。

過去の経験から明らかですが、現地の住民に声をかけて議論や説得を試みても、為政者の明確な意思表示によって支援されるのでなければ、まったく役にたちません。

　したがって閣下におかれては、艦隊の司令官に対し、日本沿岸の最も適切と判断される地点をめざし、総力をあげて航行するよう指示してください。さらに、日本政府との連絡態勢の確立に努め、可能であれば皇帝Emperor[5]にじきじきに面会して、大統領から託された親書を手渡すようご指示ください。

　艦隊司令官は、皇帝への大統領親書を届け、両国にとって重要な課題について日本政府と意見を交換するために太平洋のかなたから大統領によって派遣されたことを言明してください。また、大統領は日本に対して友好的な感情を抱いているものの、アメリカ国民が自らの意思で日本に向かい、あるいは、皇帝の領土内で海難にあい漂着した際に、凶悪な敵のように扱われることを知り、驚き悲しんでいることもはっきり伝えてください。とりわけ、先に述べた船舶モリソン、ラゴダ、ロレンスの事例にはかならず言及してください。

　また、海難事故にあった乗員や船舶に関する、わが国などキリスト教国家の慣習についての情報を、艦隊司令官から皇帝に提供してください。さらに、海上で遭難した皇帝の臣民が救助されて、カリフォルニアに運ばれた後、祖国日本に送り届けられた最近の事例に言及してください。

　そのうえで、アメリカ政府がなんらかの確たる保証を日本政府からとりつけたいと考えていること、今後日本の沿岸で事故に遭遇した者や、悪天候で日本の港に漂着した者は人間的に処遇されるべきこと、さらに、両国間の通商を拡大するための合意形成を希望していること、等々について言明してください。通商関係の確立には困

5　本書では、江戸幕府の将軍を指す。皇帝陛下の尊称を訳語として使用する場合も同じ。

難も予想されますが、おそらく不可能な課題ではないはずです。

キリスト教国家との交流に日本人が頑なに反発するのは主として、初期のとりわけポルトガルの伝道者による、布教に熱心なあまり思慮を欠いた行動が原因と見られています。したがって提督は、アメリカ政府が他のキリスト教国家とは異なり、自国の民衆が信奉する宗教、まして他国民の信仰には一切干渉しないことを伝えてください。

日本人が抱く不安や偏見は、おそらくイギリスの東洋制覇や最近の中国侵略についての伝聞にもとづく反発が大きく作用しているように思われます。アメリカ人が同じ言語で会話することから、アメリカ合衆国の市民をイギリスの臣民と混同するのは自然なことです。実際、先に記した船舶乗組員への粗暴な扱いは、イギリス人であると疑ったことが要因になった可能性もあります。——（ラゴダ号の乗組員の発言を参照してください）。

したがって、ペリー提督からは、アメリカ合衆国はヨーロッパのどの国の政府ともつながりのないことを日本政府に説明してください。アメリカ人は日本とヨーロッパの中間に位置する広大な国土に定住しており、ヨーロッパの国々が日本を最初に訪問したのと同じ頃に、アメリカも同様に発見されたこと、ヨーロッパに近接するアメリカ大陸の一部に居住した人々がヨーロッパからの移民であること、しかも、定住域は国土全体に急速な広がりを見せ、いまや太平洋沿岸にまで迫っていることなどもご説明ください。

太平洋沿岸には大きな都市がいくつかあり、蒸気船が発達したおかげで日本には20日間で到着できること、地球上のあらゆる地域とわが国の交易が急速に拡大し、海域の一部がアメリカの船舶で埋め尽くされるのもそう遠い日ではないことを説明してください。合衆国と日本の距離は日を追って短縮され、わが大統領は皇帝との平和的・友好的関係を望んでいること、ただし、日本が国策を変更し、アメリカ人への敵対的行動を停止しなければ、両国の友好関係は成

20

り立たないことを説明してください。日本の閉鎖的政策は当初は賢明なものであったかも知れないが、両国の交流が格段に容易なものとなり、時間も短縮された今となっては、分別に欠け、実際的でもないことをご説明ください。

提督が、あらゆる議論とあらゆる説得手段を尽くしてもなお、日本政府から排他的制度の緩和どころか、難破船乗組員への人道的な処遇の保証さえ得られない場合には、論調を変えて、アメリカ政府の断固たる決定であることをこの上なく強い言葉で通告してください。

さらに今後、悪天候により日本の沿岸で難破し、いずれかの港に入船する可能性のあるアメリカの市民ならびに船舶が、停泊を余儀なくされる期間、人道的な扱いを受けるべきこと、もしなんらかの残酷な行為がアメリカ市民に加えられた場合には、それが日本の行政機関によるものであれ、住民によるものであれ、厳しく処罰されるべきことも通告しなければなりません。

以上述べてきた項目のいずれかについて、提督がなんらかの譲歩を得ることに成功した場合には、必要な権限を与えられている交渉を重ねて、これを条約の形に具体化することが望まれます。

提督にはまた、中国、シャム［タイの旧称］、マスカット［オマーンの首都］とアメリカ政府が締結した条約の写しが支給されます。条約案を起草する場合には先例として参考になるので、いくつかを日本語に翻訳しておくと有用と思われます。翻訳は中国の地で依頼できるはずです。

提督の肝に銘じていただきたいのですが、大統領には宣戦布告の権限はなく、提督の使命はおのずと平和的性格を帯びています。また、指揮下にある艦船と乗組員を保護する自衛の目的を除いて武力の発動はせず、また提督自身あるいは配下の士官に加えられた個人的暴行への報復も控えなければなりません。

誇り高く、底意地が悪いとも言われる日本人と交流する際には、

礼儀を重んじ、融和的姿勢で臨むべきですが、同時に断固たる決然とした態度を見せることも必要です。したがって、われわれの礼儀作法の基準から見れば適切でない慣習をもつ人々による非礼な言動に接した場合には、忍耐と自制を働かせなければいけませんが、同時に日本側から、提督自身とわが国の名誉を傷つけることは一切させないよう注意してください。

これとは反対に、わが国の力と偉大さを印象づけたうえで、過去のわが国の自制が、臆病によるものではなく、友好的関係を築きたい一心からであったと、納得させなければいけません。

特異で前例のない性格をもつ使命を遂行する過程で生じうる不測の事態をもれなく想定するのは、いかなる手段によっても不可能です。こうした理由に加えて、作戦遂行の場が遠隔地であることから、提督には大きな裁量権が付与されて当然であり、慣習からの逸脱やありえる判断のあやまちは寛大に評価されることに自信をもっていただいて構いません。

オランダ政府は、出島［長崎］の商館長に、権限が及ぶ限りの手段を尽くして今般の遠征を成功に導くよう指令したことをアメリカ政府に伝えてきました。拘束されたアメリカ国民に対してオランダの士官が示してくれた配慮が、こうした指令にもとづくものであることは疑う余地がありません。

合衆国の中国駐在弁務官には、中国政府に対する合衆国市民のいくつかの申し立てを提出するよう指示が出ています。艦隊の存在は、この要求をさらに強めることになりますから、海軍長官におかれては艦隊司令官に（実行にあたって、重大な遅滞や便宜の悪さがなければ）香港かマカオに寄港し、適切と判断する期間、停泊するようご指示をお願いするものです。

もし、艦隊が派遣の主目的について干渉を受けることなく、日本および近接する大陸や島嶼の沿岸を探査できるならば、蓄積されてきた地理情報がさらに増えるだけでなく、通商関係を拡大し、さら

には遠洋捕鯨船団が緊急時に避難し、物資を補給する港の確保に役立つことでしょう。こうした観点に立って、提督には、当該地域の独立主権国ともれなく修好条約ならびに航海条約の交渉にあたることが認められ、その権限が授与されましょう。

　このような重みのある航海であり、可能な限り、その土地の人口数、資源、自然作物についての情報を蓄積し、自然作物については試料・見本を入手し、現地特有と思われる植物については種子の入手・保存に努めるようにしてください。

　提督には海軍省から、費用金額に一定の制限はありますが、ロンドンのベアリング兄弟社を通じて案内人、通訳、使者などを手配する権限が与えられます。任務遂行にともない発生する諸費用や派遣目的を遂行するうえで適切と判断される贈与品の購入代金についても同様です。

　　　　畏れ多くも、閣下の従僕たる光栄に浴しております。[6]

　　　　　　　　　　　　　　　　C・M・コンラッド
　　　　　　　　　　　　　　　　　　長官代理

J・P・ケネディ閣下
　海軍長官

Charles Magill CONRAD

6　多くの書簡に、類似する献辞が結語として記されているが、以下では省略して「謹白」と表記する。

23

| 006 |

合衆国大統領より日本国皇帝に宛てた親書

アメリカ合衆国大統領ミラード・フィルモア[7]より日本国皇帝陛下に

偉大なる良き友へ

　陛下にこの公開書簡をお届けしますのは、合衆国海軍の最高位将校であり、陛下の領地を訪問中の艦隊司令官マシュー・C・ペリー提督であります。ペリー提督には、私が陛下のお人柄とご親政に最大級の友愛の情を抱いており、日本に提督を派遣する目的がひとえに、わが国と日本が修好と通商の相互関係を確立することの提案にある旨を、陛下に申しあげるよう命じております。

　合衆国の憲法と法律は、他国の宗教的・政治的関心事への干渉を一切禁じております。ペリー提督には、静穏な陛下の領地をかき乱す行為をことごとく慎むよう固く命じているところです。

　わが国は太平洋の対岸に位置し、オレゴン準州とカリフォルニア州は陛下の領地の真向かいにあります。カリフォルニアを出航した蒸気船は、18日以内に日本に着くことができます。

　広大なカリフォルニア州は毎年6,000万ドル相当の金を産出するほか、銀、水銀、宝石類をはじめ多くの価値ある物資の産地です。日本もまた豊穣にして肥沃な国土に恵まれ、数多くの高価な特産品を有しています。陛下の臣民は、多くの美術品に見られるように、技巧に優れています。日本とアメリカが相互に交易を行い、両国の利益を増進すること、これが私の願いであります。

　陛下が統治される古来の法律が、オランダと中国を除く外国との貿易を禁じていることは承知しております。しかしながら世界の状況は変化し、新たな統治形態が形成されていますから、時には新し

7　ミラード・フィルモア（1800-74）。合衆国第13代大統領（1850-53）。

い法律の制定が賢明であるように思われます。陛下の統治する古来の法律も、当初は時宜にかなって作成されたことでしょう。

「新世界」とも呼ばれるアメリカは、ヨーロッパの国々によってほぼ同じ時期に発見され、定住がはじまりました。長きにわたり、人口は少なく、その生活は貧しいものでした。現在、人口数は膨大なものになり、商業は大いに栄えています。陛下が、古来の法秩序を変えて両国間の自由貿易を許されるならば、両国の利益は飛躍的に拡大するものと考えています。

陛下が、外国貿易を禁じる法制度の廃棄に多少とも危惧をお感じになるのであれば、試行期間として5年なり10年を設けることもありえます。期待したほど恩恵が生じない場合には、古来の法秩序を復活されても良いでしょう。アメリカが、外国との条約期間を数年に限定して、相手国の意向によって更新の可否を決することはよくあります。

陛下には、さらに次のことを進言するよう、私からペリー提督に指示してあります。

毎年、わが国の多数の船舶がカリフォルニアから中国をめざして出航し、かなりの数にのぼる者が日本沿岸で捕鯨漁業に従事しています。時には、嵐に遭遇した船舶がご領地の海岸で難破する事故も生じています。こうした事態が発生した場合には、わが国の救助船が着くまでの期間、不運な者たちを優しく処遇し、資産を保護していただくよう、期待をこめて要請するものです。このことを、心よりお願い申しあげます。

また、ペリー提督には、日本国に石炭と食糧が豊富にあることをわが国が承知している旨、陛下にお伝えするよう指示しています。大洋を横断する蒸気船はおびただしい量の石炭を消費しますが、アメリカを出航する際に全量を積み込むのはあまりに不便です。蒸気船などの船舶が日本に寄港して、石炭、食糧、水などの補給を受けることが許可されるよう願っております。その対価は、現金あるい

は陛下の臣民が希望する手段でお支払いします。貴国領土の南部に、この目的にかなう寄港地があれば、陛下にご指定いただきたく存じます。この件につきましても、くれぐれもよろしくお願い申しあげます。

　私がペリー提督を強力な艦隊とともに派遣する目的は、名高い都市である江戸を訪問して、友好を深め、交易を開始し、石炭と食糧の補給態勢を確保して、難破船の乗員の保護をはかることに他なりません。

　わずかではありますが贈り物を陛下に納めていただきたく、ペリー提督に託してあります。さしたる価値のないものですが、わが国で製造された物産品の見本としてご覧いただければ幸いです。われわれの心からの敬意に満ちた友情の印です。

　全能なる神が、その偉大さと神聖さにおいて陛下の御身を守ってくださいますように！

　これを証するため、合衆国国璽をもって封緘し、私の署名を書き添えます。

　　　わが合衆国政府所在地ワシントン市にて、1852年11月13日
　　　　　　　　　　　　　陛下の良き友
　　　　　　　　　　　　ミラード・フィルモア

　　　　　　　　　大統領の名により副署する
　　　　　　　　　エドワード・エヴァレット
　　　　　　　　　　　　国務長官

Millard FILLMORE

007

ペリー提督から海軍長官に宛てた書簡

合衆国蒸気フリゲート艦ミシシッピ号
マデイラ　1852年12月13日

謹啓

　海軍中将ジョージ・シーモア卿の発議によりイギリス海軍本部委員から私に示された格段のご厚意について、海軍本省に通知することが私の務めと考え、書簡の写しをここに同封いたします。

　書類函には、4冊の本と私が向かう世界の地域がすべて記載されている80葉の最新海図が入っています。

謹白

M・C・ペリー

東インド艦隊司令官

ジョン・P・ケネディ閣下
海軍長官　ワシントン

008

イギリス海軍本部　1852年10月28日

謹啓

　北アメリカおよび西インド諸島駐留のイギリス艦隊最高司令官である海軍中将ジョージ・シーモア卿から、中国および日本への航海を準備中の閣下に、東洋海域の最新海図ならびに航海指示書を送るよう要請がありました。海軍本部委員の指示にもとづき、海軍中将の提言に一同喜んで従い、海図類をおさめた函が提督のお手元に届くよう手配するとともに、ニューヨーク駐在の領事に回送済みであることをお知らせします。

謹白

アウグストゥス・スタフォード

ペリー提督閣下
合衆国海軍

|009|

　　　　　　　　合衆国蒸気フリゲート艦ミシシッピ号
　　　　　　　　　　マデイラ　1852年12月13日
謹啓
　本国から出航する直前に、海軍中将ジョージ・シーモア卿の提議にもとづきイギリス海軍本部の指示により送付された貴重な海図をおさめた函とともに、10月28日付の書簡を拝受しました。
　ジョージ卿の格段のご配慮ならびに海軍本部委員のご厚意に感謝しております。
　　　　　　　　　　　　　　　　　　　　　　　　謹白
　　　　　　　　　　　　　　　　　　M・C・ペリー
　　　東インドならびに中国海域合衆国海軍最高司令官

　アウグストゥス・スタフォード様
　　イギリス海軍本部委員一等書記官　ロンドン

ミシシッピ号

010

ペリー提督から海軍長官に宛てた書簡

合衆国蒸気フリゲート艦ミシシッピ号
マデイラ　1852年12月14日

謹啓

　本国を出航して以来、私の日本訪問がもたらす成果についてあれこれ考えてまいりました。実務に慣れていない政府を交渉の席に首尾よくつかせる機会が早期に到来するものか、多少の疑念は残りますが、最終的に大目標は達成されるものと確信しております。

　まず手はじめに、比較的容易に達成しうる課題として、捕鯨船などのアメリカ船舶が緊急時に避難し、物資を補給する港をひとつもしくは複数、早急に確保しなければなりません。日本政府が本土の港の提供に反対し、武力行使や流血の事態なしには港の使用が不可能である場合には、日本の南方にあるひとつかふたつの島に艦隊の集結地を開設して、良港を築き、水や補給物資を確保する設備をつくること、さらには友好的な関係につながる懇切丁寧な対応により住民の敵意を取り除くことが、初期の段階として望ましく、実際上の必要にも迫られています。

　琉球という名の島々は、数世紀以前［1609年］に日本の武力によって制圧されて以来、日本の属領と言われていますが、中国政府は現実の統治権について異議を唱えています。

　琉球諸島は帝国のなみいる諸侯のなかでも最強の薩摩候の管轄下にあります。非武装のアメリカ船モリソン号が寛大な措置にもとづき訪問した際に、領地内の港に誘導された後、急場しのぎでつくられた砲台から砲撃されたことがありましたが、まさにその薩摩候です。臣下に服従を強制する権力というよりむしろ、素朴な島民たちの畏敬の念を集めた威光にものを言わせて支配しています。島民は政策によってずっと以前に武力を奪われ、支配者の苛酷な抑圧に反抗しようにも、いかなる手段も持ちあわせていないのです。

29

わが国の戦艦の寄港先として、あるいは、あらゆる国の商業船の避難港として琉球諸島の港を使用することは、厳格な道徳律によって正当化されるだけでなく、切迫した緊急性に関する法理論に照らしても認められるものである、と強く感じています。こうした議論は、現地住民の環境が一段と改善されることによってさらに強固なものになるはずです。とはいえ、文明化にともない悪しき習慣が蔓延する面も否定はできません。

　アフリカの沿岸やメキシコ湾でかつて指揮をとった際には、多くの町や共同体を支配下におさめましたが、征服された人々から友好と信頼を得ることはむずかしくはありませんでした。無制限な権力行使を抑制し、住民の不平不満への対応よりも、生活面の改善と援護に努めました。海軍がその地を離れるときには、人々はかつての敵に感謝し、幸運を祈ってくれました。

　こうした経験をもとに、徹底した公平性と思いやりを忘れずに接するなら、琉球の人々の信頼は次第に高まり、次第に日本人もわれわれを友人と見なすようになることでしょう。

　避難港の開設にあたっては、入港した船舶に補給物資を提供する態勢が求められます。今後、現地住民による果物や野菜の栽培を奨励する必要性が生じるならば、庭園にまく種子の提供はこの目的に役立つことでしょう。しかし、目的達成をさらに推し進めるために、わが国で使用されている簡便な農業器具をいくつか当方に送っていただけるなら、実用に供するか、贈り物とするかはともかく、目に見える形で最大限の効果を発揮するものと考えています。たとえば、ごく一般的な耕運機やさまざまな種類の鋤や鍬、脱穀機や籾殻の選別機、とりわけ綿花や米を抜け殻と分別する発明品などです。

　ハーグで代理公使を務めるフルソン氏に宛てて書いた書簡（写しを国務省宛てに送付済み）の主題にも関連しますが、オランダの恥ずべき策謀に対抗して、世界中のさまざまな統治の実態を紹介する刊行物を配布すること、なかでも温和な法秩序のもとにあるアメリ

カの並みはずれた繁栄を説明することは賢明な策と思われます。

　私は、この目的に沿った仕事にすでに着手しており、さまざまな国家統計、郵便局や鉄道会社などの報告書、さらにはインディアンならびに公有地管理局の報告書、陸軍・海軍の登録簿など、アメリカの社会的・政治的状況を記述した資料やニューヨーク州などの立派な出版物を駆使した提案と説明に備えています。

　タイプ機材を備えた小さな印刷所ができるなら、オランダの虚偽の表現による日本への誤解を訂正する情報を発信する手段となり、われわれの計画の現実化に役立つものと考えています。

　日本政府はあらゆる現代言語に精通する学者を配下に擁しており、これらの刊行物を手にするなら好奇心の高まりから、ただちに翻訳にとりかかることでしょう。

　私の見通しでは、避難港が開設され、食糧と石炭の貯蔵所を手近な場所に確保したうえで、荷役や補給物資への金銭支払いの公平な基準が現地住民との間で作成されるなら、帝国政府との友好的理解を促進するにあたり、より効果的な役割を発揮するに違いありません。

　いずれにしても、カリフォルニアと中国を行き来する蒸気船をはじめ、いかなる船舶にとっても安全な港が航路上に確保されれば、わが国の平和的な意図の理解が深まるものと期待できます。

　あまりに楽観的な見通しと言われるかも知れませんが、私としては強く成功を確信しています。まさに、成功は政府当局からの命令であり、いかなる状況下であれ、成就しなければなりません。国の名誉がかかっており、商業的利害にも影響します。海洋の競合相手であるイギリスが東洋で蓄積した富、さらには要塞化した港の着実かつ急激な増加を見るなら、わが国においてもただちに方策を講じる必要があることを肝に銘じるべきです。

　世界地図を見るなら、大英帝国が東インドならびに中国の海域、とりわけ後者の最重要地点をすでに占拠しているのが一目瞭然で

す。

　香港が北東の入口にあたる海域を包含する一方で、ボルネオ東海岸沖のラブアン諸島を含む南西域を支配するシンガポールは、その海域一帯を恣意的に閉鎖し、巨大な海洋交易圏を支配する権力を手にすることでしょう。その取引規模は、船舶の貨物輸送量30万トンに達し、通貨価値は1,500万ポンドを上まわると言われています。[8]

　幸いなことに、日本列島や太平洋に点在する多くの島々には、非道なシンガポール政府の手が及んでいません。交易の経路に位置する島もあり、アメリカには大変重要な存在になるでしょうから、一刻を争って、十分な数の避難港の確保に向け積極的な方策をたてるべきです。したがいまして、当艦隊に合流するパウハタン号などの艦船の到着を熱望し、心待ちにしております。

　以上、粗雑な非公式の書簡にて、世界中を興奮させ、異様に大きな注目を集めている件について、私の見解をお示しした次第です。

　海軍省におかれては、私の提案する方向性を承認していただけるものと確信しております。

謹白
Ｍ・Ｃ・ペリー
東インド艦隊司令官

　ジョン・Ｐ・ケネディ閣下
　　海軍長官　ワシントン

8　原文脚注　『英国船ディド号のボルネオ遠征』（1846年、ニューヨーク、ハーパーブラザース社刊）の24章に収録されているクロフォード総督の意見をご参照ください。

| 011 |

［国務長官］エヴァレット氏からペリー提督に宛てた書簡

国務省

ワシントン　1853年2月15日

謹啓

　提督の12月14日付書簡は海軍長官から国務省に回付され、さらに私から大統領にお渡ししました。

　大統領は、提督が指揮する遠征の安全面からも必要と思われる避難港をひとつあるいは複数確保する意向である、という提督の意見に同意を示されました。仮に武力に訴えなければ日本列島では避難港を確保できないと判断された場合には、他の地域でさがす必要が生じましょう。

　大統領は、琉球であれば避難港確保に成功する見込みが高いという提督のお考えにも同意されています。琉球の地理的位置は目的に適合しており、現地住民の友好的・平和的性格から、提督の訪問は歓迎されるものと期待できます。

　現地の同意のもとに琉球の島で使い勝手の良い港をひとつかふたつ開設するにあたって、提督は友好と協調を重んじて事を進め、配下の将兵にも同様のふるまいを指示されることでしょう。公正な購入手続き、納得のいく対価なしに、現地住民から物資を受けとってはなりません。素朴で争いごとを好まないと言われる人々に対して、配下の将兵が略奪や暴力行為に及ぶことを禁じ、いかなる緊急事態にあってもそうした不祥事を発生させてはなりません。提督の来訪が利益をもたらし、危害を及ぼすものでないことを当初から知らしめてください。攻撃された場合の最終的な防衛手段および自衛本能によるものは例外として、武力は一切行使してはなりません。

　現地住民の関心を農業の分野に向けさせるという提督のお考えを大統領は承認し、要請のあった各種農業器具をヴァーモント号にて送るよう指示されました。また、あらゆる種類の印刷ができるよう、

タイプなどの機材とともに小型印刷機械を送るようにとの指示も発令されました。

　大統領は、付託した事業の重要性を、提督が心に刻みつけている様子を知って喜んでおられます。提督の指揮にゆだねられた事業は、提督の思慮深さと手際の良さによって成功を約束されています。すべての文明世界から大きな関心がよせられることでしょう。提督の見識と思慮に対する評価が高まり、祖国の名誉になることを大統領は深く確信しておられます。

謹白

エドワード・エヴァレット

　Ｍ・Ｃ・ペリー提督閣下
　　中国海域合衆国海軍司令官

Edward EVERETT

| 012 |

ペリー提督から海軍長官に宛てた書簡

［書簡番号４］　　　　　合衆国蒸気フリゲート艦ミシシッピ号
　　　　　　　　　　　　喜望峰、テーブル湾　1853年２月２日

謹啓

　私が先に発信した海軍省宛ての書簡に言及いたしますが、その内容は、日本での任務遂行に向けて航行中の艦船に、壮健で若いアメリカ人の見習い船員を追加派遣するよう提案するものでした。東インド洋上に駐留中の艦内でたびたび発生した多くの事故による欠員を補充するためです。本艦への配置を認められた見習い船員は、中国に着くまでに十分な指導と教育を受け、優秀なマスト見張り員に成長していることでしょう。

　さらに100余名の見習い船員がヴァーモント号あるいは中国に向かう他の艦船に配属されるなら大いに有益であり、艦隊の新たな一員として期間満了まで服務することになりましょう。

　海兵隊員についても一定数の追加があれば、その効果は計り知れません。すでに本艦の乗組員は疾病や任務放棄などにより８名減少しています。

　カリフォルニアに向けて出航してまもなく母国領海で発生した事態と同様に、オーストラリアに向かう本艦内部が混乱した状況となり、残念なことに海兵隊員１名を含む５、６名の船員がおびき出されて姿を消したり、海岸に身を隠して、発見に至っておりません。

　　　　　　　　　　　　　　　　　　　　　　　　謹白

　　　　　　　　　　　　　　　　　　Ｍ・Ｃ・ペリー

　　　　　　　　　　　　　　　　東インド艦隊司令官

　　ジョン・Ｐ・ケネディ閣下
　　海軍長官　ワシントン

| 013 |

海軍長官からペリー提督に宛てた書簡

海軍省
1853年4月7日

謹啓

　提督閣下の1853年2月2日付書簡（番号4）にあった「さらに100余名の見習い船員がヴァーモント号あるいは中国に向かう他の艦船に配属されるなら大いに有益であり、艦隊の新たな一員として期間満了まで服務することになりましょう」とのご提案に、以下お答えします。

　連邦議会は直近の会議で、海軍省から要請のあった全階級兵士の増員申請を却下し、これに関連するいかなる方策も認めなかったことから、ヴァーモント号を提督の指揮から除外する措置が避けられなくなりました。追加配置によって、法定の船員定数を超過してしまうのです。さらに、アレゲイニー号の出航準備の遅延によって、貴艦隊への合流ができない事態も考えられます。

　しかしながら、このことが提督の日本訪問に障害となることは許されません。装備された武力と兵器が、マセドニアン号の艦隊参画によって一段と強化され、提督に託された使命の目的が成功裏に達成される条件は十分整備されるものと確信いたします。

　行政府は、提督に委任されている重要な諸課題を実現し、国民の期待に応えられるよう、適切な支援を惜しみません。海軍省の長官として、提督の手腕、見識、洞察力への信頼感を表明できることに大いなる満足感を覚えるとともに、提督の指令のもとに期待通りの望ましい成果がもたらされることを確信するものです。

謹白
J・C・ドビン

　M・C・ペリー閣下
　　東インドおよび中国海域合衆国艦隊司令官　中国、マカオ

36

014

ペリー提督から海軍長官に宛てた書簡

［書簡番号8］　　　　　合衆国蒸気フリゲート艦ミシシッピ号
　　　　　　　　　　　　　　　香港　1853年4月9日

謹啓

　一昨日7日に、ミシシッピ号が香港に到着したことを謹んで報告いたします。シンガポールからの航海でしたが、マカオに寄港しました。

　オーリック提督は先月の11日に司令官の職を離れ、蒸気機関車にて陸路で本国へと出発されました。

　航海中、さしたる事故もなく、士官、乗組員とも健康状態は良好です。

　香港に着いてすぐに、航海計画に重大な乱れの生じていることが判明しました。サスケハナ号が予定と異なり姿を見せていませんが、オーリック提督の出発から7日後、ケリー司令官の指揮のもと上海に急ぎ派遣されたということです。その目的は、マーシャル閣下とその随行員を上海に送り届けて、中国北部における革命運動[9]が周辺地域におけるアメリカの国益を危うくしかねない不安な状況を確認することでした。

　艦隊の1隻を急派する緊急の必要性がいかなるものであれ、司令官を引き継ぐ私の到着を目前に控えているときであり、マーシャル閣下に快く協力しようと考えている最中のことでした。ケリー司令官がとるべき賢明な判断としては、マーシャル閣下を自分の艦船で上海にお連れするか、サラトガ号を派遣すべきであったと思います。ところが実際には、期限も不確かなまま、旗艦に予定していた蒸気艦船を私の指揮がおよばない事態にしてしまいました。

　しかし、ケリー司令官の暫定権限によるこうした特異な活動にか

9　太平天国の乱（1851-64）を指す。

かわるすべての状況を完全に把握するまでは、これ以上の論議は差し控えます。

　私はプリマス号を上海に派遣し、サスケハナ号には私が到着するまで上海で待機するよう命じました。上海には数日の行程で着き、日本への航海の準備も進めます。

　私の動向については、国外航海中に寄港した数か所の港から海軍省宛てに発信した書簡（番号１〜７）にて、報告してまいりました。

　次の書簡では、母国で関心をもたれていると思われる政治情報を多少なり、お伝えできるものと存じます

謹白

東インド艦隊司令官

Ｍ・Ｃ・ペリー

　海軍長官閣下
　　ワシントンＤ.Ｃ.

015

海軍長官からペリー提督に宛てた書簡

海軍省
1853年4月18日

謹啓

　ロシア政府に、海軍の一団を派遣して日本列島を訪問させる意向があり、おそらくは提督指揮下の艦隊と同じ目的を追求している、との考え方が海軍省では支配的です。

　仮に、ロシアの艦隊と遭遇した場合には、ロシアの士官に相応の敬意を表し、友好的に交信して、最大限の礼節と理解ある態度で返礼するよう、艦隊の全士官に命じていただきたく存じます。

謹白
J・C・ドビン

　M・C・ペリー提督閣下
　　東インドおよび中国海域合衆国艦隊司令官

J. C. DOBBIN

$\boxed{016}$

海軍長官からペリー提督に宛てた書簡

海軍省　1853年4月25日

謹啓

　ジョン・H・オーリック提督の本省への帰還は、ご本人の健康状態の悪化ならびにサスケハナ号の不具合により、今後の東インド海域・中国海域の航行に不安が生じたことによるものです。

　イギリスもしくは本国において、戦艦としての機能の回復に必要な整備をしないまま日本に向かう艦隊に帯同する状態にないことも明らかになっています。

　海軍省としてはこのような事態を憂慮し、明らかになった諸事実に照らし、また前任の長官がオーリック提督を東インド・中国海域艦隊司令官の職から離脱させたこととの関連も含めて、さらにはサスケハナ号乗組員の服務期間満了が近いことから、次のような提督への指示が適切なものと判断します。

　すなわち、サスケハナ号の修理による機能回復および日本帯同が困難と判明した場合には、同号をオーリック提督の指揮のもとで本国に帰還させ、同時にペリー提督の裁量において、ブキャナン司令官を艦隊に残し、別の任務にあたらせるというものです。

　日本訪問に同行するサスケハナ号の機能修復に要する資機材が手近に見つかるのであれば、海軍省として同号を提督の艦隊から離脱させることは考えておりません。したがって、託された使命の履行にはサスケハナ号の参加が欠かせないという提督の判断が変わらないのであれば、同号の修理の可能性と艦隊残留という問題について、提督の最良のご判断をお示しください。

　ジョン・P・ギリス大尉の友人たちが、強く共感できる状況を背景に、本国への帰還を要望しています。したがって、プリマス号からギリス大尉を離脱させることで公務に支障が生じないのであれば、機会があり次第、友人たちのもとに帰る許可を出してください。

　　　　　　　　　　　　　　　謹白
　　　　　　　　　　　　J・C・ドビン

　M・C・ペリー提督閣下
　　合衆国艦隊司令官　中国、マカオ

マカオ

017

ペリー提督から海軍長官に宛てた書簡

［書簡番号11］　　　　　　　　　上海　1853年5月6日
謹啓
　当地における反乱軍の拡大を見込んだ警戒態勢も多少緩和されました。内部から正確な情報を得ることの困難さから、イギリスの全権大使ジョージ・ボナム卿は、自国の小型蒸気船で揚子江をさかのぼって南京に赴き、この都市が反乱軍に占拠され、80km下流域まで両岸が制圧されていることを確認されました。

　ジョージ卿は反乱軍が混乱をきわめて無秩序の状態にあることを知り、これまで報告されてきたほど人数は多くなく、この規律に欠けた部隊は最終的に南京を撤退して、南部に後退せざるを得ないだろうと述べています。ジョージ卿が意見を交わした指導者たちは外国人への友好的感情を表明し、上海に接近する考えのないことを示唆しています。かつて占拠していた北京に進軍することが反乱軍の大目標であり、改革は徹底的なものとなりましょう。ジョージ卿に随行した人々の報告は、こうした説明とは著しく異なっています。

　しかし、わが国の弁務官が中国の政治的・商業的状況を詳細に検討した結果を国務省に伝えるはずですから、私としては、自分の裁量権が及ぶ4隻の艦船のうち1隻を手放す必要性の有無に関連する事柄についてのみ言及します。中国に居住するアメリカ人に配慮し、利益を保護するための選択ですが、大いに重要な課題であり、できる限り早く1隻を上海に戻し、4隻そろって日本沿岸に向かうことを願っています。この問題については、弁務官と協議しますが、私に課せられた任務の遂行に必要な期間をこえて、上海の地に留まるつもりはありません。

　翻訳文Dの記号を付した同封の書面は、私が広東［広東省の省都・広州の旧称］に到着した際に受理したオランダのインド総督からの公式文書を英訳したものです。海軍省もおわかりの通り、主旨が明

42

瞭ではありません。

　私の日本についての知識はごく限られています。伝聞によれば、日本政府はオランダの支援を受けて、アメリカの武力による威嚇行動に備えて大々的な防衛態勢の整備に余念がなく、現在もその最中にあるようです。しかし、こうした風評に信頼をおくことはできません。

＊　＊　＊　＊　＊　＊

５月７日

　昨日、上海の行政長官が隣接する市の高官２名を従えて私を訪ねてきましたが、用件は反乱を制圧するために私が指揮する部隊の支援を要請するものでした。

　私には干渉する権限がないこと、仮にあるとしても、アメリカ政府の代表［弁務官］がまだ公式に承認されていない状況下で、干渉はすべきでないし、不可能でもあると答えました。さらに、アメリカ政府の意向は、中国との友好関係を最高度のものにすることにあり、友好的かつ商業的な連携の拡大をめざしているとはいえ、まずは全面的かつ誠心誠意を尽くす交渉への第一歩として、弁務官が代表するアメリカ国家の権限と尊厳を示す流儀で応接されることが必要であり、両国政府の友好的交流に関連する外交分野の問題についてはすべて弁務官に回答権限があることを伝えました。

　また、私が海軍の司令官であり、中国に限らず東洋全域の港湾におけるアメリカ国民の利益を全般的に保護するために配置されているものの、皇帝陛下の臣下にお会いできるなら、いついかなるときでも喜んで礼儀正しく平和的な奉仕に徹する旨を説明しました。

謹白

Ｍ・Ｃ・ペリー

東インド艦隊司令官

　海軍長官閣下

　　ワシントンＤ．Ｃ．

|018|

（翻訳文D）

［書簡番号134］　　　　　　　　プルウォレジョ（ジャワ島）
　　　　　　　　　　　　　　　　　　1852年9月22日
謹啓
　去る7月2日付のハーグ駐在代理公使からの書簡にて、合衆国政
府からの要請については承知しております。したがって、これに関
連するオランダ政府の約束、すなわち、アメリカ艦隊の間近に迫っ
ている友好的な日本訪問の成功に向けて尽力するよう出島のオラン
ダ商館長に指示したこと、についても存じています。
　謹んで提督にお知らせしますが、最近になって日本に向け出発す
るまで、オランダ領東インド諸島最高裁判所判事を務めていたJ・
H・ドンケル・クルティウス氏が、新たに出島の責任者として任命
されました。同氏には、帝国日本とこれまで平和的な関係にあった
すべての国々と協調して、鎖国政策にもとづく制度の変更を日本政
府に要請する観点から、さまざまな指示が下されました。
　しかしながら、平和的・友好的に目的を達成しようとする合衆国
政府の取り組みを強力に支援する旨の公式指令は、当の新任責任者
には伝わりませんでした。というのは、同氏の出発時点では、アメ
リカ政府の意向について、オランダ領東インド諸島［現在のインド
ネシア］の政府は、公式にはなにも知らされていませんでした。
　先に触れたアメリカ政府の書簡が届いたとき、政府間の約束にし
たがって出島の商館長への指令を伝えるために、オランダ戦艦を再
度日本に派遣することが必要あるいは有益であるかどうか、私のな
かで疑問が生じました。
　熟慮を重ねた末に、その疑問への否定的な答えにたどりつきまし
た。現在の状況下でオランダの戦艦を派遣すれば、日本政府に疑念
をもたれる可能性があり、仮にこうした交渉が始まった場合にも、
交渉のなりゆきに好ましくない影響を及ぼす恐れがあると強く感じ

られました。

　それでも私は、提督閣下にご迷惑でなければ、関連する機会を提督閣下に提供するというオランダ政府の約束にしたがって、出島駐在のオランダ責任者宛ての公式文書をここに同封してお送りすることが自分に与えられた任務と考えます。提督が出島の責任者との協力関係を確保したいとお望みであれば、当人にこの文書をお渡しくださるようお願い申しあげます。公式文書には、政府間の約束事に準じて提督の求めに応じる際に必要な命令も記載されています。

　アメリカとオランダの両政府が努力を傾けている目的に照らして、オランダの出島商館長が日本政府との交渉開始に成功した場合に、アメリカとオランダの協力関係が表面化しても、交渉に悪影響を及ぼす可能性はないものと思います。

　過去においてアメリカの日本遠征が、例外なく友好的かつ平和的な性格のものであったと断言できないことは、提督もご承知の通りです。

　閣下におかれては、私が熟慮の末に確信に至ったことをお受けとめくださいますよう。

謹白

デュイマー・ファン・トゥイスト

オランダ領東インド総督

総督の命により副署　Ａ・プリンス

首席秘書官

　　ペリー提督閣下
　　　訪日アメリカ艦隊司令官

| 019 |

ペリー提督から海軍長官に宛てた書簡

［書簡番号12］　　　　　合衆国蒸気フリゲート艦サスケハナ号
　　　　　　　　　　　　　　　　上海　1853年5月16日

謹啓

　中国駐在弁務官ハンフリー・マーシャル閣下と私の間で交わされた数通の書簡の写しを、謹んでここに同封いたします。私が追求する方向性は海軍省の承認をいただけるものと確信しております。

　当艦隊所属艦船の公務に関するマーシャル氏の要求は、指令に忠実に私が作成した、艦隊をあげて日本に直行する計画に相当の妨げとなるものでした。

　目下の状況では、少なくとも短期間、プリマス号を上海に残し、私の乗るサスケハナ号とミシシッピ号の2隻で琉球に向かい、この地で日本訪問への準備をととのえることを余儀なくされましょう。サラトガ号にはすでに、通訳のS・ウェルズ・ウィリアムズ氏[10]をマカオから琉球まで送り届ける指令が出されており、琉球で合流します。

　日本から届いた報告によれば、当艦隊に備える大規模な軍事面の準備が進められており、鎖国政策に固執する政府の決意のほどがうかがわれます。

　反乱軍はまだ南京を制圧していて、帝国の軍隊は市街地まで5km以内の地点で露営しているものの、両陣営とも目立った動きはないようです。

　上海への攻撃にともなう不安は多少おさまり、中国の人々も平和的な日常をとり戻しつつあります。

　この地点から3日間程度の偵察に出した艦船から、上海をめざす反乱軍の新たな示威行動についての報告がまもなく届きます。目下、

10　『ペリー日本遠征随行記』の著書がある。

上海にはイギリス船2隻とフランス船1隻の蒸気艦船が待機中で、私の考えでは近々プリマス号の存在は無用となり、わが艦隊に再合流できるものと思われます。

謹白
M・C・ペリー
東インド艦隊司令官

海軍長官閣下
 ワシントンD.C.

上海のアメリカ領事館

020

合衆国公使館、上海

1853年5月11日

謹啓

　アメリカ市民が設立した複数の商社から私に送られてきた1通の書簡の写しを、ここに謹んで同封いたします。まだ返信しておりません。というのも、提督への指令にかかわる職務を大統領から任命されていない私の立場では、指令にもとづく提督の任務が、全艦隊の上海からの撤退を要求することになるのか否か、推定のしようもありません。

　アメリカ人の所有する大量の資産がいま危険にさらされていることが、この書簡に書かれています。確かに現在の中国の状況においては、上海にあるすべての資産が安全とは言いきれません。目下のところ、上海に危険が切迫しているようには思われませんが、敵対する軍隊が南京周辺地域を占拠しており、36時間もあればいずれかの部隊が上海に侵入することは可能です。

　しかし、現在の中国の形勢は今季一杯継続しそうな気配です。提督の指令のもと、上海におけるアメリカ人の利益を保護するために、1隻ないし複数の軍艦を駐留させるのか、それとも目前に迫っていると考えられる［日本］遠征に、この海域の全部隊をただちに投入するのか、その選択は提督の職務にかかわることでしょう。

　提督のご判断が決まり次第、わが同胞市民にその結論を伝える役割を私に課していただければ光栄に存じます。

謹白

ハンフリー・マーシャル

　M・C・ペリー提督閣下
　　東インド、中国海域ならびに日本遠征合衆国海軍最高司令官

| 021 |

上海　1853年5月7日

謹啓

　この海域のアメリカ海軍司令官が、上海港からすべての軍艦を撤退させる意向にあるとの噂が耳に入りました。この件について公使の注意を喚起するとともに、風評に根拠があるならば、公使が介入されるよう要請することは不適切とも思われません。

　現時点における外国の利益を脅かす危険の広がりを詳しく検討するまでもなく、われわれが資産保護をわが国の当局者に期待し、要請せざるを得ないほどに中国は混乱した状況にあります。上海港でいま危険にさらされている資産の公正な評価額は100万ドルから120万ドルにのぼります。

　われわれが風評を信じこんでいるなどとお考えにならないようお願いします。

　こうした措置の可能性と事柄の重要性を考え、公使に申し出るにいたった次第です。

謹白

ラッセル商会

ウェットモア商会

アウグスティン・ハード商会

ブル＆ナイ商会

スミス＆キング商会

　　ハンフリー・マーシャル閣下に
　　　中国駐在アメリカ公使

022

　　　　　　　合衆国蒸気フリゲート艦サスケハナ号
　　　　　　　　　　上海　1853年5月12日

謹啓
　昨日付の閣下の書簡を拝受いたしました。当地のアメリカ商社から閣下に宛てた書簡もあわせて拝見しました。
　お答えとして申しあげますが、私が指揮する艦隊の働きがあらゆる地域で求められているときに、一時的にせよ、その1隻を上海に残留させる現実的な必要性について決断を下すために、中国のこの地域の現況を詳細に把握すべく努めてまいりました。
　出発までにこの問題に結論を下しますが、私が当海域の海軍を指揮する際には、中国におけるアメリカ人の利益に監視を怠らず、私の指揮下にある多くの港における公務の責任を、私に託された重大な使命とも関連させて、可能な限り毅然と果たしてまいる所存です。

　　　　　　　　　　　　　　　　　　　　　謹白
　　　　　　　　　　　　　　　　　M・C・ペリー
　東インド、中国、日本海域合衆国海軍最高司令官

　H・マーシャル閣下
　　中国駐在弁務官　上海

Humphrey MARSHALL

50

023

上海　1853年5月13日

謹啓

　中国政府に私の信任状を提示する活動について、さらに、現在の私と帝国政府当局の関係の特質について、これまで言葉を尽くして提督閣下に説明してまいりました。したがいまして、現時点でこの沿岸から、アメリカ海軍を撤退させる見通しに私が困惑していることはご理解いただけるものと存じます。

　中国政府による弁務官の承認はアメリカ合衆国、とりわけ中国に居住する合衆国市民にとって大いに関心のある問題です。私の見るところ、皇帝が指定する式典会場に私がアメリカの軍艦に乗って姿をあらわすとなれば、式典開催の時間、流儀、場所についても相当な影響が生じるはずです。

　白河の河口付近、あるいは安全に行ける地点——あるいは、中国皇帝の指定による私への応接場所——まで遅滞なく軍艦で私を運んでいただき、中国の国家機関への私の公式の紹介が完了するまで待機していただく支援態勢について、閣下に正式に申請していない現在の状況下で日本遠征への出発を私が認めてしまうのは正当とは思えません。

　閣下もご存じのように、南京陥落後、私は北京の首相に公式の覚書を送って、私の信任状を直接にお渡しすべきか、あるいは配下の役人を通すべきものか、皇帝に決めていただくよう要請しました。覚書には、光栄あるアメリカ政府の代表にふさわしく、北京で受けとっていただきたいという私の願いを表明しました。

　文書が確実に届くようしかるべき手段を尽くしたのですが、1か月以上たっても返答はまだ届きません。北京に伝送する仲介者に渡した際、その人物は1か月以内に返信が届くだろうと口にしていましたが、その1か月後には、回答が着くまでにおそらく2〜3か月かかるはずだと知らせてきました。

　この事実を考えると、書簡は回送されていないのか、あるいは当

51

局筋から妨害が入り、仲介者に渡すよう強制がはたらいているのか、ひどく不安な気持ちになります。

いずれにせよ、一定期間が経過し、返信を求める機会がありましたら、中国の王宮に可能な限り接近し、**じかに私の信任状をお渡しする**のが私の務めでしょう。条約に規定され、私が役割として任命されている皇帝との意思疎通の手段はすべて使い果たしましたから、いまとなっては、首都に直接に赴くか、それとも皇帝から私の受けいれを拒否されてこの国を退去するのか、二者択一を迫られている状態です。

皇帝の側がこうしたふるまいを見せるならば、深刻な事態に発展することでしょう。北京の王宮がこれまで示してきた排外的精神は承知していますが、皇帝陛下が統治の現状をなりゆきまかせにしているとは私には思えません。仮にそうだとしても、わが国にはその事実を速やかに確かめることはできません。

帝国の長官あるいは沿岸諸州の総督を通じて王宮への接近を図ってきたこれまでの努力は、その誠実さにもかかわらず奏功しなかったこと（この件について、私は手紙で首相に助言しています）、私の受けいれが拒否されたこと、あるいは、適切なやり方と相応しい場所で、私との交渉仕事にあたらせる人物の長官による指名が拒否されたこと、などすべて条約義務に違反するものであり、わが国に払われるべき礼儀を無謀なまでに軽視している実態を如実に示すものです。すなわち、帝国の威厳を強く主張するために隠然たる手段に訴えることを正当化し、中国とのあるべき将来の関係を異なる基盤に置きかえるものです。

アメリカ政府の日本への対応は、こうした出来事に強く影響されるものと私は考えています。というのも、提督の日本遠征の成功によせるアメリカ国民の強い関心の背景に、中国との平和的で互恵的な関係に道を開くものという考えがあることは疑いようもないからです。

もし中国の皇帝が、国内の大規模な反乱に直面して、アメリカからの使者を王宮に招きいれることよりも、戦争に打ってでることを優先させ、外交問題の解決にあたるにふさわしい官吏を指名するという条約義務を果たそうとしないなら、**中国との将来的な関係がより確実なものになるまで**、アメリカ政府は対日政策の修正を考える可能性があります。

　こうした観点に立つと、重大な事態に至ることも懸念されますが、帝国の状況が改善され、従来の広東駐在の総督代理にかわって、帝国の長官が再び職権をふるうようになるまで、私のほうで忍耐強く現在の立場を保持すれば回避できるかも知れません。

　提督はご承知のはずですが、内部のもめごとが原因で当の役人が南部の州都から召還されて1年半が経過しました。それでも、落ちつきをとり戻すところか、内戦の気配が以前にもまして、中国全域に暗く立ちこめています。

　こうした大変革の気運の高まりは、正式な私との接見を迅速に行う必要性を減らすどころか、中国に住むアメリカ市民の権利と資産に敵対勢力が干渉する機会の拡大につれて、その必要性が増しています。

　確かに、中国に住むアメリカ市民の権利を保護する役割がひとりの公使に期待され、その存在が求められるのは、人々が無数の危険にさらされ地域が敵の群れに包囲されて、中心部にまで革命の情熱と構想による動揺が及んでいるときです。

　くりかえしになりますが、中国皇帝との対等な政治的関係の平和的構築を、わが国は積極的に検討しており、公使の北京駐在によってはじめて達成できるものです。その実現にふさわしい時があるとすれば、**現在がまさにその時なのです**。構想の追求に優位な状況が**目の前にある**というのに、アメリカが見逃してしまって良いものでしょうか？　中国との政治的関係に影響を及ぼすことを軽視するものと見なされるべき行為です。

53

これまで続いてきた不満足な関係基盤になすすべもなく逆戻りして良いものでしょうか？　取り決めた合意が、内部的混乱を理由に停止され、さらに無期限に延期されるという事実を見るなら、いまや**耐えがたく屈辱的な**状況になっているのです。

　中国でいま現実に享受している優位性に相当する関係は、日本には期待しようもありません。中国という偉大にして広大な、生産力に富む国との間に築かれている互恵的な繁栄につながる交易を維持するためには、いかなる努力も惜しむべきでないように思われます。この交易はいまや、帝国の内乱によってかなり弱体化しており、私が国外退去をせまられているように、合衆国に対する優遇と礼節を尽くす義務を中国側が履行できなくなれば、交易の機能は停止することも考えられます。

　私の考えでは、中国への私の**非公式**の要求を通すために提督の艦隊の出動が海軍省から発令されたのですから、より重大な**公的要求**についての提督の支援は正当化されることに疑問の余地はありません。なにしろ、長官への面会許可どころか、問題解決に向けた政府の下級役人との連絡をとりつける程度のことさえ、時間の引き延ばしや嫌がらせを受けているありさまです。

　しかし、提督の責務を評価する、あるいは提督の指令の実効性を判断することは私の目的とするところではありません。正直にいえば、その実質内容について知るところではありません。私の目的はただ率直に私が直面する状況を明らかにすることであり、この困難を早急に打開するために必要な事柄を、私の言葉でお伝えすることです。

　支援もなしに私ひとりの力で、遅滞なく私の接見に対応する礼儀正しさを中国政府に求めることはできません。まして、提督への指令が本質的に、全艦隊を中国沿岸から撤退させることを余儀なくさせるとしても、私の手にはおよびません。私としては、中国王宮との外交関係の樹立に向け専念するしかありません。

一定の時間——２、３週間程度——が経過したら、先に北京に送付した書簡がたどった結末を調べようと思いますが、回答がない場合に私が考えているのは、**中国の現在の諸状況を好機として、アメリカの弁務官が住まう公邸を北京に確保する**ことです。

　いま直面している錯綜した諸事情を理由に、目的達成への努力を怠って無為にやり過ごすなら、その損失が長期に及ぶ可能性はきわめて大きなものになりましょう。

　アメリカ政府はこうした危惧の念を常に表明し、私の前任者の判断により大きな優位性を獲得する機会を失ったことの悪影響を、深刻な事例として強く訴えてきました。したがって、**私としては、実行に移す絶好の環境を見過ごすわけにはまいりません。**

　私の見方によれば、建議の速やかな決定は、北京との直接の連絡を可能にする白河の河口付近に私の存在感をはっきりと示すことによって、有利な形で達成されましょう。そのためにまずは、１隻の戦艦の存在が必要不可欠であり、私が交渉にあたっている間は待機していただき、威容を見せつけてしかるべきです。

　提督への指示の本来の姿と矛盾することがなく、目前に控えている提督の特別任務の成功に支障がないとすれば、私がここにお示しした目的に沿って、艦船１隻の派遣をご快諾くださるものと確信しております。

謹白

ハンフリー・マーシャル

　Ｍ・Ｃ・ペリー提督閣下
　　東インド、中国、日本海域合衆国海軍最高司令官

合衆国フリゲート艦サスケハナ号

上海　1853年5月16日

謹啓

　今月13日付の閣下の書簡は落手しております。文面を周到に検討させていただき、アメリカの名誉と国益に最もかなう道を進みたいとの思いに駆られています。その結果、不本意ではありますが、私の指揮下にある4隻の軍艦のうち1隻を閣下の提案にもとづき使用することの正当性が考えられず、納得できる理由が見あたりません。

　アメリカ市民からの閣下を介する申請に応じて、たとえ短期間であっても上海にプリマス号を残すことは、私に託されている特別な任務に大きな不都合を生じ、厳格な公式指令文書を実質的に逸脱する、という判断にもとづくものです。

　仮に不成功に終わった場合の確実な見通し——アメリカと中国の双方に非友好的な感情が生まれ、北京にアメリカ大使館を開設するという待望の目標に近づくどころか、妨げになる見込みが大となる——をふまえて、緊急の必要性ないし有用性について、閣下から提供された議論に異議を唱えても許されるものと信じています。

　こうした確信のもと、現在、比較的良好な状態にあり、より大きな利益をもたらす見込みのある中国との交易に強く影響する試み、あるいは不確定な議論について、仮に私にその権限があるとしても、閣下と協力して行動するわけにはまいりません。

　われわれはいま、列強の海軍力と同じ基盤に立たされています。いかなる国の公使も中国の首都への駐在をいまだ許されず、フランス公使ブルボロン氏も閣下にもまして信任状の取得に苦労されていると聞いています。

　問題は、母国の指導者たちに的確に、可及的速やかに現況を伝達することにあります。いかなる指令が海軍省から私に発せられようと、迅速に実行に移されることは言うまでもありません。

その間に、中国政府が閣下の申請に応じて、首都で閣下に応接する意向を示すことがあれば、喜び勇んで私の力の及ぶ限り、閣下の使命にお力添えをいたしたく存じます。

　同封したケリー司令官の報告文の写しには、私を結論に導いたもう一つの理由が示されています。

謹白

M・C・ペリー

東インド、中国、日本海域合衆国海軍最高司令官

19世紀の上海

025

[ケリー司令官からペリー提督に宛てた書簡]

合衆国プリマス号

上海　1853年5月15日

謹啓

　提督のご指示に従い、黄海および渤海から白河の河口付近に至る航海に備えて海図と航海指示書を詳細に調べましたが、ヨーロッパ人の来航歴はごく少なく、沿岸部と港についての情報はほとんどありません。多数の島が点在していますが、地勢について判明していることはないも同然、多くのサンゴ礁と砂州が高波の海面下に広がっています。

　付近の海上や湾内では、この時季に濃霧が発生しやすく、晴れない状態が数日続くようです。潮の流れは非常に速く、平均時速6～8kmにおよびます。

　したがって、本船の喫水設計に照らして考えると、白河の河口部沖合の投錨地に向かう試みには極度の危険がともないます。これまで沿岸に来航した少数のヨーロッパ艦船は、深浅調査などのために、かならず複数の小型船を伴走させていました。しかし、湾に流れこむ数多くの川が運んでくる土砂が絶えず堆積しつつあり、そうした報告もほとんど頼りにはなりません。

謹白

ジョン・ケリー

司令官

026

ペリー提督から海軍長官に宛てた書簡

［書簡番号13］　　　　　　　　合衆国フリゲート艦サスケハナ号
　　　　　　　　　　　　　　　琉球、那覇　1853年6月2日

謹啓

　先月26日、ミシシッピ号ならびにサラトガ号とともに、那覇港に到着しましたことをここに謹んでご報告します。翌々日の28日にはサプライ号が合流しました。プリマス号は上海に残留しましたが、反乱軍の上海攻撃にわが国の商人が抱いている不安は落ちつきを見せているようで、ケリー司令官にも許可がおりて、日本への出航までに合流できることでしょう。

　私が上海を出航したときの状況から判断しますと、その後、大きな変化が生じていないのであれば、プリマス号を上海に残留させる必要はほとんどないものと考えます。

　日本への出発以前に寄港が予定されている多数の船舶の到着を待つべきかもしれませんが、航海中との確たる情報はありません。不確実ながらマカオで見通した際には、現在私の指揮下にある全部隊が勢ぞろいするものと考えていました。出発を先延ばしすれば、沿岸部の探査に好都合な時季を逃してしまいます。

　この美しい島は日本の属国であり、日本と同じ法体系で統治されています。人々は勤勉で、性格は穏やかです。私もすでに、人々の警戒心をしずめ、友情をわかちあうことにかなりの成果をおさめました。那覇港を艦隊の集合地とすることを私から申し入れてありますが、時間の経過とともに琉球の全住民が友好的になるものと期待しています。すでに、われわれの艦船に運びこんでもらう補給物資の対価を受けとることへの同意が得られています。

　日本に向けて出航するまで那覇で待機する間、琉球の人々との相互理解の確立に努めます。こうした友好的な意思表明についての情報は、われわれに先んじて日本に届き、敵意のないことを確信して

もらえることでしょう。

とはいえ、今夏に多くの成果をあげられるか不安は残りますが、特異で実務に不慣れな人々との衝突を可能な限り未然に防いで事を進めるのが私の務めとなりましょう。従来の鎖国方針を緩和して、われわれの入港を平和裏に受けいれてくれるか、それとも非友好的なふるまいに固執するのか、寄港中に見きわめることができるでしょう。そのうえで圧力も一段と強めて、来春にはさらに熟慮を重ね、決断力をもって役割を務めることができるはずです。

謹白

M・C・ペリー

東インド、中国、日本海域合衆国海軍最高司令官

海軍長官閣下
　ワシントン

027

海軍長官からペリー提督に宛てた書簡

海軍省　1853年9月5日

謹啓

1853年6月2日付の琉球・那覇発書簡（番号13）を受理しております。海軍省は、提督の琉球訪問に関する有益な説明に満足し、文面で示されている提督の方向性を承認いたします。

謹白

J・C・ドビン

M・C・ペリー提督
　東インド、中国海域および香港合衆国艦隊司令官

60

028

ペリー提督から海軍長官に宛てた書簡

［書簡番号15］　　　　　合衆国蒸気フリゲート艦サスケハナ号
　　　　　　　　　　　　琉球島、那覇　1853年6月25日
謹啓

　上海に派遣した石炭輸送船が、堪能な中国人通訳[11]（ウィリアムズ氏が広東から連れてきた人物で、大病を患い、重篤な状態にあった由）を乗せて帰還するのを待っている状況です。このやむなき拘束を強いられた期間を、ボニン（Bonin）諸島［小笠原諸島を指す。現在も使用されているこの英語名は無人に由来する］を探訪するまたとない機会にあてようと考えました。

　ミシシッピ号とサプライ号を那覇に残し、サラトガ号を従えて、ピール島［父島を指す］に向け出航し、今月14日午前、ロイド港［父島の二見湾を指す］に投錨しました。

　私への指令には、この遠い海域を航行する船舶が緊急時に避難し、休息にあてる港を探しあてることが明記されており、航海の当初から、現在投錨中の港を視野に入れていました。小笠原諸島最大の港である二見湾は、わが国の太平洋沿岸の港と中国を結んで近々開通が見込まれる郵便蒸気船航路の中継地点としても、停泊地としても便利な場所にあります。郵便航路は長きにわたり待望されていたもので、その開通は、近年の躍進めざましい歴史の中でも突出した出来事として、アメリカだけでなく世界の貿易界にとって最高度に重要なニュースとなりましょう。

　アメリカとヨーロッパの郵便物がエジプト、紅海、インド洋を経由し、週に2度、定期的に香港に到着しています。香港から上海への海路はほぼ5日の旅程です。わが国がこの航路をカリフォルニア

11　羅森といい、日本各地での見聞を帰国後に記した日誌（通称『日本日記』）が、『日本遠征記』第2巻に収録されている。

まで延伸させるなら、イギリス政府も対抗して郵便航路を拡大することは確実です。

　小笠原諸島やサンドイッチ諸島［ハワイ諸島の旧称］を経由して上海とサンフランシスコを結ぶ蒸気船輸送は、石炭補給など３日間の寄港・停泊を含め、30日の旅程です。サンフランシスコからハワイのホノルルまでの距離はおおよそ3,350km、ホノルルから小笠原諸島の父島まで5,280km、さらに父島から揚子江の河口あるいは上海川まで1,730km、合計で10,360kmです。１日の航行距離を380km、海上時間を27時間とし、３日間の寄港を予定します。サンフランシスコからニューヨークまで行くのに必要な日数はX、上海からニューヨークまでの日数はYとなります[12]。

　（最短ルートの）マルセイユ経由でイギリスから香港までの郵送に要する標準日数は45日から48日、これに香港での足どめ２日、上海までの５日を加えると、イギリスから発送された郵便物が上海に着くまでに52日から55日要します。

　上海はイギリスからの郵送の終点であると同時に、アメリカへの郵便物の始点と見なすことができます。書簡の原本をヨーロッパ経由の西方向で、その写しはカリフォルニア経由の東方向で送ると仮定しましょう。リバプールに原本が届く頃、複写はニューヨークに着いている、という次第です。

　壮大な構想を完成させる優位性ならびに栄誉はさておき、この蒸気船航路は交易による恩恵の拡大に大いに貢献することでしょう。すでに毎年、数千人の中国人がカリフォルニア行きの船に乗っており、ひとり50ドルの船賃を払えば、なんの不自由もありません、ただし、自分たちの食事を調理する際の水と燃料は別料金です。

　中国人はつましく、きわめて辛抱強い労働者で、規則正しい性質

12　【原文脚注】　XおよびYに相当する現在の郵便物運送機関の協定日数については熟知していない。

に富み、カリフォルニアの農業利益の大幅な増進に寄与しているはずです。

　上海は中国の大きな商業中心地に成長しつつあり、アメリカとの貿易量はすでに競合相手の広東に優っています。この地域で生産される良質のお茶や絹製品、その他の稀少で価値の高い商品を、蒸気船でカリフォルニアには5週間、ニューヨークには8週間で輸送できる見通しが立てば、迅速で確実な取引によって香港が手にしている利益に肩を並べる可能性もあります。

　1通の書簡で、小笠原諸島について書き尽くすことはできません。私が粗雑に書きつけている日誌の抜粋を同封しますので、ご参照ください。二見湾は蒸気船向けの石炭貯蔵所ならびに停泊地としてみごとなまでに適していると申しあげれば十分です。地理的には、ハワイ諸島からの、あるいは上海と香港に向かう経路上の好位置にあります。

　気候は穏やか、港は広くかつ安全で、入港には昼夜ともまったく問題ありません。土壌は耕作に適していて、船舶数の増加で必要となる食肉、果実、野菜なども、労働者を増やせば供給が可能です。

　しかし、小笠原諸島へのアメリカ資本の投下を進めるうえで、ただひとつ難点があります。土地の統治権がいまだに確定されていないことです。最も著名な要求権者はイギリス［ヴィクトリア］女王ですが、その権限の唯一の由来は、イギリスの測量船ブロッサム号を指揮していたビーチー艦長が、ある式典（おそらく、政府からの明確な認可はなかった）をとり仕切ったことです。この人物は1827年に正式に諸島の占有を宣言し、すべての島々に英語名をつけました。

　翌年、ロシア海軍のリトケ船長なる人物が同様の式典をとり行い、

13　『ビーチー太平洋航海踏査録』（1831）の著作がある（抄訳『ブロッサム号来琉記』）。

さらにビーチー訪問の4年前に、国籍は定かでないが名前から判断するとアメリカ人の可能性があるコフィン船長という人物[14]が小笠原諸島を訪問し、ある島に自分の名前をつけました。――（詳しくは私の日誌の抜粋をご参照ください）

　日本人が小笠原諸島の最初の発見者であることは間違いなく、入植も試みられたのですが結局、放棄されました。スペイン人、ポルトガル人、オランダ人が早い段階で、東方への航海を実行するなかで視野におさめたと思われ、やがてアメリカ人、イギリス人、ロシア人にも知られるようになりましたが、今日までヨーロッパの国が定住を試みた例は皆無です。

　以上のことをすべてふまえ、さらに、たとえその価値がなくても、国家が名誉をかけて主権を主張する際に必要な粘り強さを考慮に入れたうえで、わが国のロンドン駐在公使を通してイギリス政府との間に、ある合意が成立した可能性があると主張してもお許しいただけるものと信じます。

　その合意とは、意見の一致をみた規則にもとづき、アメリカないしイギリスの国旗あるいは現地の旗のもと二見湾あるいは父島全体を自由港とし、あらゆる国々の船舶に緊急時避難を認める場所、とりわけ郵便蒸気船の中継地、と見なすことに他なりません。

　こうした方向性が将来予想される困難を未然に防止し、両国の交易に相互の利益をもたらすことでしょう。太平洋のこの海域を航行するイギリス船もごく少数あるでしょうが、この目標が達成されれば、二見湾は太平洋海域、とりわけアメリカの対中国交易にとって、最も重要な場所になることでしょう。

　しかしながら、合衆国の名において小笠原諸島の所有権を私が手

14　【原文脚注】小笠原諸島に関する価値の高い情報は、ナンタケットやニューベッドフォード［いずれもアメリカ・マサチューセッツ州の漁港］で捕鯨船の船長をしていた人物から得ることができそうです。コフィンはおそらくナンタケットの出身。

中におさめることが望ましいと海軍省が判断されるのであれば、その意向に沿って行動し、最良の手段を行使します。

　現在はひたすら、石炭輸送船が、新たに派遣される通訳を乗せて、上海から帰還するのを待つばかりです。到着次第、このサスケハナ号に乗り、ミシシッピ号、サラトガ号、プリマス号とともに、江戸に向け出航いたしします。

　しかしながら、中国沿岸で複数の艦船が拘束されたこと、ならびに母国から合流を命じられていながらまだ到着していない艦船のおかげで、行程は遅れ気味です。そのため、この夏は、江戸湾やその他の沿岸地域の現地踏査ならびにわれわれの訪問に対する日本政府の反応を確認する程度のことしかできず、しかも心からの歓迎は期待できませんから、圧倒的な海軍の力を見せつける大々的な示威行動は、来春に実行するほうが賢明と考えています。

　むしろ、これまで知りえたことから判断すると、日本側は友好的に交渉する方向ですべての問題を解決しようと準備している可能性もあります。したがって、問題の正当な側面を見失わず、敵対的なふるまいに直面しても、理性的に自制して自分たちの誤りに気づかせる必要があります。

　しかしながら、われわれはすでに待望の避難港として二見湾と那覇港の2か所を確保する大きな成果をあげ、琉球島になにごともなく地歩を築き、琉球の人々から敵意をとり除くことについてもかなりの成果をおさめています。訪問と歓待の交流が生まれ、銀板写真、磁石式電信、潜水式装甲車輌などの科学的機器類の展示は琉球の人々を仰天させました。これらすべての出来事はあますところなく記録され、日本にも伝わっています。

　艦船から派遣された隊員たちは、琉球島をあちこち探索しましたが、もめごとを起こすことなく、むしろ暖かく歓迎されました。艦隊に持ち帰る補給物資の支払いには現金を使用しました。実際には、琉球は日本の重要な属国であり、この段階に至ってもわれわれが当

65

面の目的を遂行するうえで必要なことにはすべて制約が課されています。

　役人や一般住民が、日本政府というより琉球が帰属する薩摩候から尋問されるような結果につながることを絶えず怖れているという事態がなければ、われわれの来訪はもっと喜ばれたことでしょう。執念深く、残酷で異常な支配者の手から琉球の人々を、私の力が及ぶ限り擁護することが私に課せられた義務でもあります。したがって、船舶の融通が可能なときには、1隻を那覇に停泊させることにします。

謹白

M・C・ペリー

東インド艦隊司令官

　海軍長官閣下

　　ワシントンD.C.

追伸——本国から派遣を命じられた複数の艦船がいまだに到着せず、大いに落胆しております。7か月前に本国を出航した物資輸送船サウサンプトン号も姿を見せていません。当艦隊のある艦船では、配属士官の数が不足して任務遂行に支障をきたしている事態を指摘せざるを得ません。なかでも測量部門が深刻です。

　この停泊地の気候は、かなり体に負担となり、体調を崩す者が続出しています。試験の合否にかかわりなく、士官候補生の補充がなければ、任務の遂行に熱心に取り組む多くの士官の健康が損なわれてしまいます。規律が緩みがちな現状ではなおさら、優れた士官の貢献が欠かせません。

M・C・ペリー

029

文書A

ペリー提督の日誌 (抜粋)[15]

　小笠原諸島は北緯26度30分から27度45分にかけて南北に伸びており、島嶼の中心線はほぼ東経142度15分にある。

　主要な島々はすべて、イギリス官船ブロッサム号のビーチー艦長によって命名されている。北部の島々にはパリ―諸島 [聟島列島] という名前を、真ん中にある３つの大きな島にはそれぞれピール [父島]、バックランド [兄島]、ステープルトン [弟島] という名前をつけた。南部の島々はベイリー諸島 [母島列島] と名づけられた。

　　「南部の島々が、コフィンなる船長の捕鯨船が1823年に投錨した場所であることは明らかである。コフィンはその位置情報を最初にアメリカに伝え、自分の名前をその港につけた。だがその島々は特徴的な呼称もないままだったので、私が亡き天文学会々長フランシス・ベイリー氏にちなんで命名した」[16]

　島の多くの場所で見られる独特の階段状の岩塊は、海水の流れによって変化することなく、いまも残っている。人によっては、岩山の頂上への昇り降りのために硬い岩盤を人力で削った階段を見あげるように感じるかもしれない。

　これほど地質学者の探求心に訴えるような場所を私は知らない。火山活動によって形成された黒みを帯びた岩で、科学的な検証のためにいくつかの試料を採集したものの、鉱物学の知識に乏しい私には、岩塊を構成するさまざまな物質の見わけがつかない。[17]

15　金井圓による邦訳『ペリー日本遠征日記』(雄松堂出版・1985) がある。
16　【原文脚注】私はフィンドレイの『太平洋要覧』から引用している。ビーチーの著作は手元にない。
17　【原文脚注】未修正の走り書きであることに留意されたし。M.C.P. [ペリーの署名]

67

小笠原諸島は明らかに火山活動で形成されたもので、内部の噴火はいまも続いている。島の定住者で長老格のサヴォリ氏の話によれば、年に２、３回、大地の揺れを感じるとのことであった。

　島自体や岬、孤立した岩礁などいずれもきわめて奇怪な形をしていて、城塞や塔に見えたり、動物に見えたり、薄気味の悪い想像をかきたてられる。

　こうした地形は太古の昔に形成されたと考えられ、断崖のなかに運河を思わせる通路状の場所が多数あり、人によっては荒削りの彫刻を思いうかべるかも知れない。しかし、溶岩の噴出と冷却によって生まれた岩塊が、山腹から海に流れ落ちる雨季の激しい豪雨によって摩耗し、滑らかになったものであることは歴然としている。

　二見湾は父島の西側にあり、島の中心部に近い。港への出入りが容易で、安全な使い勝手の良い港と評価できよう。ただし、海底の投錨地点はかなり深く、通常の船舶でも30ｍから40ｍほど降ろさないと海底に届かない。

　この港はビーチーの海図によると、北緯27度５分36秒、東経142度11分30秒に位置するが、数値には誤りがあると考えられる。サスケハナ号の測量責任者の再度にわたる測定によれば東経142度16分30秒、ビーチーの数字より８km東である。

小笠原諸島、カナカ人の集落

　最も安全な投錨地点は、航行に無理のない港の奥のほうにあり、錨綱を揺らしたり、方向を変えたりする深さと広さが十分にある。初めて入港する者も、船舶を引き綱に託する地点を容易に見つけることができる。

ビーチーの入港指示はすばらしく正確なものだ。彼が言及している Castle island は格好の目標物であり、容易に見わけがつく。スターボード海岸という南の岬には、断崖から150m前後離れた場所に、干潮時の海面下2.5mに横たわる小さな岩礁があり、衝突しないよう注意を要する。私は南の岬の断崖に塗料で円を描き、なかにＳの文字を記して、その真北にある岩の方角を示すようにした。

　薪や水は豊富に手に入るが、薪は乗組員が木を伐採し、切断しなければならない。良質の水が、島を流れる渓流からとれる。

　数少ない入植者が父島に暮らしていて、他の島は無人島であるが、かなりの量のサツマイモ、トウモロコシ、タマネギ、タロイモのほかに種類は少ないが果実を収穫している。西瓜、バナナ、パイナップルがかなり豊富にとれる。数頭の豚とニワトリなども飼育されている。これらの産物は、水や物資の補給のために絶え間なく寄港する捕鯨船が安定した売り先である。われわれが二見港に停泊した４日間で、３人の捕鯨船員——アメリカ人２人とイギリス人１人——が、小舟でやって来て入植者と会話し、ほとんどを物々交換で入手していた。熱意が多くの入植者に認められているのかもしれない。

　働き手の不足が解消されれば、もっと広大な土地が耕作にあてられることだろう。現在のところ、島全体のうち耕作地は60万㎡を少しこえる程度にとどまっている。しかも、耕作地はそれぞれ離れた場所にあり、新鮮な水が供給される谷間の地形が海辺まで迫った場所が多いが、港に近い平坦地も使われている。

　土壌は耕作に適した良質のもので、マデイラやカナリー諸島の土地とよく似ている（カナリー諸島は緯度がほぼ同じである）。したがって、醸造用のブドウ、小麦、タバコ、さとうきびなどのほか、高価値な植物の栽培に絶好である。さとうきびとタバコについては、入植者の自家消費を満たすに十分な量を生産している。

　建築用の木材はやや不足気味で、人口が増加して多くの建築物が必要になれば底をついてしまうだろう。最良の樹種はタマナや野生

69

の桑の木で、タマナはブラジルやメキシコのセコイアに似て、耐久性に優れている。

士官が率いる２隊を編制して、この島をくまなく探査させたが、正式の報告を他の文書とともに提出する予定である。本号およびサラトガ号の技術者も港内を詳細に調査している。

鳥類は、海上も陸地もあまり飛んでいないことにすぐに気づかされ、せいぜい５、６種類の鳥が陸地で確認される程度である。このなかで最も大きいのがカラスと鳩で、その他は小さい。カモメなどの海鳥を見ることはめったにない。最も数が多いのはカツオドリである。島影が見えてきたときに数羽のウミツバメが飛んでいた。かなり大形で、羽毛がきわだって鮮やかに見えた。

四肢動物は、豚、ヤギ、鹿、牛、羊などで、猫と豚もかなりの数がいる。猫や豚の多くは密林のなかをうろつき回っていて野生化し、犬に襲われることがある。数年前に、数頭の鹿とヤギが入植者によって北の弟島に持ちこまれ、ヤギは驚異的に繁殖した。

雄牛、乳牛、羊および少数のヤギを繁殖させる目的で、サスケハナ号から陸に放った。父島の北側にあるSAND bay［宮之浜］には雄牛と乳牛の各２頭を、North island［弟島］には雄羊２頭と上海カラクール羊５頭、ヤギ６頭を連れて行った。

兄島ではかなりの数の豚が飼育され、付近のふたつの小島では最近になってヤギの放牧をはじめた。時がたてば、数千頭の規模になることだろう。

父島の二見港やその近くの海域では、料理に適した魚が釣針や引き網で捕獲されるが、沿岸はサンゴ礁が多いため、引き網を固定する場所が少ない。

二見港で引き網を固定する絶好の場所は砂地の浜辺にある。水深に由来してテン・ファゾム［１ファゾムは約1.8m］と名づけられた小さな美しい入江である［現在、地元では十尋淵と呼ばれる］。さまざまな魚がとれるが、数はあまり多くない。サスケハナ号に仕か

70

けた引き網にかかった魚はボラ、パーチ2種、ガー、エイのわずか5匹であった。

　サメが非常に多く、稚魚を海岸付近のサンゴ礁の浅瀬で頻繁に見かける。犬に追われて捕らえられ、浜辺を引きずられる光景もしばしば目撃する。

　食用の貝類は、硬くて消化できないシャコガイしかないと教えられた。さまざまな種類の有殻アメーバが多く生息しているが、希少種は見られない。甲殻類は豊富にとれるが、種類は陸ガニに限定され、大きさ、形、色は多種多様である。最も数が多いのは、パイレート［海賊］と俗称されるもので、海岸付近の至るところに生息し、偶然の重なりでつくられた実に奇妙な形の殻を背負って這いまわっているのが見られる。

　小笠原諸島の海域には、ザリガニやアオウミガメが沢山いて、われわれもかなりの量を捕獲した。

　ケンペル[18]によれば、小笠原諸島は1675年には早くも日本に知られていて、無人島の名前で表記された。魚やカニの豊富さについても言及があり、カニのなかには1mから2m近くに及ぶものもあると記録されている。このカニについての記述は、この海域でよく見かける巨大なアオウミガメをとり違えたものだ、と私は考えている。日本人が小笠原諸島を発見した時期については、もっと古くさかのぼると説明する資料もある。

18　エンゲルベルト・ケンペル（1651-1716）　ドイツ出身の医師、博物学者。1690（元禄3）年、長崎・出島のオランダ商館に赴任した。ヨーロッパで日本について初めて体系的に記述した『日本誌』の著者として知られる。

$\boxed{030}$

ケンペルの記述（抜粋）

　1675年前後、日本の小型帆船が嵐に見舞われ、八丈島の東方約500kmの距離と測定された大きな島に漂着した。住民は確認されなかった。気候は快適、果実が多く実り、新鮮な水が豊富で、植物や樹木に覆われた島だった。熱帯の地域にしか生えない高木ヤシが目立つことから、この島が日本の東方ではなく、南方に位置すると考えるに至った。住民がいないことから無人島と命名された。沿岸には、おびただしい数の魚やカニの泳ぐ姿が見られ、なかには長さが２ｍに近いものも見られた。[19]

$\boxed{031}$

『三国通覧図説[20]』のクラプロート[21]による翻訳文（抜粋）

　この島々の元来の名称は小笠原島であるが一般にム‐ニン‐シマ（中国語ではウージントン）の名で呼ばれた。人が住んでいない島を意味するもので、私の著作ではこの名前を使用した。小笠原島あるいは小笠原諸島という名称は、最初にこの島々を訪れ、地図を作成した探検家の名前に由来する。[22]　同様に、かつて新世界の南側は、およそ200年前に発見したマゼランにちなんでマガラニアの名で呼ばれていた。

　小笠原諸島は、伊豆半島の南東1,060kmに位置する。伊豆国の

19　【原文脚注】明らかに、アオウミガメをカニととり違えている。
　　——M.C.P.［ペリー略称］
20　林子平（1738-93）が、朝鮮・琉球・蝦夷について解説した著作。
21　ユリウス・ハインリヒ・クラプロート（1783-1835）19世紀のフランスで活躍したドイツ出身の東洋学者。ただし、この翻訳文は、ケンペルからの引用である。
22　安土桃山時代の武将・小笠原貞頼が発見、命名したとの説だが、現在では根拠に乏しいとされる。

下田港から三宅島までは51km、三宅島から新島まで27km、新島から御蔵島まで20km。御蔵島から八丈島まで160km。さらに八丈島から小笠原諸島の北端まで707km、南端までは786kmである［原文の距離単位はri（里）］。

この群島は北緯27度に位置し、気候は温暖である。高山の谷間に小川が流れ落ちて肥沃な土壌を形成し、豆類、小麦、アワ・キビなどさまざまな穀類、サトウキビなどが栽培されている。ナンキンハゼの木が多く見られる。漁場に恵まれ、漁獲量が期待できる。

島々には多くの植物や樹木が生えているが、四肢動物の存在はごく稀である。人の腕では抱えきれないほど太い幹の樹木が生えていて、高さが70mを超すものも少なくない。木材にすると硬くて、木肌が美しい。他にも、棕櫚に似た高木やココヤシ、檳榔樹、中国語でペクアンツイという実がなる木、カチラウ、紫檀、榎、クスノキ、イチジク、葉がカキドオシに似た高木、肉桂や桑の木などがある。

草は、山帰来と呼ばれるサルトリイバラ、当帰、アサガオという薬草などが観察できる。

鳥類は、さまざまな種類のオウム、ホロホロ鳥、鵜、山鶉のほか、白鷗に似た鳥もいるが、大きくても90cm程度である。いずれも性格がおとなしく、手で捕らえることができる。

群島で産出する主な鉱物は、アルミニウム、緑礬、その他さまざまな色あいの岩石、化石などである。

海には、鯨や巨大なザリガニ、貝類、ウニなどが目撃される。この海域は海産物が非常に豊富である。

延宝3年（1675）に、シマエ・サ

Julius H. KLAPROTH

ヘモン［嶋谷市左衛門］、ビソ・サヘモン［中尾庄左衛門］、シマエ・ダイロ・ザエモン［嶋谷大郎左衛門］の長崎人3人が、熟練の中国人大工が建造した大型の帆船に乗り、伊豆国への航海に出た。いずれも天文と地理に精通していた。江戸の「網の小路」在住の船大工棟梁ファトベ［八兵衛］を帯同し、30人の水夫が船を操縦した。

帝国の海事部局から通行許可証を得て、4月5日に下田港を出発し、一路、八丈島をめざした。南東方向に航海し、80の島々からなる群島を発見した。精細な説明を付した地図を作成したが、そのなかには群島の概況、気候、産物などが興味深くこまごまと書かれていた。一行は同年の6月20日、下田港に帰還した。嶋谷らは航海記を出版した。

著者［嶋谷］が、御蔵島から八丈島に向かう際に経験する黒潮の流れの速さに言及していないのは不思議だ。幅は約2kmにおよび、東から西の方向[23]に400kmにわたって、すごい速さで流れている。このことに触れなかったのは、冬や春に比べて、夏から秋にかけて潮の速度が低下すること以外に説明のしようがない。

嶋谷が小笠原諸島に向かって黒潮を通過したのは4月に続く閏月（うるうづき）の第1週、復路は6月の後半で、潮の流れがあまり速くなかったために、危険な潮流に注意を向けなかったのだろう……

80ある島々のなかで最大の島の外周延長は60km弱、壱岐島より少し小さい。これに次ぐ島は40kmで天草島とほぼ同じである。このほかに外周8kmから25km前後の島が8つある。あわせて10の島は、いずれも平坦な台地で居住環境に適し、穀類の豊富な収穫も期待できる。気候は温暖で耕作に向いていることが、地理的位置からも推測され、さまざまな農作物に恵まれている。残り70の小島は切り立った岩礁で、作物は育たない。

囚人を労働させる入植地が、これらの島々に移設された。囚人は

---

23 【原文脚注】潮の流れの方向を誤って記述している。

土を耕し、いくつかの区画で野菜類の栽培にとりくんだ。複数の集落にわかれて生活し、帝国内のどこでもとれる共通の作物を育てた。島を訪ねた人は、その年の作物を持ち帰ることができる。交易がすぐに始まり、利益は相当なものになることだろう。誰でも納得がいくはずだ。

安永年間（1772-1781）、ある公務を託されて肥前地方に派遣された私は、アーレント・ヴェルレ・ファイトというオランダ人と面識を得た。その人物が見せてくれた一葉の地図に、日本の南東800kmの場所にある群島のことが書かれていた。地図の作成者は「無人の島」と名づけていた。人は住んでいないが、多種にわたる草や木が見られると記述している。

日本人がある島に入植地を開墾し、穀類などの作物を収穫している可能性がある。島に行くには長期の航海を必要とするが、入植事業は想定された目標に近づくことだろう。オランダの会社がこの群島を占拠しても、あまりに小さな島々で著しく遠隔地にあるため、ほとんど利益を得られまい。

これらの言葉をくりかえして、記憶にとどめるべきものと考えており、小笠原諸島に関して言うべきことはすべて尽くしたと考えています。　　　　　　　　　　　　　［クラプロート引用はここまで］

だが、小笠原諸島の最初期の発見については、私としてさらに次のことを言いたい。確認すべき唯一の点は、抜粋したふたつの文章の記述が、小笠原諸島の現在の姿に正確に対応している、ということである。

父島にはココヤシなどの熱帯植物が繁茂している。さらに、1675年に日本の帆船が偶然に到来したことに関するケンペルの説明の確実性を裏づける情報をサヴォリ氏から教えられた。その13年ほど前に40ｔ程度の日本の小型船が嵐に見舞われ、日本の沿岸から漂流して、二見湾に入港したというのである。船には、日干し

の魚しか残っていなかった。冬のあいだは港に留まり、春になって日本への帰途につくまで入植者から無償で食糧が提供された。

さらにその５年前、弟島の沖合を航行中のフランスの捕鯨船が浜辺からのぼる煙を発見し、ボートで近づくと、座礁した日本の帆船が打ちあげられていた。生き残った５人の乗組員は最悪の状態だったが、船に乗せて二見港に運ばれ、さらに日本の港まで人道的なフランス人の手で送り届けられたのだ、とサヴォリ氏は明言した。

サスケハナ号の士官の一団が弟島を訪ねた際、たまたまこの座礁船を目撃した。以下は、士官のひとりハイネ氏による説明である。

「われわれが上陸した小さな入江で、座礁した帆船を見つけた。船体の銅板には大きな銅製の鋲が打ちこまれていた。これらの銅製品から、日本の帆船に違いないと判断した。座礁したのは比較的最近のようで、甲板の縁の損傷はごく軽いものだった」

1830年にサンドイッチ諸島から原住民数人を引きつれて入植した男女は、ごく少数しか残っていない。この冒険的な行動を率いた白人は、以下の人々である。ジェノア出身のマテオ・マザラ、マサチューセッツ州出身のナサニエル・サヴォリとアルデン・Ｂ・チェイピン、イギリス出身のリチャード・ミルドチャンプ、デンマーク出身のチャールズ・ジョンソン。

このなかでナサニエル・サヴォリだけが現在もこの島で暮らしている。マザラは亡くなり、サヴォリがその未亡人と結婚した。彼女は、ラドローネ諸島［マリアナ諸島の旧称］のグアム島出身でまだ25歳の若さである。ミルドチャンプは存命で、グアム島に住んでいる。

私は小笠原諸島の交易上の重要性をずっと確信してきた。いずれ開設されるカリフォルニアと中国を結ぶ蒸気船航路の停泊地として父島を推奨する観点から、自分の目で確かめたいものと今回の訪問は実現された。先にも述べたようにこうした目的から、島のなかを探索し、将来必要となる食糧確保の布石として、ふたつの島に数匹の動物を放った。またあらゆる種類の野菜の種子を入植者に配布し、

農業器具や多数の家畜を提供する用意のあることを示唆した。さらに、事務所、埠頭、石炭貯蔵所などの建設候補地の見通しまで立てることができた。

M・C・ペリー

大琉球、那覇　1853年6月24日

032

ペリー提督から海軍長官に宛てた書簡

［書簡番号16］　　　　　　　合衆国蒸気フリゲート艦サスケハナ号

琉球島、那覇　1853年6月28日

謹啓

　プリマス号について全権を委任されたケリー司令官は思慮を重ねたうえでなお、上海のアメリカ商人への不満を抱いているようですが、本人から海軍省に報告することはないものと思われます。このような手段でお伝えすることが適切か、疑問はあるものの、この件に関する書簡の写しを同封することが、ケリー司令官を正当に弁護するものと考えました。

　外国に駐留する軍艦の司令官が、自国商人の利益保護の拡大に努力を尽くしたいと考え、格別の扱いで配慮しながらも、すべてをかなえるのは不可能であることを示す資料が、海軍省には数多くあるはずです。

　現在、中国が政治的混乱に陥っており、時には広東や上海のほか、外交使節が滞在する港1、2か所に艦船を停泊させることが望ましいのは事実ですが、すべての要求に応じるなら、日本に関する指令の実行が危うくなりましょう。

　しかしながら、江戸から帰還した後、時をおかずに上海およびその他の港に艦船を派遣しようと思います。つまり、1隻は琉球に残

し、私自身は中国沿岸に戻ります。

　ここに書きとめた方が良いと思いますが、私が上海を出発する前に、マーシャル氏とフォーブス氏（ラッセル商会の代表者）のご両人が、ケリー司令官と私に対して、プリマス号を上海港に停泊させておく緊急の必要性はないという意見を表明しました。

謹白

M・C・ペリー

東インド艦隊司令官

　海軍長官閣下
　　ワシントンD.C.

033

合衆国プリマス号

那覇港外停泊地　1853年6月26日

謹啓

　謹んで報告いたします。

　去る5月16日付の閣下の指令にしたがって、6月2日まで上海に残留しました。その頃には、現地の諸事情はかなり改善し、反乱軍が最初に接近してきた頃には閉められていたほとんどの商店も再開され、商品も豊富です。また、以前、南京にいる反乱軍首領を訪問した香港総督ジョージ・ボナム卿の報告をもとに、琉球に向かうべしとの閣下の指令を実行に移すことが適切と判断しました。

　在上海のアメリカ商人の面々やハンフリー・マーシャル中国駐在弁務官は、私が出発する直前に、書簡を送ってきました。

　その書簡を、私の応答を添えて、ここに同封します。

ハンフリー・マーシャル閣下が私の出発直前に、反乱軍の危険は感じていないと私に明言したこと、そのうえで、中国皇帝が指定する信任状の提出場所まで自分を運んでくれる船舶を意のままに使えるか、ひどく心配していたことも記しておかねばなりません。

　私は今月13日に、ここ那覇港に投錨しました。

謹白

ジョン・ケリー

司令官

　M・C・ペリー提督閣下

　東インド、中国海域合衆国海軍最高司令官

034

上海　1853年5月18日午前零時

謹啓

　当面、この地に留まるようにとのペリー提督からの指令が、司令官閣下の停泊期間に制限を課したのは、閣下の出発日時を固定化したことによるものなのか、それともなんらかの出来事を予見してのことなのか、知りたい気持ちで一杯です。

　提督は、閣下への指令書の写しを私には送ってくれません。無論、閣下から聞きだそうとして、この書状を書いているわけではありませんが、閣下の計画を的確に把握して私の行動を律したいと考えています。

　香港への夜行船「ヘルメス」号にのせて本国への書簡を送ろうと考えております。

　すばやいご返信をいただければ、ありがたく存じます。

謹白

H・マーシャル

　J・ケリー司令官閣下
　　合衆国プリマス号

035

合衆国プリマス号

上海　1853年5月18日

謹啓

　本日付の閣下の通信を落手いたしました。

　返信として、私への指令を要約すると、以下の通りであることをお伝えします

（要約）

「現下の諸情勢のもとでは、この上海に向けて反乱軍の移動があ

りえるものか、私には見通しが立ちません。数日が経過すれば、この地に留まることが適切か否かの判断を、貴官［艦長］ご自身で下せるようになるものと思われます」

「同封した指令書にしたがって、残留か移動かを判断する裁量は貴官にゆだねられています。この海域におけるアメリカの国益の防衛をふまえて、艦船の任務に関連する貴官の主張を継続して実行できる時機をご判断ください」

上海からの出航後について指令があり、提督との合流地点に向けて直行します。

謹白

ジョン・ケリー

司令官

ハンフリー・マーシャル閣下
　合衆国中国駐在弁務官

036

上海　1853年5月23日

謹啓

プリマス号が上海港から出航する件について、近々の撤退が艦長閣下のご意向であることを承知したうえで、マーシャル弁務官の助言もいただき、われわれ一同の思いをお伝えいたします。

弁務官によれば、艦船の移動については弁務官といえども関与できず、プリマス号の配置は東インド、中国艦隊司令官である閣下の裁量にゆだねられているとのことです。

中国の現況に関して最も信頼できる情報にもとづき、われわれの意見を述べることをお許しください。

条約が締結されて以来、今ほどいくつかの港への軍艦の配置が求

められたことはありません。アメリカ合衆国政府の考えでは、条約による義務的行為として、また交易上の権益の観点から平和かつ静穏な時期でも、2隻あるいはそれ以上の艦船からなる艦隊を中国海域に配備することが課されています。アメリカ政府が居住地として選択するようわれわれに推奨し、全力で保護にあたることを約束したはずの諸都市の存続が脅かされ、暴力による動乱と変革に直面しているこのときに突如、われわれ自身を守る手段もないまま放置されようとしています。

　もしわれわれの資産が、軍艦の存在による警護もなく失われるような事態になれば、わが国政府による全面的な補償を毅然たる態度で求めることになりましょう。条約による義務行為が求められる事態に直面しながら、さらには、われわれの保護されるべき権利の無視に対する抗議があることを知りながら、閣下が撤退されるならば、その結果の責任が問われる事態になりましょう。

　現局面をあらゆる角度から慎重に考慮するならば、生命と資産の安全を確信できるような状況になるまで、閣下の出発を延期するご判断がいただけるものと、心から信じております。

謹白

ラッセル商会

ブル＆ナイ商会

アウグスティン・ハード商会

スミス＆キング商会

ウェットモア商会

　　ジョン・ケリー司令官閣下

　　　合衆国プリマス号

|037|

合衆国プリマス号

上海　1853年5月28日

紳士各位

　23日付の諸氏の書簡を、本日落手いたしました。

　ご返事として、以下のことを申し述べます。東インド、中国海域艦隊最高司令官のM・C・ペリー提督から私に下された指令は、現在の停泊地に一定期間、留まるようにというものです。

　私への指令にもとづき、停泊を継続するか、移動するかの判断は私の裁量にゆだねられています。いついかなるときにあっても私の判断基準は、さまざまな申し立てをふまえながら、この海域におけるアメリカの国益の全般的防衛にあたる本艦船の任務を遂行することにあります

　現在のところ、反乱軍が上海に向かっていると推量させる情報はありません。しかしながら、上海攻撃の兆候が確認された場合には、上海に留まり、私の権限において諸氏を警護し、守りぬくことをお誓いします。

謹白

ジョン・ケリー

司令官

　ラッセル商会
　ブル＆ナイ商会
　アウグスティン・ハード商会
　スミス＆キング商会
　ウェットモア商会
　各位

038

海軍長官からペリー提督に宛てた書簡

海軍省
1853年10月18日

謹啓

　1853年6月25日付、琉球島の那覇から発信された書簡（番号15）を受理し、大いなる関心をもって拝読しました。

　「小笠原諸島」に触れた提督の日誌からの抜粋資料は貴重なものであり、海軍省として謝意を表します。

　同じく6月28日付の書簡［番号16］についても高く評価されています。プリマス号のケリー司令官の選択について不可とするところは一切ありません。中国に居住するわが同胞市民への警戒と防護の態勢を拡充するよう、配属士官を適切に配備した対応につきましても、大いなる信頼を表明するものです。

謹白
J・C・ドビン

　M・C・ペリー提督閣下
　　東インド、中国海域、中国・マカオ合衆国艦隊司令官

ペリー提督から海軍長官に宛てた書簡

[書簡番号17]　　　　合衆国蒸気フリゲート艦サスケハナ号
　　　　　　　　　　海上にて　1853年8月3日

謹啓

　去る6月28日付で琉球から発信した私の書簡（番号16）にて、その時点までの艦隊の行動を海軍省にご報告したところです。その後、日本の江戸湾に到着し、満足できる環境のもとで帝国の首席顧問との面談を果たしました。相応の式典のもと、皇帝にあてた大統領の親書を私の信任状とともに、お渡ししました。

　また、江戸の市街地から10kmあまりの地点までミシシッピ号で接近し、艦隊の船舶や小型船を使って湾内を調査しました。これまでの外国船と比べて30kmあまり、湾の奥に入ったことになります。

　短い期間とはいえ艦隊停泊中に起きた興味深い出来事を公式書簡には書けませんので、ひと綴りの覚書を同封しました。私がたどった行動の経過や考え方を海軍本省にご理解いただきたく存じます。

　待望の追加の部隊が合流しましたら、諸外国とりわけ合衆国に対する儀礼を、実務に不慣れな日本政府に合理的に理解させる困難な課題に、本格的に取り組みたいものと考えております。

浦賀沿岸

24　実際に会ったのは浦賀奉行を自称した与力。

日々観察を続けていると、海軍省への書簡で再三にわたり表明してきた思いがますます募ります。アメリカと東アジアの交易の規模の大きさと今後の発展は望ましいどころか不可欠なものであり、遭難船舶が避難する港湾施設の建設が待たれるところです。

　こうしたことを考えて、私は琉球の政府ならびに住民の敵意をとり除き、なんらかの交流開始を可能にするあらゆる手段を試み、かなりの成果をおさめました。琉球人は容貌、言語、宗教、慣習、さらには、みごとなまでに本心を隠す態度において、日本人と多くの共通性があります。

　先の書簡（番号15）をご覧になると、小笠原諸島での私の行動をおわかりいただけるものと思います。コフィン諸島［母島列島を指す］という南側にある島嶼地域の調査を進めようと考えているところです。父島の二見港、琉球島の那覇港と運天港の地図はすでに作成し、江戸湾の海図を製作するための材料も艦船が進入できる範囲で収集しました。

　小型蒸気船の必要性を痛感する機会が多々あります。測量活動ばかりでなく、中国と日本の沿岸における艦隊の作戦行動を考えても強く必要性を感じます。

　次回の江戸湾訪問時に、湾の奥まった個所の測量を完璧なものにするために、水深が許す限り江戸の市街地に接近するには、絶対に必要です。

　こうした状況のもと、私への指令書に記載された「急送用船舶を採用する」などの権限を行使し、短期間ですがごく小型の蒸気船の賃借りを考えています。これによって、大型蒸気艦船を測量小型艇の援護のために待機させる必要がなくなり、石炭の消費量を大幅に節減することが可能になります。追加船の賃借料の方がずっと安価です。

　ただし、海軍省が小型船の短期賃借を認めないのであれば、貸切り契約の交渉入りに間に合うよう、陸路便にて通知していただきた

く存じます。ただし、私が指揮する特殊な任務の必要性から、最良の判断にしたがって行動するにあたり、全面的な権限が私に与えられるものと確信しております。

　この停泊地のために小型船1隻を購入するのか、それとも長期の賃借で対応するのか、経済的な比較選択が求められます。大型船舶が必要とされる任務の遂行にあたって、石炭消費量の大量削減は、石炭の長距離輸送の困難性および費用の観点からきわめて重要な検討課題です。

M・C・ペリー
東インド艦隊司令官

　ジェイムズ・C・ドビン
　　海軍長官　ワシントンD.C.

1853年7月、M・C・ペリー提督と日本の当局者の 予備折衝時に起きた出来事に関する覚書

　蒸気船サスケハナ号とミシシッピ号ならびにスループ型帆船プリマス号とサラトガ号からなる艦隊は、ブキャナン、リー、ジェリー、ウォーカー各司令官の指揮のもと、琉球島の那覇港を7月2日土曜日に出発し、同月8日金曜日の午後、日本の江戸湾の一角にある浦賀の市街地沖合に投錨しました。

　到着までの間、私にゆだねられた重大かつ責任の重い任務を遂行する方向性について熟慮を重ね、決定を下してきました。

　同様の任務でこれまで日本を訪れた人々とはまったく対照的な行動計画を採用しました。すなわち、好意にすがるのではなく、同じ文明国としての礼儀にふさわしい対応を権利として求め、先行者たちに容赦なく示された卑劣な攪乱行為を一切許さず、さらに、アメリカ国旗の栄誉にもとづく私自身の感情を少しでも害するふるまいがあっても一切無視することとしました。

　武力を行使して上陸するか否かの問題が残されましたが、その後の事態の展開次第としました。

　こうした観点から、乗組員には演習を徹底し、艦船が戦闘態勢にいつでも入れるようあらゆる不測の事態に備えました。私は日本側の交渉術を少々利用しようと思い、艦船には私との交渉にあたる役人を除いて誰ひとり乗船を許さず、役人の来訪は旗艦に限定し、役人の身分と来艦の用件を明らかにさせてから乗船させました。

　また私は、帝国の最高位の役人以外と直接の協議をしないことを決断し、浦賀の奉行および副奉行との面会を拒否しました。その応接には、司令官のブキャナンとアダムズ、副官のコンテがあたるよう私から指令を発し、相手からの質問や会話への対応についても私が指示しました。

　私が決然と厳格な態度を示すなら、形式と儀礼にとらわれる相手

側はより多くの敬意を払うことを承知していました。もくろみの通り、結果はこうした判断の正しさを証明しました。

　江戸から40kmあまり離れた商業地である浦賀の沖合に投錨しましたが、かつて、コロンブス号やヴィンセンヌ号ならびにイギリスのスループ型軍用帆船マリーナ号も停泊地とした場所です。投錨した艦船を囲むように、たくさんの人間を乗せた小型船が多数、あっという間に集まってきて、船上によじのぼろうとする者も大勢いましたが、事前の私からの指示にもとづき撃退されました。

　このなかで、まわりとは異なる服装の人物を乗せた人目をひく1隻の船に、旗艦への横づけを許可しました。身分と用件を問われた当の役人は、浦賀の副奉行と名のり、艦隊の指揮官に面会して、日本に来た目的を知りたいと申し出ましたが、最高位の役人以外とは話し合いに応じない旨を通告しました。

　その役人は甲板に上がっていくつか聞きたいことがあると言い、自分は浦賀の最高位の要職にあり、艦船を訪ねるにふさわしい人物であると述べました[25]。それでも乗船を固辞されると、代案として自分と同等の士官との話し合いを認めるよう提案してきました。

　私は多少意図的に時間をおいてから、この提案を認め、副官のコンテを応接役に指名しました。ウィリアムズとポートマンの両氏を中国語とオランダ語の通訳として付き添わせましたが、副奉行にも

最初の上陸

25　【原文脚注】この人物の名前は三郎助［浦賀奉行所与力の中島三郎助］であることが、後に確認された。

89

オランダ語を流暢に話す通訳がついてきました。

　その後の面談で、副奉行は多くの質問を投げかけてきましたが、ほとんど答えは控えました。私の指示にもとづき、友好的な使節として日本に派遣されたこと、アメリカ合衆国の大統領から皇帝に宛てた親書を託されていることだけを説明しました。さらに、最高位の要人とじきじきに面談する機会のあることを望んでいるが、その目的は大統領から託された文書の写しと翻訳文を手渡すための事前調整であり、原本を正式に献呈する前段の行動であることを伝えました。

　副奉行の答えは、日本の法律により、長崎が外国との折衝にあてられる唯一の場所であり、艦隊はそちらに向かう必要があるとのことでした。

　これに対して、江戸に近い浦賀に来たのは意図があってのことで長崎に行くつもりはないこと、親書は最高司令官の立ちあいのもとで正式かつ適切に手渡すことが望ましい旨を説明しました。

　また、当方の意図は完全に友好的なものであるが、侮辱的なふるまいは許されないこと、艦船の周囲に集まっている監視船がその態勢を続けるのは許容されず、速やかに退去しない場合は武力で追いはらうことになると通告しました。

　通訳からこの言葉を聞いた役人は突如席を立って、甲板の通路から監視船に岸に戻るよう命令しました。それでも立ち去ろうとしない数隻を追い払うために、武装した小型艇を艦船からおろしながら武器で威嚇しました。効果は十分で、船は姿を消し、その後も日本の監視船が近づくことはありませんでした。

　以上が、達成された第１の重要事項です。

　副奉行はまもなく、大統領親書の受理について約束する権限はないものの、翌朝には上位の役人が再訪し、詳しい情報を伝えられるかも知れないと言い残して辞去しました。

　翌９日の朝、浦賀奉行の香山栄左衛門［実際は、奉行配下の与力］

が船を訪れましたが、副奉行とは言い分が異なり、自分が浦賀で最高の権限をもっていると説明しました。前日の男より上位の人物であることから、司令官のブキャナンとアダムズ、さらに副官のコンテに応接を命じ、私自身は皇帝の助言者（閣僚級の人物）以外とは会わないとの態度を崩しませんでした。

　長い議論が交わされるなかで奉行はくりかえし、親書を浦賀で受けとることは日本の法律では不可能であり、艦隊は長崎に向かうべきこと、仮に浦賀で大統領親書を受けとることになっても、回答は長崎に送られるなどと主張しました。

　この説明に対して、こうした取り決めには承服できず、最高司令官の立ちあいのもとで渡すことは譲れないと反論しました。そのうえで、もし日本政府が皇帝に宛てた文書類を受理するにふさわしい人物を指名しないのであれば、いかなる事態が起きようとも、武装して上陸し、手渡すことになると付け加えました。

大統領親書の引渡し

これを聞いた奉行は、浦賀に戻って江戸と連絡をとり、さらなる指示を求めるが、回答が届くまで4日を要すると言いました。こちらからは3日後の12日火曜日まで待つが、明確な回答を期待していると応じました。すると、回答期限についての議論を重ねても無駄であることを理解して、奉行は船を降りました。

　この面談のなかで、大統領親書の原本を、私の信任状とともに奉行に披露しましたが、書類を納めた箱は、大統領府が手配し、絶妙な職人技でつくられた高価なもので、その壮麗さに驚いた様子でした。船を降りる際にはじめて、水や補給物資を提供する用意があると言われましたが、なにも不足していないと応じました。

　私は9日の早朝に、各艦船から1隻ずつ武装した調査船を出させて、浦賀の港と湾内の測量に着手するよう指示していました。なんらかの妨害の可能性が高いと見込んで、測量隊の指揮にあたる副官のサイラス・ベントには、艦船からの援護発砲が届く距離をこえず、隊員の監視を厳守するよう指示しました。攻撃を受けた場合には、援護部隊を急行させることも伝えてありましたが、実際に多数の日本の小型船につきまとわれたものの、完全武装の兵士を見せつけられて妨害行為に及ぶ者はいませんでした。

　奉行から、小型船がなにをしているのか訊ねられました。港内の測量をしていると答えると、日本の法律によって禁じられた行為であるとのことでした。日本の法律がどうあろうと、アメリカの法律は測量調査を命じており、われわれとしてこれに従わざるを得ないのは、奉行が日本の法律に従うのとまったく同じことと反論しました。

　以上が、達成された第2の重要事項です。

　翌10日は日曜日で、日本側とのやりとりはありませんでした。数人の役人と通訳を乗せた1隻の小型船が横づけして、艦船にあげるよう求めてきました。提督と交渉する用件があるのかと聞くと、特にない、話をしたいだけとの返事があり、会うことはできないと

伝えるよう私から指示しました。

　11日の月曜日。測量船数隻を早朝から出動させて、湾の奥まで調査を実行し、リー司令官のミシシッピ号には測量船の援護にあたるよう指示しました。

　これまで外国船が近づいたことのない沿岸部にミシシッピ号が進むのを見た浦賀奉行が、乗船してきました。前々日の土曜には、江戸からの回答が来るまで議論は無用としたのですが、乗船を許可しました。

　ミシシッピ号と測量船を出動させたのは意図があってのことで、江戸の近くまで軍艦をともなって接近したことが当局者を驚愕させ、当方の要求に前向きの回答を引き出す圧力となったことに満足感を覚えました。

　さらに、こんなことがありました。親書類（案の定、原本の翻訳文の意味でしたが）が翌日には江戸に回送される見込みとの情報を伝えるために訪問したと奉行は装っていましたが、ミシシッピ号や測量船を湾の奥まで進める目的を確かめに来たのは歴然としており、しばらくするとその質問が本人の口からも発せられました。

　この問いかけを予期していた私は、艦隊をこの海域に派遣した目的が今回達成されなければ、来春にはより大規模な艦隊を編制して戻ってくることになる、と通告するよう指示しておきました。さらに、浦賀沖の停泊は便利さと安全性に欠けることから、もっと江戸に近くて条件の良い場所、江戸との連絡にもより便利な場所をさがす意向であることも伝えさせました。

　7月12日火曜日。江戸からの回答を聞く予定になっていたこの日、浦賀奉行は午前10時には2人の通訳を引き連れて乗船しました。

　当方の要求に応じて、私と面会する閣僚を指名する用意はしてこないものと見込んだ私は事前に、皇帝に宛てて以下の書簡を書いておきました。奉行の当日の対応は予想した通りでした。

93

041

[ペリー提督から皇帝に宛てた書簡]

合衆国蒸気フリゲート艦サスケハナ号
浦賀　1853年7月12日

　当海域に駐留するアメリカ合衆国海軍の最高司令官には、条約交渉の全権が与えられており、帝国日本の最高位の官吏との協議を望むものです。目的は最高司令官の信任状の原本を献上する式典の事前調整ですが、同時に、最高司令官に託されている合衆国大統領から皇帝に宛てた親書の原本をお渡しする式典でもあります。

　速やかに懸案の会見日をご指定いただきたく存じます。

　謹んで、日本の帝国陛下に捧げます。

　奉行は、原本に先立って文書類の翻訳版が手渡されるものとの誤解があったと言い張りました。そうした誤解など生まれる余地もないのですが、議論を重ねた末に、翻訳文と原本を手渡すことに同意しました。私から皇帝に宛てた書簡も同時に渡しましたが、私からじかに受けとる官吏を皇帝が指名することを条件としました。さらに、最高位の高官以外の人物には渡さないとくりかえし主張しました。私たち一行を歓待するための施設を浜辺に建設し、皇帝から特別に指名された高官が親書などの受理に立ちあう旨の説明が奉行からありました。また、その場での回答は差し控え、オランダ人もしくは中国人の責任者を介して長崎に回送されると説明されました。

　これを聞いた私は以下の覚書を作成し、オランダ語に訳して奉行に説明を尽くすよう指示しました。

[ペリーが作成した覚書]

「最高司令官が長崎に行くことはないし、オランダ人や中国

人とやりとりをするつもりもない」

　「最高司令官は、合衆国大統領から親書を託されているが、日本の皇帝ないし外務大臣に手渡すものであり、その他の人物に原本を渡すことはしない。仮に、皇帝への友情を記した大統領親書が受理されない、あるいは、正式な回答が得られないならば、祖国への侮辱と見なし、どのような結果が起きようと責任をもちかねる」

　「最高司令官は数日中になんらかの回答があるものと期待している。回答の受けとりはこの近隣地区に限定する」

　この覚書を手にした奉行は、おそらく上位の役職者と相談するために浜辺に引きかえしました。浦賀には皇帝側近の高官が複数待機して、秘かに交渉の指揮にあたっていることは疑いありません。奉行は午後、当艦に戻ってきて、皇帝から信任された相当の地位にある高官が指名され、翌々日に浜辺で私を応接する手はずになった、と請けあいました。

　その人物の職位と信任状の有効性を保証するものがあるのかを問うと、奉行は、私が納得できるよう、原本の確かな写しを改めて持参すると答えました。

　さらに歓迎式典の開催場所を訊ねると、湾の岬にある久里浜という小さな村とのことでした。われわれの海図によれば浦賀から5kmほどの地点に、レセプション湾と書きこみました。なぜ邸宅や艦隊と真向かいの位置にある要塞を使わないのかを訊ねると、この場の協議がまとまり次第、確認して、翌朝には回答すると応じ、早朝に約束した書類を携えて再訪の折に、応接役を指名された高官の到着も報告する旨を言明しました。

　測量船団は、終日にわたり任務を遂行しました。

　7月13日水曜日。午後になって奉行は来艦し、高官が江戸から到着したばかりだと説明して、遅くなったことを陳謝しました。高

95

官に宛てて私の応接役を発令した皇帝の指令書の原本と写しおよびオランダ語の訳文、さらに指名の信憑性を保証する証明書を持参していました。高官が言うには、皇帝が指名した人物には私との交渉を開始する権限はなく、文書を受理し、その文書を主権者のもとに運ぶ権限しか与えられていない、とのことでした。

　持参した文書の訳文を以下に掲げます――。

042

日本の皇帝が伊豆国戸田候に授与した信任状（英訳文）

　アメリカ合衆国大統領の親書を受理するため貴候を浦賀に派遣する。
　この親書は、艦隊最高司令官が浦賀まで持参したものであり、受理次第、貴候が江戸まで運び、私に届けられたい。

（ここに皇帝花押）

　1853年6月

043

浦賀奉行・香山栄左衛門の証明書（英訳文）
皇帝の親書および印影が真正であることをここに保証する

　日本国の皇帝から任命され、大統領親書の原本ならびに訳文を受理する目的で江戸から浦賀に派遣された高官は、艦隊最高司令官閣下に相応する位階の者であることを閣下に保証します。私がこれを証します。

香山栄左衛門

　接見場所を変更する可能性について照会しましたが、相応の施設がすでに完成しており、変更には支障があるとの答えでした。この回答は予想されたものであり、虚言の可能性もあるので、湾の岬に

96

接見のための施設があるか確認するよう測量隊に指示しました。

　速やかに実行に移され、測量船が艦砲射程内のぎりぎりまで接近したところ、多数の労働者が建築の仕上げや家具の搬入にいそしむ光景を目撃したとの報告がありました。これをふまえ、その日の午前中、艦隊で湾全域を航行するために錨を引きあげるよう発令しました。二枚舌など交渉相手の不誠実さを前提として、警戒態勢を誇示し、接見場所の見当をつけるのが目的でした。

　7月14日木曜日。浜辺での歓迎式典に指定された日であり、各艦船から選抜された約400人の士官、船員、海兵隊員からなるものものしい護衛団を乗せた船を上陸させる準備が抜かりなく進められました。全員が完全武装し、いつでも上陸可能な態勢でした。（軍用帆船は、風が止むと動かなくなる可能性があるため、）2隻の蒸気艦船が上陸予定地点に移動すると時間をおかず、護衛部隊が小型艇に分乗して海岸に上陸し、整列が終わると私が船をおりました。

帝国交渉委員との面談

97

２km近くにわたって広がる湾岸全域が、5,000人から7,000人規模の日本の軍勢で埋めつくされていました。騎兵隊、砲兵隊、歩兵、弓の射手のほか、少数ですが歩兵銃や火縄銃をもった兵士なども配備されていました。

　上陸した私はそのまま接見のために新築された建物に向かい、皇帝の首席顧問である伊豆候と補佐役の石見候の出迎えを受けました。伊豆候に大統領親書、私の信任状、私からの書簡ならびに、それぞれを英語、オランダ語、中国語に訳した文書を渡しました。すると、用意されていた受理証が渡されました。

　ふたりの後ろには浦賀奉行、首席通訳、書記官が控えていました。

　この接見の場では議論を交わす予定がないことを理解して、ごく短い時間でその場を離れ、上陸時と同様の儀礼のなか、小型船に乗りこみました。

044

ペリー提督に渡された伊豆候および石見候の受理証（英訳文）

　北アメリカ合衆国大統領の親書ならびにその写しは、ここに受理され、皇帝に引き渡されます。

　幾度もお伝えしましたように、外国に関連する案件は浦賀では処理できず、長崎でのみ可能です。このたびは、大統領の特命大使である最高司令官に礼を失することと考え、道義性を重んじるがゆえに、日本の法規に反しますが、上述の親書をこの地で受理いたします。

　この施設は、外国の方々を接遇するために建てられたものではないため、協議もおもてなしもできません。大統領親書が受理され次第、この地を離れるようにしてください。

　　　　　　　　　　　（ここに日本式の署名印章が続く）

　６月９日

上記は、協議の場で使用されたオランダ語を英訳したものですが、首席顧問の伊豆候ならびに石見候の受理証を含め、通訳による日本語からの翻訳の拙劣さが目立ちます。

　実際に発せられた日本語を正しく訳すと、以下のようになりましょう。

　　北アメリカ合衆国大統領の親書ならびにその写しは、ここに受理され、速やかに皇帝に引き渡されます。

　　婉曲な表現で幾度もお示ししたように、外国に関連する案件の処理は浦賀では対応できず、長崎の地で対応が可能です。しかしながら、この地での親書受理を拒むことによって、大統領の特命大使である最高司令官が不快な思いをされるものと考え、その道義性を重んじ、日本の法規に反して、先に触れた親書をこの地で受理いたします。

　　ここは、外国の方々と折衝する場所として建てられた建築物ではなく、協議もおもてなしもかないません。したがいまして、大統領親書は受理されましたから、立ち去っていただいて構いません。

（先と同様の署名）

　出発をうながす命令を無視する態度を誇示するために、艦船に戻るとただちに航行中の全艦船に指令を発し、日本側の期待に沿って湾を離れることなく、さらに湾の奥まで進み、江戸に向かう経路を調べることを決断しました。測量業務に大きな部隊を投入し、首都に接近して、これまで外国勢に知られずにきた海域を航行することに満足をおぼえました。艦隊のこうした行動は、日本政府の誇りと自負心に決定的な影響をおよぼし、大統領親書への前向きの配慮をもたらすことでしょう。

　4隻の艦船は、間隔を保って横一列に並び、湾を横断する形で海

底の深浅調査を行い、やがて浦賀からは見えなくなりました。夜になると、過去に外国船が進入した地点よりさらに16kmほど奥の、私が「アメリカ停泊地（投錨地）」［横浜市金沢区沖合］と名づけた場所で停泊しました。

翌15日の朝、数隻の測量船が早い時間から、湾のさらに奥に入って深浅調査を行いました。午後には、私もミシシッピ号で16kmほど進入し、江戸の街からは10kmあまり、従来の浦賀停泊地からは32kmの地点に達しました。数えきれないほどの帆船が密集した江戸の港や船積み場所ははっきり見わけがつきましたが、中国と同様、低い建物しかない江戸の市街は突き出た岬［旗山崎］にさえぎられて見ることがかないませんでした。

さらに湾の奥に進むこともできましたが、騒ぎが拡大して、前日に手渡して検討が進められている大統領親書の扱いに支障となることも考えました。すでに皇帝の不安を相当高めており、無理は避けて、ミシシッピ号を「アメリカの停泊地」に投錨している艦隊に合流させました。

私の不在中に、浦賀の奉行を乗せた船がサスケハナ号の船腹に横づけし、ミシシッピ号の行動に大変困惑している様子でした。浦賀からはるばる来たことの釈明と思われますが、大統領親書が王宮で受理され、かならず前向きの検討が加えられるはずと話してから、数点の贈答品を受けとるよう懇請がありました。あらかじめ、私の特別な許可なしには誰ひとり船にあげないように指示してあり、贈答品は受けとられることなく奉行は、翌朝の再訪をほのめかしながら帰ったとのことでした。

この日、合計12隻の小型船が各艦船から出動しましたが、いずれも浦賀湾西岸の測量調査に暇もありませんでした。

翌16日の土曜日、各艦船は日中、私がサスケハナ湾と名づけた浦賀北方8kmの湾に移動し、小型船を出して、測量を行いました。艦船が錨をおろしていると、奉行を乗せた船が横づけして、大統領

100

親書の受理が順調に進んでいるという新しい情報をもたらしました。長崎への返書の回送には触れずじまいで、われわれが帝都に接近するほど、対応に丁寧さと友好性が増すように思われました。

　贈り物を持参しても私からの品物との交換でなければ受けとらない、との指令が伝えられました。最初は不満げな態度を見せ、日本の法律で禁じられているとの弁解が例によってくりかえされましたが、アメリカの法律は儀礼の相互交換を要求していると応じて、受けとりを拒否しました。

　歓迎式典についての私の毅然とした態度を見た奉行は、私からの贈答品を（武器を除き）受けとることに同意しました。こうした次第で、日本側が持参したものより高価な品物がいくつか甲板にならべられました。奉行はそれを目にすると、あまりに高価なものは陸揚げするわけにはいかない、目立たないよう隠せるものだけを受けとるとはっきりした口調で言いました。隠しごとをせず公然と受け

贈答品の引渡し

とれないなら、奉行が持参した品を小舟に乗せて送り返すことになると伝えると、3本の剣を除き、私からの贈答品をすべて運び出して、艦船を降りました。

その日の午後、奉行は鶏や卵などささやかな贈り物を乗せて戻ってきました。私からは交換に、奉行と通訳たちのご夫人向けに高価な品物を差し出しました。

こうして、これまでのやりとりでは前例のない贈答品の交換が実現しました。

浦賀から江戸の南方約25kmの地点にかけて広がる壮麗な湾の西岸をくまなく測量し、ミシシッピ号と小型船数隻をさらに10kmほど江戸に接近させて実行した深浅調査も終え、さらには、ヴァーモント号をアメリカ停泊地に配置して、必要に応じて湾の奥まで移動させるなど、さまざまな情報を得ることができました。

琉球に戻る時機と考え、日本沿岸部を通過した後に、サラトガ号を上海に派遣する予定でした。琉球への途上で、他の艦船も加えて、［奄美］大島の調査を続行することを考えましたが、不運にも激しい強風に見まわれて接近できず、この目的の一部は達成できませんでした。

日本政府から派遣されて艦船を訪れ、私を歓迎する式典の事前調整を行った浦賀奉行との個人的接触を避けたことはすでに述べた通りです。私が面談したのは伊豆候と石見候だけであり、浦賀奉行との協議にあたったのは、艦長のブキャナンとアダムズ、副官のコンテで、中国語通訳としてS・ウェルズ・ウィリアムズ氏さらにオランダ語通訳として

102

ポートマン氏が付き添いました。3人の士官は私の直接の指示のもとで行動し、常に私と連絡をとっていましたので、重大な判断力と技能を要する相手方との議論の進め方については十分信頼できました。

サイラス・ベント副官の指揮下で測量を担当した士官たちが、苦労の多い任務を冷静に遂行したことを私は大いに称賛し、喜びとするものです。

船上での数次にわたる協議において奉行が、艦隊はいつまで停泊するつもりなのか、しきりに知りたい様子を見せながら、外国に関連する問題に日本政府が決定を下すまでに非常に長い時間をかける習慣がある、とくりかえし説明したことを最後に付け加えておきます。

こうした説明を聞かされて、大統領親書にある提案事項がきわめて重大な問題をかかえており、同意が得られた場合には、帝国の基本法の多くが撤廃される事態に波及するため、検討に時間を要することを理解したうえで、回答をいたずらに遅延させないことが適切と判断しました。理由は以下の通りです。

1か月以上、沿岸に停泊し続けるだけの食糧も水もありませんでした。

日本側が長期にわたり回答を引き延ばす理由として、帝国の諸侯を招集して諮問し、さらには、内裏すなわち宗教上の皇帝の意向²⁶をうかがう必要性をもち出すことも十分に予想できました。

こうして日々の接触は回避され、ついにはいかなる成果もないまま出航せざるを得なくなるかも知れません。日本側の粘り勝ちと解釈され、私に課せられた使命の成功に重大な瑕疵を残す結果にもなりかねません。

26　原文は　the dairi or ecclesiastical emperor。天皇の存在に言及している唯一の個所。

また、現下の中国の混乱した状況、その海域に1隻ないし複数の艦船を配備する必要性、さらには、海軍省が確約した本艦隊を追尾する艦船がいまだ1隻も合流できず、ヴァーモント号を見込んでいたアメリカ本国からの派遣もない現状は、日本政府の最終回答を来春まで待つことにすすんで同意するきっかけにもなりました。

　来春には、配下の全艦隊が集結し、補給物資と石炭の輸送船を確保して、私が想定する形での日本側の譲歩をかちとるために、必要とあれば無期限に停泊する態勢をととのえます。日本政府も譲歩せざるを得ないはずです。大規模な艦隊を誇示し、成功に至るまで方針を一貫させ、大統領の提案事項の検討に十分な時間を与えたうえで、いつでも決然たる行動に出られるようにします。

　本国出発を前にして政府から確約いただいた艦隊削減のあり得ないことを、固く信じております。

　こうした判断のもと、浜辺での歓迎式典に際して1通の書簡を用意し、他の文書類とともに手渡す必要性を確信するに至りました。とはいえ、日本政府が非友好的な態度に出た場合には、保留することはいうまでもありません。

　以下は、その書簡の写しです。

045

ペリー提督から皇帝に宛てた書簡

合衆国蒸気フリゲート艦サスケハナ号

江戸湾、浦賀　1853年7月14日

　日本政府に下記署名者を通じてお示しした提案は、きわめて重要なものであり、多くの重大な問題に波及すること、したがって多角的に検討を経て結論に到達するには多くの時間を要することが、署名者に向けて表明されてきました。

これを配慮して、来春に署名者が江戸湾を再訪するまで、提案事項への回答を待つ用意のあることを署名者みずから言明いたします。

その折には、すべての懸案事項が、両国の納得する方向で友好的に調整されるものと確信し、期待するものです。

深く謹んで献上いたします

M・C・ペリー
東インド、中国、日本海域合衆国海軍最高司令官

日本国皇帝陛下

_____

江戸湾に停泊した8日間に、いくつかの重要な点で優位性を確保できたことは、先の覚書を精読いただければ理解されましょう。これまで外国勢はことごとく拒まれ、例外としたオランダと中国にも大きな制限を課して、屈辱的な譲歩が強要されてきました。

第1。これまで、外国船は数百隻の監視船で包囲されてきましたが、私が命令を出すと即座に散り散りになりました。

第2。これまで外国勢に知られていなかった海域の調査が広域にわたって行われました。江戸から5kmしか離れていない場所で、多数の砲兵隊に守られて実施しました。

第3。交渉相手を帝国の最高位の高官に限定し、合衆国政府と艦隊最高司令官の名誉が尊重される応対でなければ会見しないという既定の方針が成果をもたらし、わが国の慣例による外交儀礼の基本原則が忠実に守られました。

浦賀奉行がひれ伏すような態度で伊豆候に話しかけている間、私や士官たちは伊豆候と石見候ならびに事務方の向かい側の椅子に静かに座ったままであり、正式に信任された弁務官との協議の事例と比較して、儀礼的な形にとらわれず進められました。

105

第4。東洋世界に共通する慣習に準じた贈答品の授受にあたって私から、従来の中国および日本による主張にとらわれることなく、合衆国が対等の立場にたつべきことを求めました。また、これまで栄誉ある皇帝位の方々への贈答品はすべて、大国への貢ぎ物として献上されてきたことを説明しました。

最後に。合衆国政府は強大さと影響力において日本に優っているが、その提案事項はあらゆる国々との友好関係を確立しようとする意欲によるものという考えを説得する口調で主張しました。具体的にはわが国の船員と一般市民の安全を守ることであり、蒸気船の威力によってわが国の太平洋沿岸の港との商業的交流が可能な地理的位置にある帝国日本との友好関係を深めることである、とくりかえし主張しました。

謹んでお送りします

M・C・ペリー

東インド、中国、日本海域合衆国海軍最高司令官

合衆国蒸気フリゲート艦サスケハナ号

琉球、那覇港　1853年7月30日

|046|

ペリー提督から皇帝に宛てた書簡

合衆国蒸気フリゲート艦サスケハナ号
日本沿岸沖合　1853年7月7日

　下記署名者すなわち、東インド、中国、日本海域に駐留するアメリカ合衆国海軍最高司令官は、政府から友好的な使命を託されて貴国に派遣されており、大統領親書に記述されている種々の問題に関連する交渉を日本政府と行う権限を有しています。

　大統領親書の写しを英語、オランダ語、中国語に訳したものを、署名者の信任状を添えて、ここに伝達いたします。

　大統領親書ならびに信任状の原本は、崇敬なる皇帝陛下にふさわしく格調高く調製したものを、署名者をお迎えいただく式典の当日に、署名者からじきじきにお渡しする所存です。

　大統領はきわめて友好的な思いを日本に抱いているものの、アメリカ国民が陛下の領地内に、自分たちの意思で立ち入った場合あるいは海難事故で漂着した場合に、最悪の敵のように扱われていると知って驚き、深く悲しんでいることをお伝えするよう、署名者に命じています。

　言及しているのはモリソン号、ラゴダ号、ロレンス号などアメリカ船の事例です。

　すべてのキリスト教徒とまったく同様にアメリカ国民にあっては、自国の海岸に漂着した人々は国籍の違いにかかわりなくすべて寛容に受けいれ、救助の対象として安全を確保することを神聖な義務と見なしています。アメリカ国民に保護された日本国臣民についても、同様に対応してきました。

　合衆国政府としては今後、日本の沿岸で難破事故に遭遇し、あるいは悪天候で日本の港に避難する人々が人間性をもって扱われるよう、日本政府からなんらかの確約をいただきたいものと願っていま

107

す。

　合衆国はヨーロッパのいかなる国の政府ともつながりがなく、自国の市民まして他国民の信仰には干渉しないことが法律で定められていることを日本政府に説明するよう、署名者は命じられています。以下のことも同様です。

　アメリカの国土は広大ですが、日本とヨーロッパのちょうど中間に位置し、日本をヨーロッパ人がはじめて訪れた頃に、アメリカもヨーロッパの国々に発見されたこと、アメリカ大陸でヨーロッパに最も近接した地域にヨーロッパから来た人々が定住を開始したこと、定住者人口は全土に急速に広がり、太平洋沿岸にまで行きついたこと、大都市がいくつか生まれ、蒸気船を使えば18日から20日で日本に着けること、アジア全域との交易は急増しつつあり、日本の海域はいずれアメリカの船舶で埋めつくされるであろうこと。

　したがって、合衆国と日本が日を追うようにしてお互いの距離を縮めつつあるように、合衆国大統領は皇帝陛下と平和と友好の関係を結ぶことを願っています。しかしながら、日本がアメリカ国民への敵対視をやめなければ、友好関係は存続できません。

　友好政策は本来的に賢明なものですが、両国の往来が以前よりはるかに容易で、迅速なものになると考えるのは早計であり、現実的でもありません。

　日本政府が、両国の対立による衝突を回避する必要性を理解し、誠意を尽くした親善をめざす諸提案に好意ある回答をされるに違いないと期待して、署名者はすべての論議に臨んでいます。

　日本に向けて出航した多数の大型戦艦はまだこの海域には到着していませんが、まもなくのことと思われます。下記署名者は、友好的な意向の証として、比較的小型の艦船4隻のみ率いていますが、必要と判断すれば、より大規模な艦隊を編制して来春に江戸を再訪する考えです。

　しかしながら、皇帝陛下の政府が、大統領親書に書かれた合理的

かつ平和的な提案に早急に同意することで、このような再来を不要にすることを期待しております。機会をいただければ、署名者から詳細に説明させる用意があります。

　皇帝陛下への深甚なる敬意を表するとともに、ご健勝と幸運を享受する日々が永く続きますよう心から念じつつ、ここに署名いたします。

M・C・ペリー

　　東インド、中国、日本海域合衆国海軍最高司令官

　日本国皇帝陛下に捧げます

注記——上記の文章は、海軍省から私への指示内容の要旨をまとめたものである。　M.C.P.［ペリー略称］

サスケハナ号

109

| 047 |

海軍長官からペリー提督に宛てた書簡

海軍省

ワシントン　1853年11月14日

謹啓

　本年8月3日付で発信された提督の書簡数通を受理しております。

　興味深く精読いたしました。

　長期にわたる危険度の高い日本訪問と中国への帰還が成功裏に達成されたこと、さらに、特異な習慣をもつ人々との関係確立を試みるなかで、提督が配下の将兵の迅速かつ効率的な連携によって支えられていたこと等々、私は大いに満足しております。この機会にお伝えします。

　提督の報告書簡はすべて大統領にも伝達されています。大統領は、重大な使命をおびた提督の派遣が成功をおさめたことを喜ばれ、法的に許される最大限の支援を惜しまないご意向です。母国アメリカへの功績の大きさにとどまらず、日本との関係を良好に保ちながら、大いなる目的が達成されたものと確信している旨、提督にお伝えするよう、大統領は望んでおられます。

　今さら言うまでもなく、提督の使命は平和的交渉の一環であり、日本人の特異な性格を考慮して、わが国の偉大さと威力を強く誇示することを重要視しながら、正当防衛を除き、いかなる暴力も抑制すべきものとされています。

　われわれ海軍を政府の効率的な部門とすることは、商業と交易の拡大ならびに保護の観点から、大いに望まれるところですが、連邦議会のみが宣戦布告の権利を有していることから、提督がたずさわる偉大な業績についても、十分な評価がなされずにいます。

　こうしたことをあえて申しあげるのは、提督の称賛に値する熱意を削ぐためのものではなく、また提督に託された使命の偉大さを損

110

なうものでもありません。すべての信頼は、提督の判断力と愛国精神にかかっています。

　提案は、興味深い提督の覚書の一部をもとに作成されました。覚書のなかで、提督は日本人の恐怖心に訴えることによって、来春の成功につなげる期待感を表明しながら、同時に「アメリカ人を排撃する」ために沿岸に設置された砲台の数、来春までにさらに増設される可能性についても言及しています。すなわち、好戦的な姿勢で提督を迎える準備を進めているとの見解を示唆されています。

　以下は、提督の書簡からの引用です。

　「陸地の相当部分が耕作にあてられ、沿岸一帯に繁栄した町や集落がつらなっているが、その合間に砲台がちらほら見える。海上は大型で収容力のありそうな船で埋めつくされている」

　「砲台の多くは古びたものではなく、工学的な基準に忠実に設計されているように思われる。設置途上の砲台もあるが、アメリカ人を沿岸から遠ざけることを目的としたものであろう。同様のものが来春までに数多く設置されることは疑いない。しかし、武力については当方が勝っており、とりわけヴァーモント号の支援を得られれば格段の差がつくだろう。妨害を排し、湾内の最も奥の海域まで航行して、江戸から5～6km、砲弾が届くとおもわれる地点まで迫ることになろう」

　「日本政府の理性に訴えるには、恐怖心の効果によるしかないことは確かである。沖合が強力な海軍に制圧されたことを思い知れば、当方の要請すべてに譲歩せざるを得ないものと十分期待できる。さらに、なんらかの形での条約締結までは無理としても、今後、日本の沿岸に漂着した外国人が思いやりをもって扱われることには確信がもてる[27]」

27　【原文脚注】この部分の引用は、連邦議会には提出されていない機密書簡の写しである。――Ｐ．［ペリー略称］

111

海軍省が、前任者の検討にもとづき、提督の艦隊にヴァーモント号を合流させることを望んでも、船員の調達ができず実現は困難です。すでに要員配置済みの艦船は、緊急に必要とされて出動しているのですから、転用は期待できません。

　サラトガ号が提督の艦隊を離れ、先月28日の海軍省指示により中国駐在弁務官のマクレーン閣下[28]に提供されても、提督のもとにはまだ2隻の蒸気艦船が残り、マセドニアン号が到着すると、物資輸送船の他に軍用スループ型帆船が3隻の陣容となります。

　大統領の見解は、防衛上の観点から十分な武力であり、大規模な軍団の上陸や侵攻は別として、その威力の誇示は日本側に強い印象を与え、提督を派遣する目的に効果を発揮するだろうというものです。

　私の見るところ連邦議会は賢明にも、大規模な攻撃を受けていない状況にある遠く離れた国で制裁行動に出る意向を示していません。マクレーン弁務官は提督と連携する方向であらゆる選択肢を用意しながら、中国に着任します。全力で提督を支援すべきことは疑いありません。

　提督の存在の重みと個人的な状況観察力の鋭さは、なにが得策であるかを遠地の者に比べてより的確に判断することを可能にさせてきました。しかし巨額の費用ならびにさまざまな重大目標に提督の艦隊が必要とされていることを考慮すると、最終的な作戦行動が来春まで大幅に延期されるのは、きわめて残念なことです。

　大統領としては、提督がここまで成果をおさめ、来春、日本を再訪する意向を表明した以上、引き続き、提督が日本に向かいあい、冷酷で反社会的な体制を放棄して、修好と通商の条約を締結するよう日本政府を説得する名誉ある理性的な努力に邁進されることを望んでおられます。

28　H・マーシャルの後任。

提督は、中国に帰還次第、海軍省への報告と同時に、提督の達成された成果について弁務官に情報を提供し、中国での任務遂行に協力されるようお願いします。

　石炭の消費量を節減する観点から、次回の江戸湾訪問時には小型の蒸気船の使用が経済的であると提督はお考えです。海軍省はこの方向性を承認し、東インド海域への石炭の配送費用の高さを考慮して、蒸気艦船の使用は提督が不可欠と判断する場合に限ることをこの機会に提案するものです。

　国務省からマクレーン氏に宛てた指示書の写しをここに同封します。マクレーン氏には、この提督への書簡の写しを送りました。

　提督のご努力が報われ、成功をおさめるよう心から祈っております。

　　　　　　　　　　　　　　　　　　Ｊ・Ｃ・ドビン
　　　　　　　　　　　　　　　　　　　海軍長官

Ｍ・Ｃ・ペリー提督閣下
東インド、中国海域合衆国艦隊最高司令官

Robert Milligan McLANE

048

ペリー提督から海軍長官に宛てた書簡

［書簡番号18］　　　　　中国、マカオ　1853年8月31日

謹啓

　広東駐在のアメリカ人商人と私の間で交わされた数通の書簡の写しを、謹んでここに同封いたします。

　一般的な観測筋と同様、紳士諸氏の表現からも汲みとれるように、さまざまな要因が中国に渦巻いており、遠からぬ時期に王朝統治に変化が生じ、開かれた現代にふさわしい状況が到来することは必至です。

　反体制陣営が成功をおさめる気配がただよい、反乱軍というより今や革命軍と呼んだ方が適切と思われる勢力［太平天国の乱を指す］に有利な形で進行しています。

　これまでのところ、革命勢力は在留外国人を抑えこむというより懐柔策で対応しているように思われ、大いに慎重な姿勢を保ってきました。唯一、かれらと直接に接触してきたキリスト教布教者に対しても同様です。実際、かれらはキリスト教に似た教義を信仰する集団と偽って、アメリカ人伝道者のテイラー氏の数次の訪問を喜んで受けいれました。その折に、やはりアメリカ人のロバーツ氏を招き入れています。この人物は、革命陣営の幹部のひとりと親交があるようです。

　これに対抗する軍勢の動向について正確な情報を入手するのは困難です。しかしながら一般の見方では、革命陣営は上昇機運にあり、北京はすでにその掌中にある、あるいは近々そうなるだろう、ということです。

　いずれの勢力が中国の主導権を握り、韃靼（タタール）人王朝を打倒するのか、おそらくは首都の占領にかかっています。しかしながら、基盤強固な政権が恒久的に確立されるまでに、まだ数年を要

することでしょう。現局面では、革命陣営に組織的な動きはほとんど見られません。

　合衆国とイギリス（この２国だけが、中国と広範な通商関係を有している）がとるべき方策は、いたずらに動かず、行動すべき時機の到来を待つこと。その時が来たら、国際的に認められた国家としての権利と恩恵の原則を精力的に押しとおし、自由な通商的・社会的相互関係の広範囲な承認をかちとり、北京にアメリカの公使が駐在する権利を認めさせること、これをおいて他にありません。

　アヘン戦争［1840-42］の忌まわしい記憶が中国の人々には残っていることから、アメリカ人はイギリス人に比べて好意的な目で見られています。アヘン戦争の究極的課題が完全に解決されるまでに、わが国があやまちを犯さない限り、交渉において有利な立場にあることは確かです。

　ひとつの陣営に肩入れすると、他の陣営との利害関係を損ないます。たまたま、敗北側に加担したような場合は、特にそうです。それゆえ、妙なことにケリー司令官が認めたサスケハナ号の移動を私が停止し、北京入りの試みに前向きなマーシャル氏との協力を拒んだ理由のひとつは、——その実験的試みが失敗に終わった場合、有害な結果をもたらすことになると考えたからです。

　われわれが動かずにいて、仮に韃靼人政権が勝利した場合には、わが国との関係に多少の影響が出ることはまぬがれません。革命政党が政権についた場合には、勝利者の恩恵に大いに預かることになります。したがって当面は、「巧妙な不動の姿勢」を保持することがわが国がとるべき最良の方策です。その一方で、われわれの全精力は、日本およびその属国を商業の共同体、あるいは最低でも交易関係にある国々のひとつに引きいれることに向けられるべきです。

　第一の方策はすでに成功をおさめましたし、行動に専念できて、私の計画を妨害し混乱させるようなことが起きなければ、早春には政府の期待通りに実行する態勢ができることを強く願っています。

115

一方、江戸湾沿岸に動員されている艦船はいずれも有益に任務を果たし、調査業務の遂行にあたっています。
　知性にあふれた商人であるナイ商会とパーカー商会の回覧状から抜粋した2通、さらにシンクレア副司令官の報告文の写しを1通、先に述べた見解の説明に役立ちますので、ここに同封します。

謹白
M・C・ペリー
東インド、中国、日本海域合衆国海軍最高司令官

　J・C・ドビン閣下
　　海軍長官　ワシントンD.C.

アヘン戦争の海戦

合衆国サプライ号
香港　1853年8月28日

謹啓
　私が指揮するサプライ号が、厦門(アモイ)経由で琉球から到着したことを謹んでご報告します。
　厦門港には先月7月31日付の提督指令にもとづいて寄港し、4日間停泊しました。
　1万8千人にのぼる反乱軍は依然として厦門の市街地を占拠し、過去3か月間にわたって、あらゆる商取引が停止した状態です。すべての外国人の身体および財産は徹底的に配慮されており、いかなる個人にも暴力あるいは不品行な行為が加えられることは皆無で、今後も、これに類することが発生する恐れはありません。
　厦門に居留するアメリカ人は3名——ふたりの伝道者と領事——、アメリカとの直接商取引はありません。中国の他の港を介して行われています。

謹白
Ａ・シンクレア
副司令官

　Ｍ・Ｃ・ペリー提督閣下
　　東インド、中国、日本海域合衆国海軍最高司令官

050

［アメリカ人商人からペリー提督に宛てた書簡］

広東　1853年8月18日

謹啓

　ここに署名するアメリカ商人一同は、提督閣下が無事に中国に帰還されたこと、ならびに主導された日本訪問にすばらしい成果をおさめた快挙に、祝意を申しあげたく存じます。

　提督がしばらくは当地に駐留し、新たな任務を遂行するための来春の日本再訪問まで、指揮下の艦船のほとんどをこの沿岸に停泊させると聞きおよび、大いに喜んでおります。政府に信頼された指揮官が率いる強力で有能な艦隊が、今後6か月間、重大な国益の防衛にあたられるならば、きわめて幸運な条件が整うものとわれわれ一同は考えております。中華帝国を崩壊させた完全な無秩序状態に由来する不確定要素を内包する6か月間になることでしょう。

　現下の中国情勢の危機的事態の重大性や、われわれが営む商取引の繁栄と安全性にこうした状況が及ぼす影響を、誇張しているわけではありません。

　われわれが韃靼人政権の崩壊を目の当たりにしていることは、いまや誰の目にも明らかですが、堅固な基盤に立ってこれに代わる勢力はいまだに現れていません。中国人の大半は、商工業を平和的に営み発展させようとする気質が顕著であり、革命陣営も外交関係に前向きの姿勢であると信じる根拠が十分あります。こうしたことを考えると、われわれの商取引の今後の発展は約束されているも同然ですが、現在の騒乱状態が延々と続くなら、こうした互恵的な商取引が縮小する一方であることは隠しようもありません。

　わが国にとってきわめて重要な問題であるアメリカ産品の輸入が消滅することはないにせよ、帝国の覇権をめぐる闘争が結果として及ぼす影響は無視できず、当地の情勢に提督が格段の注意を向けられるよう願ってやみません。群衆の暴力行為や競合する陣営が衝突

する危険に常に脅かされている膨大な資産の保護を徹底してくださるよう、お願い申しあげます。

　提督閣下がこうした任務に不眠不休で取り組まれていることを、われわれ一同は承知しております。艦隊が香港に到着した直後に、黄埔の低水位の河川域にミシシッピ号を迅速に派遣されたことを知り、非常に満足しております。これに関連して、さらにお願いしたいことがあります。というのも、事あるごとに、われわれの責任において資産の防衛にあたりたい思いがつのります。われわれの目的とするところは、事態のゆくえの示唆にとどまらず、自己防衛の最適かつ有効な方法に関する情報の伝達に他なりません。

　こうした観点から申しあげなければなりませんが、統治機能は完璧に麻痺しており、広東周辺地域に窃盗行為が蔓延し、絶望感にとらわれた人々が外国人に直接危害を及ぼすことはないにせよ、居留地を襲撃し、略奪行為を働く機会をうかがいながら、たむろしているのです。

　われわれはイギリス国民と同様に、マカオ海峡に臨む在外商館の近くに停泊し、あるいは至近距離に横づけするイギリス帝国の蒸気艦船や軍用スループ型帆船によって長期間にわたり保護されてきました。関連して、ヴァンダリア号のマカオ海峡での投錨は喫水の点から安全を約束されています。かつて、ミシシッピ号でさえ商館のある地区から3kmあまりの地点までブレナム号を先導したことがあります。70にのぼる機関砲を備えたイギリスの艦船ブレナム号は1841年、数週間にわたり、この地点に停泊していました。

　いずれの地点においても、たとえ、突然の暴動で火災などが生じても、艦隊の迅速な対応が可能です。ところが、ミシシッピ号が現在停泊している地点からは、生命と財産の保護を効率的にすばやく実行する支援活動の提供は望めません。

　参考までに付け加えて申しあげますが、マカオ海峡の潮の流れは非常に弱く、夏季に吹く南西モンスーンも不規則なものではありま

せん。したがいまして、あらゆる点で、われわれがお勧めする停泊地点は、低水位の入江よりもはるかに好条件に恵まれています。

　以上の見解を申しあげるとともに、今後もさらなる情報と力の及ぶ限りの支援を提督閣下に提供させていただく所存です。

謹白

ナイ＆パーキンス商会

アウグスティン・ハード商会

H・A・モア商会

キング商会

ジェイムズ・パードン

ラッセル商会

ヘンリー・H・ハッブル

W・C・ハンター

WM・D・ルイス

ライオネル・モーゼス

トマス・ウォルシュ

　　ペリー提督閣下
　　在マカオ

051

[ペリー提督からアメリカ人商人に宛てた書簡]

マカオ　1853年8月24日

紳士各位

　今月18日付のご一同の書簡を謹んで受理しました。

　現在の中国の政治情勢が危機的様相をおびており、広東で突発的な動乱が発生した場合、迅速な支援活動を展開する必要性について言及されています。

　書面で懇切丁寧に表明された事柄に、私からなにか確定したことを申しあげるには及ばないものと存じます。長きにわたる軍務を通じて、自らの判断に忠実に指令を発し、配下の部隊を指揮することが、わが国の栄誉と国益に資するものと、以前から考えてきました。

　ですから当面、特別な任務で他地に移動する日まで、中国に在留するアメリカ市民の生命と財産を保護するためにあらゆる手段を駆使し、万全の用意に努めます。数週間後には、予想されるあらゆる事態に対して、的確な判断を可能にさせる情報を提供できるものと信じております。

　ここに同封する1通の指令書の写しをご覧になれば、ミシシッピ号の上流への移動を考慮しながら、黄埔上流域の探査を発令したことがおわかりいただけます。同時に、ご一同の理解をいただけるなら、海兵隊1隊および砲兵隊を1隊以上、ミシシッピ号から派遣し、在外商館地区に停泊させることも可能です。さらに、副領事代理のR・T・スタージス氏の要請があればただちに、リー司令官が先遣護衛兵を従えて上陸する用意があります。必要とあれば、河に停泊する複数の艦船からの派遣兵で編制するより大規模な部隊を上陸させます。

　エンディコット艦長などの調査により、ミシシッピ号は積荷が軽い場合でも航行中の喫水が6m弱の深さにつき、先の一同の書簡で示された地点まで遡上できないことがわかりました。しかし、数日

121

中には、兵器装備が充実しているうえ、150人を収容できる広さの
ある物資輸送船サプライ号が到着します。同号は市街地に横づけで
きますが、必要となれば、到着後ただちに上陸部隊を派遣します。
　このように黄埔に停泊する大型艦船の将兵を上陸させる態勢がで
きており、さらには小型船1隻を市街地に横づけさせて、アメリカ
人だけでなく居留する外国人すべての財産を防備する態勢はとと
のっています。
　必要に応じて、不法な暴力により安全を脅かされるすべての人々
に、国の違いをこえて支援の手を差し伸べることが私の願いであり
ます。

謹白

M・C・ペリー
東インド、中国、日本海域合衆国海軍最高司令官

　下記の諸氏に宛てて
ナイ＆パーキンス商会、アウグスティン・ハード商会、ウェットモ
ア商会、キング商会、ジェイムズ・パードン、ラッセル商会、ヘンリー・
H・ハッブル、W・C・ハンター、WM・D・ルイス商会、ライオ
ネル・モーゼス、トマス・ウォルシュ　［人名は原文ママ］

追伸——サプライ号の到着に遅れが生じた場合には、物資輸送船サ
ウサンプトン号の荷揚げが一部完了次第、速やかにマカオ市に急派
します。

052

ペリー提督から海軍長官に宛てた書簡

[書簡番号20]　　　　　　　マカオ　1853年9月2日

謹啓

　私が以前お送りした書簡［番号18、19］に関連して、私が指揮する艦隊の現状と配置状態など、海軍省に謹んでご報告します。

　旗艦サスケハナ号は、広東川［現在のチュー川（珠江）］のカムシンムーン（金星門）に停泊中です。船体の状態は良くはありませんが、怠りなく手入れをすることで、あと数か月はもちこたえるでしょう。

　ミシシッピ号は黄埔で、在広東の商人の保護にあたっていますが、良好な状態で、いかなる任務にも対応できます。

　パウハタン号は、琉球から香港に到着したばかりですが、エンジンとボイラーの修理を金星門［同地に停泊するサスケハナ号を指す］に発注し、艦隊所属の熟練工が2か月かけて整備します。状態は良くなく、少なからぬ欠陥を抱えていますが、検査によって欠陥の一部が改善されるものと期待しています。

　マセドニアン号は、アメリカ本国から金星門に到着したばかりですが、必要があれば、いかなる地点にも向かえる態勢です。

　ヴァンダリア号についても、まったく同様です。

　サラトガ号は、上海でアメリカ市民の保護にあたっていますが、現在修理中です。潜水装置を使って船底部を検査した結果、前部に損傷が発見されたのですが、私の到着前に艦船から上陸の際、ひき起したものです。修理せずに本国に帰還させるのは危険と判断しました。

　プリマス号は、良好な状態で琉球に停泊しています。琉球当局との関連で私から指示された役割を担い、不測の事態に備えて那覇に建設した小さな石炭貯蔵所の管理にあたっています。

　ケリー司令官には、以前着手した琉球島の測量調査を継続し、台

123

風の季節が去り次第、小笠原諸島南部の測量に向かうよう指示してあります。――（同封のＡ・Ｂ・Ｃの記号を付したケリー司令官への指令書ならびに同司令官による報告文の写しをご参照ください）

　物資輸送船サプライ号は、厦門（アモイ）経由で琉球から当地に到着したばかりですが、状態は良好です。同号は喫水が浅く艦隊では唯一、広東まで川を遡上できる船舶であり、広東市街の対岸に停泊させて、頻発も予想される暴動に際しては、商人の保護にあたるよう命じてあります。その際は、一時的に海兵隊が派遣されることになっています。

　サウサンプトン号は、［チリの］バルパライソから到着したばかりですが、状態は良好で、現在は特定の任務を解除されています。

　中国で発生する事態を確実に予言することは不可能です。毎日、重大な変化が生じるかも知れない一方で、大きなことはなにも起きないまま数か月が経過する可能性もあります。

　しかしながら、江戸に向けて再度、私の指揮する全艦隊で出発する必要が生じる前に、在広東の商人たちの高ぶりが鎮まるような変化が起きることを期待しています。江戸再訪の目的は、皇帝に宛てた私の書簡で表明した通りです。

　この使命の成否は、私の最初の訪問が日本政府にもたらした心理的影響の維持を目的として採用する手段にすべてかかっています。

　最小限の正義の証（あかし）を日本政府から引き出すには、為政者の恐怖心（一般の民衆は十分に友好的です）に訴えるしかありません。大艦隊を率いることにともなう不安はありますが、それは強圧的な目的を押しつけるものではなく、厳密に外交的目標によるものであり、急を要するだけでなく、好ましい結果をより確実にするためにも必要なものです。

　この目的のために、江戸再訪の終了まで、３隻の輸送船を艦隊に配属するつもりです。兵器を装備した輸送船は、艦船の規模を多く見せる効果があるうえに、石炭や食糧を運搬する二重の役割を果た

124

します。日本政府に申し入れを拒否する口実がなくなるまで、蒸気船を沿岸に停泊させることが可能になるのです。

　サラトガ号およびプリマス号に加えて１隻ないし複数の艦船を、５月か６月までに日本から直接、アメリカ本国に派遣し、２国間の船舶による往来を最初に実現することをもくろんでいます。

　ヴァーモント号とアレゲイニー号を艦隊から除外するにいたった動機を後悔することになるかも知れませんが、思いのままになる手段を講じて最善を尽くすことが私の務めです。指令の変更は、人生の最大目標を転換させる行為であり、起きるはずもないものと信じます。この責任の重大な任務をひとりで担うことは前任の管理者、とりわけウェブスター氏に誓っており、指揮を引継いだ際に承知しております。

　任務は厳密に海軍が行うものであり、海軍の手段によって遂行されねばなりませんから、私の指揮する艦隊全体に対する自由で束縛のない命令は、成功をおさめることが絶対的に求められます。通常の外交上の規則を遵守しても、抜け目なく欺瞞的な人々にはなんの効果ももたらしません。

　私がここに発信する書簡が長文かつ多岐にわたる内容になったことをお詫びします。長期間、郵便配達区域を離れていたために、お伝えすべき事柄が山積してしまいました。

謹白

Ｍ・Ｃ・ペリー

東インド、中国、日本海域合衆国海軍最高司令官

　Ｊ・Ｃ・ドビン閣下
　　海軍長官　ワシントンＤ.Ｃ.

文書A

J・ケリー司令官への指令書（抜粋）

　琉球政府および一般民衆に対するわれわれの関係をめぐる状況については十分ご承知の通りであり、かれらとの間に高度の信頼関係を確立し、社会的・経済的交流をさらに拡大しようとする私の目標についても司令官はよくご存じです。

　そのうえで、私からお願いしたいのですが、あらゆる手段をもちいてかれらの友好と親善の精神を引き出し、親しみと頑強さの両面を見せながら、昨日合意に達したすべての条項を着実に実行するよう強く求めてください。さらに留意していただきたいのは、他の諸国が代償を負うことなしに、わが国と同様の支援を受け、あるいは恩恵に浴することがあってはならないということです。

　目標達成の観点から絶対に忘れてはいけないことですが、艦船の士官と乗組員が琉球の人々と接する場合は、きわめて慎重に行動しなければなりません。いずれ効果があらわれて、かれらの非社交的な気質も徐々にやわらぎ、われわれと同様の友好的な慣行になじむようになることでしょう。

　石炭の陸揚げと積み込みのために、頑強な（平底の）小型船を2隻建造するか購入する、あるいは借り受ける必要が生じることでしょう。心にとめておいてください。

　司令官がプリマス号あるいは到着予定の別の艦船のいずれに搭乗して那覇に滞在するかは、ご自身の選択におまかせします。到着予定の艦船は、いずれも後輩が司令官を務めているようですが、那覇に滞在しないのであれば、メルヴィル港［運天］に移動します。

　後者を選択した場合、有能な士官1名に加えて、1隻の小型船とその乗組員を残しておく必要がありましょう。その目的は、浜辺に借りた家屋を使いながら、入港する船に乗り込む、あるいは水先案

内をする、さらには、港の南側の航路の目印として設置されるブイの場所が適切かを監視する態勢を整備することにあります。

　天候が良好で、時間に余裕のあるときに、艦船付属の小型船２隻を使って、琉球島の東海岸の測量調査を実施してください。その際は、危険な行動を慎むよう士官への指示を徹底するとともに、小型船が夜間停泊する良港と浜辺の野営場所の確保に注意を払ってください。琉球島の東海岸に広がるサンゴ礁と小さな島々の周囲は航行に危険であり、探査時には警戒を怠らないようお願いします。おそらく、悪天候時の避難港も、調査活動の過程でいくつか見つかることでしょう。

_____

054

文書Ｂ

琉球に留まるようケリー司令官に命じた指令書

合衆国蒸気フリゲート艦サスケハナ号
琉球、那覇　1853年7月30日

謹啓

　10月に入り台風の季節が過ぎ去ったと判断したら、プリマス号を指揮して小笠原諸島の父島・二見湾に向かってください（重大な公的理由から琉球での任務継続が求められる場合を除きます）。

　到着次第、二見湾周辺の入植者の状況ついて調査してください。特にナサニエル・サヴォリおよびジョン・スミスの両人については、艦に備えつけの記録簿に評価が記載されています。そのうえで、貴下がたずさわる任務と矛盾することなく提供できる援助を入植者全員に向けて行ってください。

　海上ならびに島の陸地の案内役として入植者から協力が得られる

127

なら、艦船か小型船を選別して、父島の南方に点在する島々に向かってください。ビーチーの海図にはベイリー諸島［母島列島］という不適切な名称で記載されていますが、ビーチーが目にする以前にコフィン船長という、アメリカ人らしき名前の人物が発見し命名したものを踏襲しています。したがって、この名称は保留すべきものであり、貴下が作成する海図にはその旨、特記してください。

　中心となる島にはヒルズボロ、広々とした良港にはニューポートと命名したら良いでしょう。［それぞれ現在の母島および沖港を指すと思われる］島々の沿岸に港や投錨地をさがしながら、くまなく測量を実施し、特に石炭貯蔵所ならびに倉庫と埠頭の建設に適した港をひとつ見つけてください。

　島々の内陸部も十分に探査してください。この任務にあたっては、艦船の士官だけでなく、島民の力も活用してください。

　島々の地理学的成り立ち、土壌の性質、耕作への適性、固有種の樹木や植物、機械部材として使用する木材としての性質、生息する動物、野鳥、爬虫類、クジラや甲殻類を含め、近海で見られる魚の種類と形状などに関する情報の収集が望まれます。さらに、薪や水を確保する手だて、飲料水としての質、最後になりますが、群島全体に関する全般的な知識につながるような情報をことごとく集めてください。海岸線と港を記載した海図を作成して解説を付し、気象観測の記録を含めて、報告ができるようにしてください。

　これらの任務を達成次第、那覇に戻り、次の命令があるまで待機してください。

　司令官の不在中は、適度に兵器と装備を施した１隻の小型船と乗組員を配備した士官１名を那覇に残してください。その任務は、浜辺に借用できる家屋と石炭倉庫を見つけること、港沖合に近づいた船舶を小型船で港に誘導案内すること、さらには設置されたブイを監視・保全することなどです。

謹白

M・C・ペリー

東インド合衆国艦隊最高司令官

ケリー司令官に

  プリマス号艦長

追伸——私が父島に放った畜牛と羊、さらには弟島に放った羊について調査していただけるなら、ありがたい限りです。

———————————————

055

文書C

合衆国プリマス号

琉球、那覇港外停泊地 1853年8月22日

謹啓

  カプリス号の航海により、本日聞きおよんだ測量隊の消息を提督にお伝えできます。ボルチ大尉によれば、順調に測量は進んでいるとのことです。測量隊の面々は、今月20日には、バロウ湾［金武湾］から少し離れた南方にあるバマ島［浜比嘉島］で露営していました。

  われわれの健康状態は良好ですが、数名が持病を抱えており、これについては同封の報告文でおわかりいただけるはずです。

  それにしても、この場所にはあきあきした感じです。

謹白

ジョン・ケリー

司令官

ペリー提督閣下

  東インド、中国、日本海域合衆国海軍最高司令官

056

海軍長官からペリー提督に宛てた書簡

海軍省
ワシントン　1853年11月19日

謹啓

　提督からの書簡（番号18、19、20）を受理しました。

　中国の人々を不安に陥れている騒乱状態がアメリカ政府に波及しないよう、提督の艦隊が細心の注意を払い、大変革［太平天国軍による南京占領と新政府樹立を指す］の結果も有益に活用する状況にあることがこれらの書簡からわかり、大いに満足しています。

　中国に居留するアメリカ国民の利益を防衛し、連携を尽くしてアメリカ政府の権益を拡大する提督の姿勢には、海軍省から喝采を送ります。

　番号18の書簡については、提督の意向に沿う方向でモロウ博士に申し出る権限が提督に与えられました。口座は継続しつつ、内務省の負担で返済するという内容です。

　ここに同封するのは、今月11月14日付で海軍省から提督に発信された公式文書の写しです。その原本は、わが国の中国駐在弁務官マクレーン閣下に託されました。弁務官は今月、ハバー［カナダ国境に近いモンタナ州の都市］に向けて、蒸気船と陸路を乗り継ぐ旅程で出発する予定でした。ところが大統領は連邦議会の開会が迫っていることを考慮し、上院から承認されるまでは中国の地を離れないことが望ましいとのお考えです。

謹白
J・C・ドビン
海軍長官

　M・C・ペリー提督閣下
　　東インド、中国海域合衆国艦隊最高司令官

057

ペリー提督から海軍長官に宛てた書簡

［書簡番号21］　　　　　　　　　マカオ　1853年9月26日
謹啓
　これまでに発信した番号18・19・20の書簡の写しを謹んで同封いたします。

　最終の日付［9月2日］以降、中国国内で強く関心をひかれる事態は起きていません。上海は反乱軍の手中に落ちましたが、外国人の身体および財産は脅かされていません。サラトガ号はアメリカ市民の利益を防衛する場所に停泊し、私は同様の観点から広東および周辺に2隻の艦船を配置しています。

　広東では深刻な混乱はまだ起きていませんが、暴動の最中にあり、ここしばらくは目を離せない状況が続きます。

　海軍省にご配慮をお願いしたいのですが、通常であれば建造・装備局から国外駐留地に船舶で運びこまれる多くの品目の不足が目立っています。当該の部局になにか変化があったと聞こえてきますが、雑貨類の供給元が変わったのかも知れません。

　東洋の気候は湿度が高いことから、帆や索具などの損耗が激しいのですが、船舶関連の品目の銘柄のほとんどは中国で購入できるとはいえ、価格が高いのです。現在のスペインドルとイギリス通貨の異常な交換レートで換算すると、物品価格は**非常に**高いものになります。このことから、購入が必要となりそうな品目を供給する補給整備艦の存在を広報することが適切と考えた次第です。これによって補給態勢が万全のものとなり、好条件での購買が可能になりましょう。さらに、母国の海軍造船所から補給資材を送るようにすれば、改善は一段と進みます。

　その場合、速度が出ず、安定性に欠ける物資輸送船ではなく、ニューヨークやボストンから香港に向かう定期航路の貨物船を使うべきでしょう。こうすることで補給態勢は維持され、質は向上し、

131

軍の輸送船による運搬に比べて費用も大幅に縮減されます。

　上海まで河を遡上する航路は、大型船には危険に満ちていますから、石炭、食糧、貯蔵物資のいずれについても送り届けることは断念せざるを得ません。

　当地に停泊している２隻の輸送船ならびにまもなく到着が見込まれるレキシントン号が、江戸湾への石炭運搬に大きな力を発揮してくれることでしょう。諸外国の干渉が入る前に、レキシントン号が着き次第、日本遠征に出航しますが、艦隊の規模を大きく見せる効果も期待できます。

　フランス政府が日本への艦隊派遣を検討しているとの情報がありますが、この時期になって介入するのはいかにも不公正ですから、私には真実とは思えません。

　去る６月、広東に寄港したロシア海軍の提督は、大口径砲を装備した艦船に乗り、小型蒸気船を１隻随行させながら私の艦隊の姿を追い求めていることを、わが国のフォーブス領事に明言しました。その際、ロシア政府から私の艦隊と連携するよう命令されたとの情報も伝えられました。

　ロシア海軍の消息はその後なにも聞いていませんが、おそらく北方の海上で私の艦隊を確認できないまま、すれ違いの状態でカムチャッカ方向に去ったに違いありません。

　春になりましたら、プリマス号とサラトガ号を、輸送船１隻とともに本国に帰還させることを考えていますが、その間は、すべての任務の遂行にあたらせます。

謹白

Ｍ・Ｃ・ペリー

東インド、中国、日本海域合衆国海軍最高司令官

　ジェイムズ・Ｃ・ドビン閣下
　　海軍長官　ワシントンＤ.Ｃ.

058

ペリー提督から海軍長官に宛てた書簡

[書簡番号22]　　　　　　　　マカオ　1853年10月9日

謹啓

　ハンフリー・マーシャル閣下と私の間で交わされた書簡の写しをここに同封するとともに、広東の状況は静穏な状態が続いていることを申し添えます。上海から届いた最新の情報によれば、この地を新たに占拠した勢力は、外国人居留民に不安を感じさせることは一切なかったとのことです。

　私が得た情報によれば、中国に滞在する外国人の生命と財産に危険が及んでいるとの報道は、過度に誇張されていると思います。地元政府における騒乱や交代劇は頻繁にくりかえされていますが、外国人およびその財産への侵犯行為は見られません。反乱陣営も外国人と友好的に連携し、その支持を獲得することを願っているようにさえ思われます。

　上海で最近起きた革命により帝国当局筋は崩壊しましたが、アメリカ人をはじめ外国人は、騒動の最中でも市街を歩きまわることができ、侮辱的なふるまいや妨害行動には遭遇しませんでした。

　今後もこれまでと同様、指令が出た場合には、私の裁量の範囲で実行できる限りの手段を駆使して、商人たちの資産保護に関する幾多の要求にこたえる準備を怠らない所存です。ただし、こうした要求にも一定の制約はあってしかるべきでしょう。特に、わが国の外国駐在領事は総じて商取引に関与が深いのですが、中国にあっては指導的な家系への接近が目立ちます。

　アメリカ、イギリスをはじめ多くの外国人がたずさわっている貿易取引のなかで最も収益性の高い分野は、秘密主義が支配的で、中国の法規やクッシング条約[29]の規定に違反する例が多いのです。艦

29　アメリカが1844年に中国・清と締結した門戸開放条約。望厦条約。

133

船による保護の手を差し伸べるに際して、海軍の司令官にとっては、取引の合法・非合法の識別がむずかしいところです。

添付した書簡については先に見解を述べております。日本への出航直前、海軍省宛てに発信した（1853年5月16日付）報告文の写しについても同様です。

私が知る限り、国外に駐留する世界中の海軍部隊は、特にこの海域に配置されているイギリス・フランスの艦隊も同様ですが、外交官、常駐公使、領事などが干渉する権利をまったく認めていません。もしそうでなければ、海軍司令官は、目標を達成するための権限が奪われていると感じることでしょう。

先に名前をあげた官吏とは、できる限り相談し、協調して行動することが司令官の義務です。しかしながら、指揮下の艦船が特定の任務に適合しているかの判断、食糧や蒸気船の石炭補給や入手手段についての適切な判断は、自分にしかできません。具体的には、エンジン機関の状態や艦船自体の特定の航海への適合性、士官や乗組員の健康状態、あるいは不意の突発事態からあらゆる方法でかれらを保護する必要性などの判断についても同様です。

周辺の助けに頼り、本来業務に没頭している官吏には、めったに考えがおよばない事柄ばかりです。

目下、病気がちの将兵が多く、ここ数日で複数の死者が発生しています。このなかには、ジョセフ・H・アダムズ大尉も含まれます。1年で最も疾病発生率の高い時期であり、将兵を危険にさらさないことが至上命題です。実際にも、広東の近くに配置した蒸気艦船を短期間ですが別の船と交代せざるを得ませんでした。河川域での長期停泊によって疾病が船内に蔓延しないようにするための措置です。

先にも言及したように、今年の5月にマーシャル弁務官の要請に応じていたなら、私の日本訪問は実現しなかったことでしょう。さらにこの期に及んで、疑わしい急場しのぎの任務にほぼ全艦隊を配

置し、苦労して集めた石炭の在庫を使い果たし、あるいは、いつどう変化するかわからない中国の国内動向を期限も定めないまま見守り続けて、私が日本政府と約束した再訪問を危うくすることは、私が考えるに、まったく不当であり、みずから発令した指示に明確に違反します。

したがって出発後111日を経過しているレキシントン号が到着次第、琉球および日本に向けて出航いたします。もし絶対に必要とあれば、中国には1、2隻の小型艦船を残しますが、最も重要なことは、その数隻をすぐに戻す可能性はあるにせよ、全艦隊を同行させることです。

アメリカの商人や外交関係の代理人がまだ存在しない日本での任務遂行にあたっては、いかなる干渉も及ばないことが確かであり、障害なく、精力的かつ敏速に行動できますから、成否の責任はすべて私にかかっています。

謹白

M・C・ペリー

東インド艦隊最高司令官

ジェイムズ・C・ドビン閣下
　海軍長官　ワシントンD.C.

059

[マーシャル弁務官からペリー提督に宛てた書簡]

合衆国公使館
中国、上海　1852年9月22日

謹啓

　国務省からの指令書を受理しました。

　内容は、中国に在留するアメリカ市民の生命、財産、諸権利の防衛にあたって、私が「最大限の警戒と積極的行動」を怠らないよう要請するものです。この海域を航行する合衆国艦隊の司令官と連絡をとりあう必要性も指示されています。

　この任務の遂行にあたっては、提督の指揮下にある公用船舶の転用をお願いすることになりましょう。提督の誠実なご協力は、私に託された職務の遂行に欠かせません。

　当海域を航行するアメリカ艦隊は「重大な目標に専念している」ことを国務省から知らされています。

　広東駐在の領事代理（スプーナー氏）には、提督をお訪ねするよう指示してあります。広東港に以前から駐留している艦船に追加して投入される艦隊の存在は、同胞の保護にとって欠かせないものと代理は考えています。

　厦門（アモイ）の混乱した状況とアメリカ領事館の不在のため、公用船舶が当地で待望されており、提督の艦隊から一時的で良いのですが、1隻を派遣してくださるよう切にお願い申しあげます。

　岷江（びんこう）の航行が困難なため、合衆国軍旗を福州に掲揚できそうにないことが残念でなりません。これまでも提督に可能性を打診してきましたが、私だけでなく**提督みずから広東周辺に赴かれる**ことが職務上、求められているように思われます。この問題は当面、留保することにします。

　上海在住の外国人に対する攻撃を**この私が**察知しているとは断言できません。しかし、上海の中国側が支配する地区が、この区域に

136

はなじみがなく、規律が非常に乱れている反乱軍の手に落ちたのですから、こうした事態は懸念されますし、いつ起きても不思議はありません。

　警戒心の増大と効果的に対抗できる部隊が、不意の襲撃を最も確実に予防する手段です。アメリカ市民が数人居住し、混乱が時折伝えられる寧波[浙江省の港湾都市]は上海に近い距離にあり、市街地に面した場所に蒸気船を1隻追加配備すれば、防衛力が一段と強化されます。

　しかしながら、私への指示書に示された目的の達成に向けて配置される**艦隊の規模**は、当海域におけるアメリカ海軍の最高司令官である提督の権限に属することは明白であり、これについてさらなる提言は差し控えます。

　私が公的役割を果たすにあたり、**提督の排他的権限**を侵害するつもりは、まったくないことをご確認いただきたく存じます。

謹白

ハンフリー・マーシャル

合衆国中国駐在弁務官

　Ｍ・Ｃ・ペリー提督閣下
　　中国海域ほか合衆国海軍最高司令官　在マカオ

060

[ペリー提督からマーシャル弁務官に宛てた書簡]

マカオ　1853年9月29日

閣下の今月22日付書簡を受理しました。

中国に在住するアメリカ市民の生命、財産、諸権利の保護に全力で連携していただける由、この上ない喜びを表明します。私がこれまでとってきた数々の措置は、この点に関する私の対応を十分に証明するものです。直接に下されたもの以外に、私が中国に関する指令を一切受けていないことは、ご承知の通りです。

当海域の海軍司令官である私に託された任務を的確に理解することが、私が最良と判断する手段の選択と実行を可能にさせるものです。結果として、わが国の総体的利益に貢献し、さらには中国ならびに私の指示が及ぶ他の東洋諸国に在住するアメリカ市民の幸福と安全をもたらすものと確信します。

日本から帰還して以来、現在まで、広東およびその近辺に艦隊を駐留させ、在留者の警護に万全を尽くしています。昨日は、スループ型軍用帆船ヴァンダリア号を川の上流に移動し、短時間ですが停泊させました。

広東ならびに黄埔に駐留する各艦船の艦長はいうまでもなく、副領事や在外商館に常駐するアメリカ商人とも頻繁に連絡をとりあい、さまざまな重要事項を考慮に入れ、艦隊のさらなる増強の必要性に関して最善の判断を下せるよう心がけています。[領事代理の]スプーナー氏のいかなる提言にもその都度、私が注意を傾けていることは、氏もご存じです。しかしながら、氏の公務上のふるまいが、私の指揮する艦船の移動を決定するうえで影響を及ぼすことはありません。

各艦船の任務分担に関する私の調整指示に沿って、プリマス号は北東の季節風を利用して琉球からマカオに向かっている途上にあり、福州と寧波、場合によってはマカオにも寄港する予定です。同

号の艦長から届いた書簡の写しを同封しますが、ご覧いただければわかるように、1か月前に厦門を訪れたばかりです。

　伝道者は別として、これらの都市に居住するアメリカ人の資産について、私は詳細を把握していません。在留アメリカ人とその家族が、これまで中国のあらゆる陣営から丁重に扱われてきた事実をふまえると、危険にさらされているとは考えられません。

　サラトガ号の上海駐留継続は、その地に居住するアメリカ人の生命と財産の保護に十分資するものと確信しています。実際に、在来の東インド艦隊を規模で上まわる戦力が現在、広東と上海に在留するアメリカ人の資産の監視にあたっています。駐留艦隊の司令部のもとで修理中の特別装備船数隻が、日本遠征に選抜され派遣された実績については周知の通りです。

　目下、パウハタン号のエンジン整備とサスケハナ号の機械装置の修理が進行中で、いずれも実稼働に向けて最大限の管理が欠かせません。いかなる特別任務にも出動可能な蒸気艦船はミシシッピ号（現在、わが艦隊の旗艦です）だけです。全艦船の出航準備が完了しても、この局面にあって、補給に苦労の多い石炭を多少とも消費することは適切でなく、正当と評価するわけにはいきません。目前に迫る日本への航海を準備するなかで、政府の出費もかさみます。寧波や福州を訪れる際に、大型で費用のかかる蒸気艦船を数隻配置しますが、喫水の浅い帆船型軍艦を使えば各都市の近くまで航行が可能で、目的達成に大いに貢献することでしょう。

　以上、中国に関して課せられた任務についての私の見解を、率直にご説明した次第です。私が司令官の地位にある間は、判断力の限りを尽くして、私の指揮する艦隊の保護を求める方々全員の最大利益を実現するよう、一身を捧げてまいる所存です。

　そのうえで申し添えますが、私の指令ならびに海軍の慣習、さらにはさまざまな重大任務の遂行に向けた特別指令が有する特別の権限と両立する手段を尽くして閣下と連携することは、私の最大の喜

びとするところです。

　中国在留の外国人と同様、われわれにさまざまな危険がつきまとっているという誇張した説明を耳にしますし、こうした見方はかなり広まっているようにも思えますが、私が駐留して以来、アメリカ人にせよ他の外国人にせよ、身体あるいは財産を脅かされたとの報告事例はありません。

　ウォーカー司令官には福州に向かうよう指令しました。艦長が閣下の意見を求めたうえで、上海への帰還を含め、緊急の危機対応が必要と判断するなら、南北両岸からマカオに頻繁に届く情報をもとに配備が得策と判断される地点に、追加の１隻を急派する用意があります。

謹白
Ｍ・Ｃ・ペリー
東インド、中国、日本海域合衆国海軍最高司令官

　ハンフリー・マーシャル閣下
　　中国駐在弁務官　上海

061

　　　［シンクレア副司令官からペリー提督に宛てた書簡］

合衆国サプライ号
香港　1853年８月28日

謹啓
　私が指揮するサプライ号が、厦門経由で琉球から到着したことを謹んでご報告します。
［以下同じ文面の書簡が117頁に収録されており、省略する］

140

062

ペリー提督から海軍長官に宛てた書簡

［書簡番号25］ マカオ　1853年10月24日
謹啓

　パウハタン号のJ・H・アダムズ大尉の死去、コンテ大尉の退任にともなう帰国、フィッツジェラルド、ハウエル、コールドウェル各副官の病気療養のための帰国、さらに士官候補生ウィリアム・マクニール・アームストロングの受験準備のための帰国、これにとどまらず配属将兵の多くが病気を抱えているなど、大きな問題が山積しています。副官および士官候補生合格者の補強・増援がなければ、艦隊の任務遂行は不可能な事態になりましょう。

　1隻の艦船からひとりの士官がいなくなると、他の艦船に追加的任務が課され、これによる疲労の蓄積が発病の原因になります。体調不良が一時的なものか長期化するかはともかく、日々、事態は悪化しています。

　ヴァンダリア号が士官候補生をひとりも乗せずに本国を出航したことは記憶に新しいところですが、他の艦船から2名を配置せざるを得ませんでした。一時期には、副官と航海士の全員が一斉に病床に伏したこともあり、甲板上の実務をやむをえず航海士助手にまかせる事態となりました。

　副官のひとり（コールドウェル）の病気はホームシックが疑われ、ホワイティングなどは当直ができないと訴えています。艦隊がたずさわる任務を考えると、苛酷な気候条件のなかで、士官の欠員がもたらす事態は予見できません。

　もし、士官候補生合格者、ないし士官候補生を配置していただけるなら、副官の任務の一部は軽減され、多少の改善は見込めますが、効果は他の階級にはとても及びません。

　プリマス号とサラトガ号に配備されている士官がアメリカ本国に帰るのは、故国を離れてから4年後のことになります。私としては、

141

日本再訪後の残留はまったく考えにありません。

　艦隊への補給物資は今後、商用船をまるごとチャーターし、石炭を底積みして輸送すべきであると提言してきましたが、公用輸送船に比べてはるかに安価ですむだけでなく、補充する士官もこの船にて搬送できますから、追加の費用がほとんどかかりません。

　さらに、手元に届いたばかりの報告によれば、疾病者一覧に記載されている多数の上等水兵と海兵隊員の他に、副官３名、船医２名、主計官２名、航海士２名が公務を離れています。

　体が頑健な私でも、厳しい気候の影響をまぬがれません。

　コンテ大尉については、固い退任意思の表明がなかったとしても、艦隊への残留を認めなかったことでしょう。記号ＡおよびＢを付して同封した書簡の写しを参照していただければ、おわかりいただけるはずです。

謹白

Ｍ・Ｃ・ペリー

東インド、中国、日本海域合衆国海軍最高司令官

　ジェイムズ・Ｃ・ドビン閣下
　　海軍長官

| 063 |

海軍長官からペリー提督に宛てた書簡

海軍省　1854年1月13日

謹啓

　昨年10月24日付で提督が発信された書簡（番号25）への返信として、お知らせすべきことがあります。

　大尉および士官候補生合格者の最新名簿を見ますと、書簡にて要請された階級の士官を貴艦隊に補充派遣することは困難な状況です。艦隊に以前から配置されている30名の大尉と32名の候補生合格者の態勢のまま、士官の追加補充なしの状態で提督が任務を遂行されるよう期待しております。

謹白

J・C・ドビン

　M・C・ペリー提督閣下
　　東インド海域合衆国海軍最高司令官

064

海軍長官からペリー提督に宛てた書簡

海軍省　1853年10月28日

謹啓

　過去数か月間、海軍省として中国に蒸気艦船を１隻派遣し、アメリカ政府を代表する弁務官の公務を支えて、その大いなる目標の達成に向け支援できないものか、期待をこめて検討を重ねてきました。中国における驚くべき革命運動によって、弁務官の使命への関心は高まり、重要性も増しています。

　蒸気艦船プリンストン号は、その目標とは離れた任務に配置されていました。しかしながら、プリンストン号、サンジャシント号、アレゲイニー号の３隻とも手ひどい失敗を重ねてきました。したがって、本書簡は今回と類似する以前の命令が遅延した事態を説明するものです。

　大統領は、中国政府との開かれた関係を築こうとする重大な事業を、弁務官と連携して進めることが、提督の日本に対する作戦行動に大きな妨げとはならないとお考えです。それは、アメリカ国民に大きな利益をもたらす通商条約を締結し、交易・商業の歴史に新しい時代を切り開くことに他なりません。

　提督がたずさわる派遣団の使命は多くの称賛を集め、期待する声が高まっています。しかしながら現状では、中国は歴史的な危機に立たされているように思われ、日本に比べても、魅力を発揮できずにいます。

　提督のお名前が日本との通商関係の始まりと一体化するなら、名誉は一段と高まります。中国との関係においても今後大きな進展が見られるなら、名声は揺るぎないものとなりましょう。

　提督の作戦計画に重大な妨げとならないことを望みますが、この書簡をご覧になり次第、時をおかずに、蒸気戦艦を１隻マカオに派遣してください。その地で、中国駐在アメリカ弁務官Ｒ・Ｍ・マクレー

144

ン閣下とお会いになり、新たな命令を受理するまで、弁務官の指示に従ってください。マクレーン氏は、提督への新たな命令を受けいれることになっています。とはいえ当面の間、この艦船の急派を例外として、提督の日本遠征に関してはこれまでと同様に取り組んでください。マクレーン氏は来月の19日にその地を離れる予定です。

去る６月25日付で提督が発信された書簡を受理しましたが、大変興味深い文面でした。海軍省は、提督のこれまでの作戦計画の成功を大いに喜び、希望に満たされています。

日本と中国に関連して、提督にはさらなる栄誉と名声が待ちかまえていることでしょう。

謹白

Ｊ・Ｃ・ドビン

ペリー提督閣下
東インド、中国海域合衆国艦隊最高司令官

| 065 |

ペリー提督から海軍長官に宛てた書簡

［書簡番号26］　　　　　　　　　マカオ　1853年11月20日
謹啓
　広東在住アメリカ人商人からの第2信（写し）を同封いたします。
　さまざまな観点から、商人諸氏の要請に応じる方向にありますが、その意向とは別に、交わされた取り決めは、私の力が及ぶ範囲で最大限の優位を確保したものとなっています。
　艦隊所属の船舶で、広東まで川を遡上できるのは数隻の物資輸送船に限られます。サプライ号は兵器も十分装備した状態で、過去3か月間、在外商館に近い場所に停泊してきました。同程度の能力を有する代用の船舶を配備せずにサプライ号を引きあげることは私には容認できません。実際に、代替船の用意はありませんでした。輸送船の存在は、次に控える日本遠征時にも欠かすことはできません。
　サプライ号を現在の駐留地に残す観点に立って、貨物輸送船を艦隊に同行させることが可能か照会しましたが、調達はできませんでした。もし貨物船をチャーターして使うなら、月あたり最低でも2,000ドルは要します。
　私は、完成したばかりのイギリスの蒸気船クイーン号を月500ドルで借りることで、月に1,500ドルの公費を節約しました。いずれ、私の艦隊に兵器を装備した物資輸送船が追加されましょう。
　このような状況ですから、私が採用した方向性は海軍省から認可されるものと確信しています。実際、政府の所在地からこれほど遠く離れた地点に駐留する場合、艦隊司令官には、大きな裁量権の行使が求められるのが常です。
　自由裁量が指令書によって、国務省だけでなく海軍省からも認められていることを喜んでおります。
　クイーン号を6か月間、契約更新の特権付きで借り入れ、ミシシッピ号のアルフレッド・テイラー大尉の指揮下に配置しました。調整

の過程で直面した唯一の難点は士官の配置でした。艦隊の各船舶は
いずれも、定員数を大幅に下回る人員不足に直面している現状です。
　私が最後に書簡を発信して以来、厦門の反乱軍撤退と帝国政府に
よる再占拠がありましたが、これを除けば、沿岸部で特段の事態は
起きていません。ただし政府軍による、無辜の人々への法外な残虐
行為が見られました。
　マーシャル閣下は数日前に、この地区に戻っています
　物資輸送船レキシントン号はニューヨークを出港してから155日
を数えますが、まだ姿を見せません。同号の到着とパウハタン号の
修理完了を待って、ふたたび日本に向けて出航します。ロシアとフ
ランスの各艦隊が移動している形跡があり、出発が急がれます。

謹白
M・C・ペリー
東インド艦隊司令官

　J・C・ドビン閣下
　　海軍長官　ワシントンD.C.

066

［広東在住アメリカ人商人からペリー提督への第２信］

広東　1853年11月5日

謹啓

　去る８月、提督が日本から帰還された際に、われわれの祝意を申し述べるとともに、提督の艦隊が広東にとどまり、今後も相当な期間、周辺海域の警護にあたられることを知って、安堵した思いを表明いたしました。

　その折、中国国内の状況を概略ご説明し、不安定な要素に満ちているというわれわれの見解を述べるとともに、提督が指揮する強力な艦隊が絶好の時機に到着し、その存在が及ぼす心理的効果が危険の回避につながることに言及しました。

　上海および周辺地域における一連の事態のなりゆきは、不安定な状況に関するわれわれの懸念が的中した感がありますが、提督ご自身はアメリカの重大な国益を警護できたことでご満足のことと存じます。

　提督に託された特別の任務のために、この河川域を早期に出航することが求められており、艦隊は目的達成に向け十分な態勢にあるとの通知を提督からいただきました。

　戦闘勃発が迫っているとは考えにくい情勢と、香港で新型の高性能な蒸気船をチャーターできる見込みをふまえて、この船舶を物資輸送船サプライ号と交代させ、当地の在外商館付近で護衛船として使うことを、われわれから提督に提案させていただきたく存じます。

　この河川域における軍務に蒸気船は大いに適合し、的確に士官と乗組員を配置し兵器を装備すれば、大型帆船よりも効率性が高い、とわれわれは考えています。アメリカの権益が危機にさらされている重大性から、提督ご自身も蒸気船をチャーターして就航させる権限を発動されるものと信じております。

　われわれは、提督に託された特別な使命に大きな関心をよせると

148

ともに、中国で発生する事態が、任務達成を控えている艦隊の弱体化につながることを憂慮します。提督の指揮のもと卓越した初期対応が、交渉相手とする特異な人々に強い印象をもたらし、取り組む課題の主要目的が達成されることを期待しています。

　事業の成功は提督の功績となり、政府がこの遠征に着手するに際して想定した壮大な規模において実現されるならば、わが国にとって満足すべき結果であるばかりか、世界のすべての国々から喝采を浴びることでしょう。

　こうした期待を表明いたしますのは、われわれの国を愛する思いは無論のこと、提督と交流させていただくなかで感じとった深い敬意と心からの好意によるものです。

謹白

ヘンリー・W・ハッブル

ウェットモア商会

ウィリアム・D・ルイス商会

ナイ＆パーカー商会

ライオネル・モーゼス

アウグスティン・ハード商会

ラッセル商会

キング商会

　　ペリー提督閣下に

067

［ペリー提督からアメリカ人商人に宛てた書簡］

広東　1853年11月9日

各位

　今月5日付の連名書簡を頂戴しました。文面に記載されたご提案にしたがって、新造の蒸気船クイーン号の借用契約を締結しました。ここにお知らせできることを喜んでおります。早速、同船を任務に配備する手配をし、サプライ号に代わって広東市街沖合に駐留させる手はずとなっています。

　さらに、私の仕事ぶりについてご一同からよせられた心からの讃辞に謝意を申し述べます。短い期間ではありましたが、ご交誼をいただいた幸運には感謝に堪えません。わが国の最も卓越した商業家である多くの方々と親しく面識を得たうえに、友情に満ちたお褒めの言葉を書面に拝見し、私には喜びの重なるおつき合いでした。

　細心の注意を要する責任の重い任務が、海外勤務の海軍士官には頻繁に課せられますが、かかわった方々からの高い評価をいつもいただけるとは限らず、海軍省からの裁可事項が次から次へ追加されていきます。

　紳士各位との交わりは円滑に気持ちよく進められ、この友好的な相互の思いやりは永く続くものと信じております。私に託された特別な使命がいかなる結果に終わろうと、各位からよせられた期待とともにあるという確信は、大きな成功への源となりましょう

謹白

M・C・ペリー

　ナイ＆パーカー商会、ウェットモア商会、アウグスティン・ハード商会、キング商会、ラッセル商会、ヘンリー・W・ハッブル、ウィリアム・D・ルイス商会、ライオネル・モーゼス　　各位

150

| 068 |

ペリー提督から海軍長官に宛てた書簡

［書簡番号30］　　　　　合衆国蒸気フリゲート艦サスケハナ号
　　　　　　　　　　　　　　　香港　1853年12月24日

謹啓

　当海域における合衆国艦隊の作戦行動、とりわけ日本および周辺諸島に関連する行動は、あらゆる方面から注目されているところですが、私自身はロシアとフランスの軍艦の不可解な動きにかなり困惑しております。

　フランス艦隊の提督については、開封日時指定の秘密命令を携えて数週間前にマカオから出航して以来、消息がわかりません。

　ロシアの最高司令官から最近、書簡が届きましたが、その内容は石炭の追加補給の要請に加えて、当艦隊と一体化して全面的な共同作戦に着手したい旨を率直に表明するものでした。──（記号Aを付した書面の写しをご覧ください）

　外国軍との提携を一切禁じているわが国の方針に抵触しますので、当然のことですが、丁重にはっきりとお断りする所存です。私にはその本当の狙いがわかりませんが、ロシアとの共同作戦がロシア皇帝の関心事に恩恵をもたらすことはあっても、アメリカの国益を前進させることはないという理由もあります。

　確かな情報筋から聞いたところによると、ロシアの最高司令官は長崎に停泊中、なにも成果をあげられなかったそうです。日本側への申し入れにも回答を得られず、皇帝が直前に亡くなったこと[30]を知らされ、結果的に、外国との交渉事は一定の期間をおかないと進めようがないことを知るにとどまったようです。

　長崎では、日本側の密偵が同席する場合を除き、オランダ人と接

30　第12代将軍・徳川家慶が1853（嘉永6）年6月22日に逝去したことを指す。10月に家定が継承した。

151

触できず、その協議の場でも、密偵が理解するオランダ語での会話しか許されませんでした。

　ロシアの最高司令官は、オランダ側に緊急の通商取引を提案したのですが、日本側の怒りを懸念したオランダから拒絶されました。今年のことですが、オランダの１隻の船舶が長崎を出港しようとした際に、荷は軽かったのですが、ロシア人がその船を使って書簡を送ろうとして日本とオランダの双方から拒まれました。

　フランスとロシアについては以上の通りですが、中国における商取引に関しイギリス国王から全権を委任された最高責任者のジョージ・ボナム卿と最近面談し、書簡のやりとりもありましたので、これについてご説明します。

　ジョージ卿は、私と会うために２日前に当艦を訪ねて来たのですが、用向きは当艦隊の小笠原諸島に関する動向を調査するよう指示したクラレンドン［外務］卿からの書簡のことでした。

　長時間にわたり協議した後、ジョージ卿は私の説明に満足された様子で帰られました。さらに私の要請に応じて、この件に関する書状を私に送付することを約束してくださいました。届き次第、私からも返信するようにしますが、書状の内容は、照会のあった調査に関連する状況説明をもれなく両国政府に提供する機会となりましょう。書面にはあらゆる情報が記載されますが、クラレンドン卿が発信した書簡の写しは除外されています。ただし、原本には私が目を通しました。

Sir. Samuel George BONHAM

　ジョージ・ボナム卿と交わし

た書簡については、1853年6月28日付［25日付の誤り］の書簡（番号15）を参照してください。特にご注意いただきたいのは、以下に書き写す段落です。

「小笠原諸島へのアメリカ資本の投下を進めるうえで、ただひとつ難点があります。土地の統治権がいまだに確定されていないことです。最も著名な要求権者はイギリス女王ですが、その権限の唯一の由来は、イギリスの測量船ブロッサム号を指揮していたビーチー艦長が、ある式典（おそらく、政府からの明確な認可はなかった）をとり仕切ったことです。この人物は1827年に正式に諸島の占有を宣言し、すべての島々に英語名をつけました」

わが国の権利を侵害するいかなる行為も断じて許すわけにはいきません。これに対抗して、東洋世界におけるアメリカ合衆国の立場を明らかにし、その権威と影響力を見せつける絶好の機会であると思います。軍事力を強く誇示することによって、東洋の諸国家に、諸権利の重要性をより強く認識させる必要性があります。

職責を重視して行動し、美しき琉球島の為政者および一般の住民に対して確保した影響力を継続することを考える私として、これに沿った指令が発せられることを望みます。実際に、この影響力は、一般民衆への不法行為をまったく犯さずに、民衆の利益に貢献することによって得られたものに他なりません。

12世紀以来、絶えることなく継続している琉球王国の系譜をたどると、日本への依存が甚だしい政治的な隷属と拘束の状態にあり、アメリカなど外国政府からの影響力行使と保護を積極的に行う価値があるとお聞きになれば、海軍省は驚かれることでしょう。

今後の事態の進展によって、ヨーロッパ大陸の制約をこえたアメリカ合衆国の領土権拡大が求められるようになることは明白です。地球上のこの地域に足がかりを築く有益な事業を推進し、東洋における海洋上の諸権利の保持するために、私は責任を果たします。

琉球の為政者および一般の住民への影響力を保持し継続させる所存ですが、迅速な行動指令を発していただくことも肝要です。と申しますのも、われわれが公正に保持すべき優位性を、良心にもとる他の大国の手により秘かに略奪される事態も考えられるからです。

　中国における革命戦争の展開は、私が当初から予測してきた通り、現支配王朝の転覆に行きつく気配です。反乱軍は北京近郊に迫って、首都の穀物保税倉庫も掌握しており、反乱軍の最終的勝利を疑う者は誰ひとりいません。しかし、なんらかの新政権が樹立されるまでには多少の時間を要することでしょう。政権基盤が固まり次第、帝国と締結した協定の条文の見直しと補訂を合衆国の側から促すことが望ましく思われます。――（ウォーカー司令官の直近の報告書をご覧ください。記号Eを付して、同封します）

謹白

Ｍ・Ｃ・ペリー

東インド、中国、日本海域合衆国海軍最高司令官

　ジェイムズ・Ｃ・ドビン閣下
　　海軍長官

――――――――――

069

文書Ａ

上海　1853年11月12日

謹啓

　私に託された遠征に関する書簡を合衆国政府が受理した際の承認の作法、ならびにこの海域を航行するアメリカ艦隊の司令官閣下と士官各位に対する政府の命令がきわめて友情に満ちた言葉づかいで発せられていることに勇気づけられ、ここに司令官に要請を申しあ

げます。

　上海で石炭を入手できなかったうえ、時間も切迫しており、上海
港に貴国が貯蔵している石炭から80トンを、閣下のご厚意でわれ
われに譲っていただけるなら、感謝に堪えません。

　閣下に直接お目にかかる光栄に浴するなら大きな喜びであり、相
互の連携によって両国政府が共有する目標の達成もより円滑に進め
られるものと確信しております

謹白

ポンティアティン

［ロシアの最高司令官］

070

［イギリス］通商監督官

香港　1853年12月22日

謹啓

　提督閣下の小笠原諸島訪問に関してじきじきに面談し、この件で
正式に会見すべきとの閣下のご提案に関連して、シンプソン氏[31]か
らの書簡1通と同封物の写しをここにお送りします。その文面には、
アメリカ合衆国政府が使用する石炭倉庫用途の土地を、提督閣下が
住民から購入したことが書かれています。

　昨日、面談したばかりですから、提督をはじめいずれの方であろ
うと小笠原諸島の土地を購入する権利について異議を唱える意向が
当方にないことは、提督の明確なご理解をいただけるものと確信し
ております。

　しかしながら、この島々がかつてイギリス政府の名において占有
されていたことは広く知られており、提督閣下のお許しがあれば、

31　サンドイッチ諸島［ハワイ諸島］駐在のイギリス領事代理。

シンプソン氏による経緯の説明を正式にお聞きいただき、理解を深めていただければ幸いです。

謹白

J・G・ボナム

合衆国海軍ペリー提督閣下
　合衆国蒸気艦船サスケハナ号

071

インヴァネス州ビューリー[32]

1853年10月1日

謹啓

　合衆国海軍の日本遠征を指揮する司令官が小笠原諸島に寄港したこと、さらに政府専用の石炭倉庫として使用する土地をある入植者から購入したこと、などが記載されている公式文書の文面を拝見しております。

　日本との外交関係を開拓するうえで絶好の地理的位置にある小笠原諸島が、明確にイギリスに帰属する事実を、閣下に改めてご確認いただきたく存じます。イギリス政府に仕える者として、短期間ですが南太平洋で役目を果たし、多少のかかわりをもった際に、その重要性は強く印象に残りました。同封する資料に記述されている詳細をご覧いただきたく、謹んで閣下に供します。

謹白

アレックス・シンプソン

正確な写しであることを証する。　H・N・レイ

　クラレンドン卿閣下

32　スコットランド北部の州・都市名。

072

1843年に出版された『小笠原諸島』からの抜粋

サンドイッチ諸島［ハワイ諸島］、オアフ島
1852年12月27日

　規模は小さいが、興味深く、その地理的位置から大きな価値を有する島嶼群が、北緯27度・東経146度、日本の江戸の市街から800km以内の距離に存在している。

　イギリスに帰属する島々である。1825年にイギリスの捕鯨船によって発見され、1827年、イギリスの官船ブロッサム号のビーチー艦長によって正式に占有された。先住民は確認されず、過去に住んでいた形跡もなかった。

　最大長さ400kmに満たないが、地理的位置——日本に近く、この謎に包まれた帝国との交易はいずれ計り知れない価値を生み出すであろう——から格別な重要性をもち、関心を向ける対象となる。気候に恵まれ、土壌は豊かで農耕に適しており、商業都市に適した良港がある。

　この島嶼群の東側に最初に入植したのは、ミルチャンプとマザロという名前のふたりで、サンドイッチ諸島のイギリス領事チャールトン氏に、太平洋の無人島に入植する意向を表明したところ、この島嶼に向かうことを勧められた。領事も島嶼の発見と占有状況について直前に知ったばかりであった。この勧めに応じて両名は1830年に、先住民数名を労働者として雇い入れ、数頭の家畜と種子類をたずさえて出航した。やがて［父島の］二見湾岸に上陸し、チャールトン領事から渡されたイギリス国旗を掲揚した。

　以降、数隻の捕鯨船とイギリスの中国海域艦隊に所属する1隻が入植地を訪れた。ミルチャンプ氏はイギリスに帰国し、マザロ氏は未完成の開拓地に参入する入植者や労働者の到来を切望した。住民の数は約20人程度で、イギリスの捕鯨船に乗って1842年の秋に

157

やってきた人々だった。マザロ氏は、小さな入植地の繁栄ぶりを記述し、多数の豚と山羊、数頭の牛を飼育し、トウモロコシや多くの野菜、さらにはさまざまな熱帯特有の果実を栽培していることに触れている。毎年、寄港する40隻の船舶に新鮮な食糧や野菜を提供した事実も書かれている。

　マザロ氏は入植開始を顕彰して総督の称号を与えられるが、この小さな入植地を統治する仕事も容易ではないことを思い知る。私は補佐官に任命されたが、氏を補佐し、精神的に支えるために私が作成した以下の文書を喜んで受けとってくれた。

　　「マシュー・マザロ氏が、イギリス領事リチャード・チャールトン閣下の援護のもと、小笠原諸島への入植に向けて遠征し、この港に来た最初の指導者のひとりであることを、この文書にて認定します。私は、当該諸島に寄港するすべての捕鯨船々長に、マザロ氏が慎重かつ控えめな人物であることをお伝えします。そのうえで、隔絶した入植地の平和をかき乱す事態に対処するために、船長各位が力の及ぶ限りマザロ氏を支援されるよう、お願いするものです。同様に、入植者に対しても、イギリス国王が直接に指名する官吏が着任するまで、マザロ氏を自分たちの代表者として受けいれるようお願いします」

アレックス・シンプソン
サンドイッチ諸島駐在イギリス領事代理

女王陛下万歳

　小規模の意欲ある移住者集団が、この諸島を称賛に値する入植地とすることでしょう。この植民地建設はまさに国家的事業に他ならない、と私は考えます

　　　　　　正確な写しであることを証する。　Ｈ・Ｎ・レイ

| 073 |

合衆国蒸気フリゲート艦サスケハナ号

香港　1853年12月23日

謹啓

　昨日の閣下との会話ならびに先刻受理した閣下の書簡と同封文書に関連して、シンプソン氏による説明は正確さに欠けている、と申しあげます。

　氏は、父島の入植地開発事業に参加した白人の名前をことごとく省略しています。当該者の名前と出身地を列挙するなら、以下の通りです。[人名表記　原文ママ]

　　マテオ・マザロ　　　　　代表者、[イタリアの] ジェノア出身
　　ナサニエル・サヴォリ　　アメリカ・マサチューセッツ州出身
　　アルデン・B・チェイピン　同じくマサチューセッツ州出身
　　ジョン・ミルチャンプ　　イギリス人
　　チャールズ・ジョンソン　デンマーク人

　上記の5人の男たちは、25名から30名にのぼるサンドイッチ出身の男女を従えて、1830年の夏、二見湾岸に上陸しました。5人の白人のうち、ナサニエル・サヴォリだけが、この島に残っています。マザロ、チェイピン、ジョンソンは亡くなったそうです。ミルチャンプは現在、ラドローネ諸島 [マリアナ諸島の旧称] のグアム島に住んでいます

　したがって、入植者の国籍が領土支配権の問題に適用される限りにおいて、それぞれ異なる主権者の臣下である他の3名それぞれと比較した場合、アメリカ人が2対1でした。

　この島を最初に占拠して以来、初期の移住者たちは、捕鯨船を降りて上陸する白人と折に触れて交流してきました。船員のなかには、少数ですが島に残る者もいました。私が入植地を訪れたときには、確か8人の白人がいたと思います。

　私が出発した後、この入植者たちは会議を開催し、一種の地方自治政府を創設して、ナサニエル・サヴォリを行政長官に、ジェイム

159

ズ・モットリーとトマス・H・ウェッブを自治体議員として選出したのです。

発見した時期にもとづく領土主権の主張に関連して言えば、この島々がすでに16世紀中頃には航海士の間で知られており、1675年には日本人が訪れて、「無人島」と命名したことを示す証拠がたくさんあります。——（同封の抜粋文をご覧ください）

イギリス官船ブロッサム号のビーチー艦長が訪れる３年前の1823年には、アメリカの捕鯨船トランジット号[33]でコフィン船長が訪れています。

このように、イギリス政府が、島の発見を根拠として主権を主張できないことは明らかで、ビーチー艦長が挙行した式典をもとに断定しているにすぎません。

しかし、これらの問題はそれぞれの政府間で議論されるべき事柄であり、昨日の面談に関連する報告として言及した次第です。

私がナサニエル・サヴォリから１区画の土地を購入した件について、私から説明すべき理由はないのですが、この取引は厳密に私的なものであり、偽りないことを誓います。

土地の取得にあたって、個人的利益はまったく念頭になく、合法的な購入によって、石炭倉庫の建設に最適の場所を港内に確保することだけが目的でした。さもなければ、無節操な投機家が利得本位で金銭にものを言わせ、所有権を手に入れてしまうかも知れません。

私の選択は、北太平洋で操業するアメリカの捕鯨船に緊急時の避難場所と物資補給港を確保するとともに、開通が目前に控えているカリフォルニアと中国を結ぶ郵便定期航路の中継地を提供する必要がある、という確固たる信念によるものです。閣下には改めてご確認いただきたきたく存じます。

33　【原文脚注】現在、この海域で捕鯨に従事するアメリカのモリス船長から、この船名を確認できた。

この件について、政府から特段の指示は受けていませんし、私の行動が承認されるかどうかまだ不明のままです。

　小笠原諸島の主権が広く認知されるなら、入植者を防備するための費用が発生します。最終的にこの島々が、アメリカやイギリスあるいは現地政府の国旗を掲げるようになるかどうかは、あまり大きな問題ではありません。要は、避難場所と休息の機会を求めて寄港するあらゆる国々の船舶に対して、心をこめて応接する環境を整備することに尽きます。

　さらに、重ねて申しあげますが、世界を結ぶ大規模な郵便網を残りなくつなぎあわせ、半月で地球上のどの場所にも郵便物が届くようにする事業の完成に向けて最大限の力で取り組むことが、アメリカ合衆国だけでなく、イギリスのとるべき政策であるように思われます。

謹白

M・C・ペリー

東インド、中国、日本海域合衆国海軍最高司令官

　ジョージ・ボナム準男爵閣下
　　イギリス通商監督長官　香港

ペリー提督の日誌（抜粋）

　P・F・フォン・シーボルト[34]は、1852年にヨーロッパとアメリカで出版された著書『日本海域発見史』[35]のなかで、以下のように書いている。

　小笠原諸島は1570年にオランダの水路測量技師オルテリウスが出版した地図に初めて登場し、そのなかで、ベルナルド・ド・トルレスが1543年に発見した諸島に「ふたり兄弟」と命名したと書かれている。

　1595年には、オランダ東インド会社のリンスホーテン船長がこの諸島を訪れた。

　オランダの水路測量技師ホンディウスが1634年に作成した地図に同様のことを書いている。

　1639年、クァストとタスマンというふたりの人物が小笠原諸島を訪れた。ケンペルによれば、金銀を大量に産出すると日本の書物に書かれている島を探して、オランダ東インド会社から派遣されたものである。

　その後も、以下の来訪者が続いた。1643年のフリースとスハープ、1650年のオランダ人J・ヤンソニウス、1680年のオランダ人ファン・クーレンなどである。

　この後、ヨーロッパの水路測量技師による記述はしばらく途絶えるが、1734年にスペイン人かポルトガル人と思われるカブレロ・ブエノ提督が訪れて、「アルゾビスポス諸島」と命名した。

　1592年から95年にかけて日本人が小笠原諸島を訪れ、1675年にも再訪して、諸島を探索した。

34　フィリップ・フランツ・フォン・シーボルト（1796-1866）　ドイツの医学者・博物学者。オランダ商館の医官として来日。多分野にわたる膨大な日本研究の著作を残した。

35　訳書『シーボルト「日本」』第1巻に所収。

$\boxed{075}$

クラプロート[36]の記述（抜粋）

1675年前後、日本の小型帆船が嵐に見舞われ、八丈島の東方約500kmの距離と測定された大きな島に漂着した。住民は確認されなかった。気候は快適、果実が多く実り、新鮮な水が豊富で、植物や樹木に覆われた島だった。熱帯の地域にしか生えない高木ヤシが目立つことから、この島が日本の東方ではなく、南方に位置すると考えるに至った。住民がいないことから無人島（ぶにんじま）と命名された。沿岸には、おびただしい数の魚やカニの泳ぐ姿が見られ、なかには長さが２mに近いもの[37]も見られた。

$\boxed{076}$

『三国通覧図説』のクラプロートによる翻訳文（抜粋）[38]

この島々の元来の名称は小笠原島であるが一般にム - ニン - シマ（中国語ではウージントン）の名で呼ばれた。人が住んでいない島を意味するもので、私の著作ではこの名前を使用した。小笠原島あるいは小笠原諸島という名称は、最初にこの島々を訪れ、地図を作成した探検家の名前に由来する[39]。同様に、かつて新世界の南側は、およそ200年前に発見したマゼランにちなんでマガラニアの名で呼ばれていた。

Ｍ・Ｃ・ペリー記

36　本書72頁に「ケンペルの記述」と題された同じ文章がある。クラプロートがこれを引用したものである。

37　【原文脚注】「カメをカニととり違えている。５月から６月にかけて、夜の波打ち際におびただしい数のアオウミガメが見られる」

38　本書72頁に同じ文章がある。いずれも、クラプロートがケンペルを引用したものである。

39　安土桃山時代の武将・小笠原貞頼による発見・命名説だが、現在では根拠に乏しいとされる。

163

文書E

合衆国サラトガ号
上海　1853年12月17日

謹啓

　本艦船の補給物資などを積載したロルシャ〔船体が西洋型の中国式帆船〕が、一昨日の15日夕刻にマカオから到着しました。

　先に送信して以来、上海周辺で重大なことはなにも起きていません。皇帝支持者による都市部への攻撃は、以前ほど頻繁ではありません。帝国側の攻囲軍が防壁を突破しようと試みていますが、これまでのところまったく成功していません。ここ数日の夜間、反乱軍は北門から包囲陣への突撃をくりかえして、鉱山のひとつを破壊し、30人から40人の労働者が犠牲になりました。こうした不毛な都市争奪戦の結末を確実に予見することはできません。

　太平天国軍は、大運河の北端にある北京の港の確保に向けて優勢に立ったと言われています。首都の穀倉地帯だけでなく、帝国のなかでも最も万全に防備を固めた都市を手中におさめたようです。沿岸と南方の諸地域から北京に通じるすべての経路を完全に支配したことによって、北京への進出はかなり容易かつ確かなものになるでしょう。得られた情報については、機会あるごとに私から報告してきました。呉淞を本拠とし、至急通知による派遣が頻繁なアヘン摘発快速帆船が、香港に向けて出航したことを事後になって私が確認する、といった事態も時にはありました。しかし、どのような事態が発生しても、閣下にお伝えする機会を逃してはいません。

　ウェイン大尉の体調は徐々に回復しつつあります。

　乗組員が抱える慢性疾患は、ほぼ変わりありません。

謹白
W・S・ウォーカー
司令官

M・C・ペリー提督閣下
　　東インド、中国、日本海域合衆国海軍最高司令官

追伸——領事から聞いたばかりの情報ですが、上海反乱軍の首領Lewは、ラッセル商会の社屋に向けて川を下ってくる茶葉をすべて停止する意向を明らかにしたとのことです。

太平天国軍の戦い（長江）

078

ペリー提督から海軍長官に宛てた書簡

［書簡番号31］ 　　　　　合衆国蒸気フリゲート艦サスケハナ号
　　　　　　　　　　　　　　　香港　1854年1月2日

謹啓

　私からの書簡のことで海軍省に大変なご面倒をおかけし、申し訳ありません。しかしながら、私の関与が求められ、公益性の判断が問われるさまざまな問題において、とりわけ中国との関連では、みずからの公式行動の決定にいたった理由を記録に残すことが当然と考えています。

　ハンフリー・マーシャル閣下から届いた1通の書簡の写しに記号Aを付して同封します。昨年5月13日付の、当時上海に駐留していた私宛ての書簡と趣旨が重なる部分があります。日本に向けて出発する直前に届いたもので、北京訪問を試みる閣下との連携を要請する内容でした。日本への再度の航海を数日後に控えて、指定された集合場所に艦隊から数隻を派遣していることもあり、私の計画全体がかき乱されようとしています。マーシャル氏の書簡への私の返信（記号Bを付したもの）を参照していただければおわかりのように、要請の妥当性には疑問がつきまといます。

　私の返信のなかで、中国に関するわれわれの方針について表明した意見は、これまで報告の都度、海軍省にお伝えしてきた内容とまったく変わりありません。こうした見解は、中国に駐在するアメリカの商人たちの意見と総じて一致しており、喜ばしい限りです。

　私は数日のうちにミシシッピ号をマーシャル氏の裁量にゆだね、これ以上ない手際の良さで氏を広東に上陸させました。氏からは12月24日付の書簡が届き、リー艦長の任務遂行への謝意が表明されていました（記号Cを付した写しを同封します）。ですから、その2日後、26日付の書簡（文書A）が書かれたことにはただ驚くばかりでした。

謹白

M・C・ペリー

東インド、中国、日本海域合衆国海軍最高司令官

ジェイムズ・C・ドビン閣下
　海軍長官　ワシントンD.C.

079

文書A
（機密扱い）

広東　1853年12月26日月曜日午前6時

謹啓

　ちょうど1週間前に、黄埔^{ファンプー}でミシシッピ号が私［マーシャル］に礼砲を放つのを帝国長官も聞いているはずですが、これまでのところ、私が広東にいることを知ったという形跡は確認できません。私が到着した当日もしくはその翌日の12月21日（水曜日）には、同月11日付で私が長官に宛ててマカオから発信した書簡が届いているはずです。

　今日午前中に再度書簡を送り、回答期限を28日と明記します。それでも返事がない場合には、上海の副領事への指令書を速やかに用意させるつもりです。指令内容は、上海港における中華帝国政府への関税支払いをすべて一時停止する権限を副領事に付与するものです。

　仮に、私の公用艦船使用が提督から認められない場合には、そのことを記した書簡を29日の蒸気船にて急送する予定です。私の考えでは、この命令が実行された場合、上海のアメリカ艦隊が増強されるべきことが最も重要な点です。といいますのも、中華帝国政府

167

は上海に面して流れる川に相当規模の艦隊を配置しており、沿岸部には陸軍の大部隊が待機しています。

こうした命令が上海の帝国官吏を絶望の淵に追いやるなら、事態を解決する改善策は思いつきませんが、恐らくは**武力行使**につながることでしょう。いかなる危機に遭遇してもこれまでの立場を貫くことを決意していますが、**条約上の権限を開示することにすぎません**。

同時に、私が外交問題の処理において、帝国の行政長官と直接にやりとりした最初の当事者である意味の大きさを、自分自身にも、提督閣下にも再確認したいと思います。こうした状況のもとで、中国側は自国の港湾設備からアメリカの商取引を排除しようと試みるかも知れませんが、**条約文書にもとづきわが国の権利を主張しない**わけにはいきません。権利保持のためには、上海と同様、この広東港でも、一時的に艦隊の援護が必要となりましょう。

事実関係が明らかになるよう説明しましたのは、アメリカの権利を明確に主張する私の進め方が原因で困難が生じた場合に、提督のご協力を得て、私を支えていただきたいからに他なりません。

じきじきに上海に出向き、蒸気船に搭乗できることを願っています。公益性の観点から重要な問題であり、数日間、現場に立つことで事態が好転することを期待しています。私が上海に滞在する間は、提督には広東にとどまっていただきたく存じます。いかなる困難も**生じないかもしれませんが**（私も、当面、その可能性はないように思います）、天津が**現在**、反乱軍の手中にある可能性が否定できず、上海から**次**に着く便が北京陥落と皇帝逃亡のニュースを伝えることもありえるという事実から、広東で次になにかが起きるとすれば暴動である可能性が高いものと考えます。

皇帝は、広東に在留するアメリカ国民に対してなんらかの措置を試みるかも知れませんが、提督が艦隊を率いて近くに待機していることを知れば、おそらく回避できましょう。

私は上海に着き次第、コンフューシャス号に乗って南京に向かう
つもりです（これが上海行きの目的です）。護衛を１名、さらに思
慮と知性に富んだ士官を１、２名、帯同したいと思います。反乱の
実態を正確に把握することに努め、「キリスト教徒の皇帝」の出現［太
平天国軍の勝利を指す］を含め、状況の展開次第では新政府承認の
準備も欠かせません。

　イギリスとフランスの公使はそれぞれ南京に駐在していますが、
彼らの来訪が**アメリカの国益に貢献する**結果にはならなかったとの
印象が上海の消息筋に広まっていることを、昨夜届いた複数の書簡
で知り、残念でなりません。アメリカが**自分からも**情報を発信すべ
きときが到来しているのです。私は遅滞なくその任務を果たすつも
りです。

　反乱軍は、**変化に対応する手段を準備する**英知が私にも確認でき
るほど進歩をとげています。望ましい動きが速まるなら、遅くとも
１月10日とか15日までには、提督の艦隊を上海での任務から解放
できるものと見込んでいます。その頃まで上海に駐留することにな
れば、提督が向かう予定の琉球にも近い位置です。上海まで私を乗
せていく蒸気艦船は、私を広東に送り返す必要が生じるかも知れま
せんが、提督の次の予定を邪魔しないよう、できる限り厄介をかけ
ません。

　もし、私に蒸気艦船を使わせていただけないのであれば、戻りの
艦船を使ってその事実をお示しください。その場合には、次の蒸気
船に乗って、上海で集められる限りの実行部隊をさがすために最善
を尽くします。なんとしても私に課せられた任務を完遂しなければ
ならず、提督の誠実なご協力をいただければこの上ありません。切
にお願い申しあげます。

　もし、私に蒸気船を使わせていただけるのであれば、ご承知のよ
うに時間の余裕がありませんので、１日までには上海に向け出発す
る準備にかかります。南京まで同行する士官と護衛兵を選抜する明

169

確な命令を私に下していただければ幸いです。すべて、提督のご判断にかかっています。

　ご返信をお待ちしております。この計画を知る者は、われわれを除き誰もいません。

謹白

H・マーシャル

M・C・ペリー提督閣下
　中国、日本海域合衆国海軍最高司令官

080

文書B

合衆国蒸気フリゲート艦サスケハナ号

香港　1853年12月29日

謹啓

　去る26日付で、閣下が発信された機密扱いの書簡を、特段の驚きもなく拝読しました。

　閣下が1週間前に、広東に住居を確保し、家具類も整備されたことをリー艦長から聞きおよび、一定期間、その地に居住する決心をなされたご様子を信頼感をもって受けとめました。さらに、私が指揮してきた一連の対応が、中国に住むアメリカ国民の生命と財産の保護に関連し、ここしばらくは切迫した状況で目が離せないとの印象も受けました。再度の出発が目前に控えている私の特別の派遣使命に関連しても、同様です。

　上海における帝国政府の徴税通関手続きに関する私の見解はさておき、自らの職務に関係しない事案への正式な言及はこれまで慎重に控えてきました。閣下が示唆されたように、新たに採用される可能性のある方策によって、私の第2次日本遠征の期間、中国沿岸部

170

の警護に従来にもまして大規模な海軍の関与が求められるかも知れません。その場合、追加的な部隊の派遣は私の権限外であることを、閣下にはご承知いただきたく存じます。

来期の作戦計画はすべて決定しており、一部はすでに実行が開始されて、艦船数隻が共同作戦の指定された地点に向けてすでに出航しています。さらに私は、蒸気艦船数隻に同行する物資輸送船レキシントン号の再装備完了を待機している状態にあること、たとえ艦隊の一部でも他に転用されると、作戦計画全体に深刻な影響が及ぶこともお伝えしなければなりません。

私は、合衆国と中国の外交関係には一切関与する立場になく、専ら閣下の管轄事項であります。しかしながら、専制政府の存亡をかけて争われている内乱への介入に際して、艦隊の作戦行動は私の裁量において決定すべきことは言うまでもありません。

内乱の一方の当事者は、みずからの法律を強制する権限も、協定事項を認めさせる権限もないものの、組織性に富んでおり、より自由で開かれた信仰と政治的立場をかけて勇敢に戦う革命軍です。したがって、革命勢力への私の共感はさておき、自身の行動ならびに私の部下全員への命令にあたっては、一貫して中立性と不干渉に十分配慮しています。

私の見るところ、アメリカの利益にかかわる政治的手段を帝国当局に要請したり、強要するような威嚇行動はいま、なんの効果もなく、それどころか1週間の間に支配王朝が転覆し、王朝官吏の文書が無効になってしまうことが起こりかねません。閣下の要求を帝国官吏の側が乱暴に拒否するなら、おそらくアメリカの商取引に重大な結果を及ぼすことになりましょう。

現下の決定的な時点にあって、競合するいずれの陣営も外国列強との交渉の席につく状況にはありません。内乱の最終決着までには多少の時間を要することも明らかであり、それまでの間、事態の進展を冷静に見守ることが賢明な選択と私は断言します。陣営を問わ

171

ず、中国人から暴力や不正の被害にあったという苦情をアメリカ市民から聞いたことはありません。

　中国の政治状況に関する私の見解を閣下に強要するつもりはまったくなく、そうする理由もありません。先のような見解を述べる唯一の理由は、ご提案の流儀に沿って閣下にご協力することを辞退する理由を、別の観点からお示しすることにあります。ただし、すでに言及されたさまざまな考察から、こうした選択に行きついたわけではありません。

　過去の経験がもたらした結果から判断して私としては、上海にスループ型軍用帆船を配備することで、この地域におけるアメリカの権益を十分警護する力になっていると考えたいのです。ウォーカー艦長などから最近私のもとによせられる情報には、なんらかの危険が切迫している兆候を示すものはなく、広東については、居留するわが同胞市民が完全に満足する形で話し合いが決着しました。

　ご提案のように、コンフューシャス号を借り切って、南京まで航行する場合には、閣下から申請があり次第、ケリー司令官の判断にもとづき、一時的派遣に適した護衛艦を差し向ける指令が発せられましょう。

謹白

Ｍ・Ｃ・ペリー

東インド、中国、日本海域合衆国海軍最高司令官

追伸——私の公式書簡については、機密指定の有無を問わず、その写しを海軍省に送付する習慣を守っています。したがって、閣下の書簡の写しに**機密指定**と記して、本書状の写しとともに同封させていただきました。

文書C

アメリカ合衆国公使館
広東　1853年12月24日

謹啓

　本日、私［マーシャル］はミシシッピ号の香港への復路に乗船させていただきます。居住する広東まで送っていただくことを去る月曜日［12月12日を指すか］に要請したところ、早速同号を手配していただき、感謝しております。

　日曜［18日］の夜に同号でマカオを出港し、翌日夕刻には黄埔に着きました。火曜日、潮の変わり目を機会に、リー司令官と数人の士官に付き添われて下船し、同号付属の小型船に乗って同日の午後5時頃、広東に着いた次第です。

　ミシシッピ号には、私の公的立場へのしかるべき礼儀を尽くしていただきました。マカオからの航海中、心ある配慮をたまわり同号の士官の皆さんに謝意を申し述べます。広東到着後も懇切丁寧なふるまいで接していただきました。私が合衆国政府から指示されている中国政府高官との接触を実現するために、自分たちの権限で行使できる手段を尽くす献身的な態度は深く心に刻まれました。

　私の公的身分への十分な配慮を示していただきましたが、これこそ政府があらゆる方面で必要とするものでしょう。アメリカの文民と海軍の代表者間における調和のとれた行動は、中国系・ヨーロッパ系の違いを問わず、すべての外国人に良い影響をもたらすに違いない、という私の確信を表明せずにはいられません。

　公務の異なる分野で適切な理解を示しあう機会が得られた今回の経験には大いに満足しております。広東まで公用船で送ってほしいという私の意向にすばやく応じていただき、私の感謝の念を閣下にお伝えしたい気持ちで一杯です

　広東に戻って以降、中華帝国の長官、あるいは政府官吏からの連

絡はまだなく、私が広東にいることを承知している形跡も見られません。

　私がマカオで準備した今月11日付の公式書簡が、[20日]火曜日に私が帰還した後、回送されてきただけです。こうした状況下で、ミシシッピ号を他地での任務につかせるご意向にある閣下から指定された停泊期限まで、同号が待機することが適切と考えました。

　しかしながら、今日以降も留まることはリー司令官に求めませんでした。その理由は、広東で国を代表する私の行動を援護する公用船を必要とする事態が生じた場合、私の支援要請に閣下が応じていただけるものと確信しているからです。

　その折には、よろしくお願いします。

謹白

H・マーシャル

　M・C・ペリー提督閣下
　　最高司令官

広東港（1830年）

174

082

ペリー提督から海軍長官に宛てた書簡

［書簡番号33］　　　　　　合衆国蒸気フリゲート艦サスケハナ号

香港　1854年1月9日

謹啓

　今月2日付で私の書簡をお送りした後、マーシャル氏から長文の書簡を受理しました。公務に関する公平を期して、その写しをお送りします。

　氏の要求に私が困惑を覚えたことについては、海軍省もすでにご承知の通りです。

　特別に指名された派遣任務にもとづき私が出発前の最終調整をしている最中のことでした（艦船数隻はすでに出航し、私自身も遅くとも3日後には琉球と日本への航海に出る予定でした）。1週間前に、マーシャル氏を上海に送り届けるために、蒸気艦船1隻を本来任務から転用し、上海で数日待機させて、その間は一切予定を入れないという2度目の強い要請がありました（氏は上海から到着したばかりでした）。

　そのうえ、冬季に当艦隊の蒸気船が揚子江を航行することには、喫水を考えると大きな危険がともないます。これについてはすでに5月15日付の建造・装備局長への書簡ではっきりと説明した通りです。以下は、その書簡からの抜粋です。

　「こうした不便さと過度の危険をすべて考慮して、この地への接近を本国政府から求められた艦船に出した以前の指令を撤回しました。今後も、よほどの緊急事態が起きない限り、再度、大型の蒸気艦船にこの川を遡上する許可を出すわけにはいきません」

　したがって、こうした形で使用された船舶に事故が生じ、艦隊に

40　この書簡は本書に収録されていないが、同日付のプリマス号ケリー艦長による発信がこの件に触れている。

再合流できないようなことが起きた場合には、重大な局面にある私の艦隊の根幹部分が脱落する事態になってしまいます。さらに付け加えておきますが、スループ型軍用帆船のプリマス号が、日本経由でアメリカ本国に帰還する最後の航海を待つサラトガ号と交代するために上海に向かってから、まだ11日目です。プリマス号の上海駐留は、アメリカ市民を保護する効果を十分発揮し続けることでしょう。

　折しも、マーシャル氏から便乗を希望するプリマス号の行き先を知らせてきました。氏から届いた最後の書簡の日付から4日後にあたる昨日、乗船客の宿泊設備も充実しているイギリスの定期郵便汽船（レディー・マリーウッド号）も上海に向けて出航しました。どちらの船を使っても、氏の期待通りの快適な船旅ができたことでしょう。

　先月の24日にマーシャル氏は広東市内に住まいを確保したことが思い出されます。その際には、私の指示によりミシシッピ号のリー艦長が正式に案内役を務めました。その住居で後任の到着を待つつもりらしいと氏の意向を推量したのは、相応の理由がありました。2日後の26日、以前の書簡でも述べたように、上海に氏を送り届ける蒸気船について私に照会がありました。氏の求めに応じられないさまざまな理由をあげ、最大限の敬意をこめてお断りすると、今月4日付の書簡が送られてきて、私のあげた理由について遠慮容赦のない論評が書かれていました。提言をもとに広東在住のアメリカ市民の一致した意見で決められた対応策については、満足すべき面もあるものの、目的達成には不十分であったとも論じられています。

　公共的有益性の件については、マーシャル氏への一連の書簡で包み隠さずお伝えしました。氏の意図するやり方での協力を辞退するのが私の義務と考えたことを、遠慮なく明確に断言します。さまざまな角度から熟慮を重ねても、不可欠な行動とは判断できなかったからです。

アメリカの対中国政策の問題について論じることは明らかに私の職務範囲をこえており、特に中華帝国に信任された公使がかかわる案件について議論するなどあり得ないことです。しかしながら、氏が信念を貫き、実行に移すに際して、私が指揮する艦船をどのような範囲で、どのように活用するかを決定することは私の職務に他なりません。

　マーシャル氏は例外として、私がじかに意見を交わし、書状をやりとりしてきたすべての知性あるアメリカ国民に支えられている私の見解は、もはや新たな議論をはじめたり、重大な目標を設定する時期ではないということです。対立する陣営が複数ある状況において、どちらに**同意を強いる**かをあらかじめ完全に評価できる基準を決めたり、保証したりすることは不可能です。

　現下の混乱した状態は、深刻な結末に至る可能性を否定できず、マーシャル氏の更迭を切望していると言われる帝国長官の立場も危ぶまれています。したがって私の反論も、すでに述べてきた判断とは関係なく、なんらかの動きに巻き込まれ、同様の結末に至るかも知れません。

　海外の任務にあたる艦隊は、ひとりの人物の命令にのみ従うべきことは明白であり、その人物は、艦隊の適切な管理や規律確保さらには必需品の補給等々に責任を有する本国政府によって拘束されています。

　仮に、外交を担当する官吏の意向によって艦船が動かされるならば、司令官の統制はないも同然です。食糧に不足が生じても、対応できません。特に蒸気船の場合、石炭の消費など影響が大で、補給拠点からの距離が遠いだけに使用量の予測にも支障が出ます。したがって、これまでも報告してきた通り、弁務官が独占的に使用する目的で蒸気艦船をこの駐留地に派遣する場合、特別な独占的提供は、艦船への石炭供給に限定して行われるべきです。私の場合、不完全ながらも石炭の補給を維持するために、艦隊に配属されている蒸気

船の移動でやりくりする苦労が絶えず、頭を悩ます原因となっています。

　海軍省におかれても、私への指令書を参照していただければ、中国の利害関係に干渉するためにこの地を訪れているのではなく、あくまで補給目的の寄港であることをおわかりいただけるはずです。

　さまざま任務とともに、中国に居住するアメリカ市民の生命と財産を力の及ぶ限り適切に警護する任務を追求するなかで、アメリカの弁務官および商人たちとの交流が始まりました。私は事実上、指令を待つことなく、自らの責任において行動していますが、自らの任務を遂行するにあたり、常に良心の求めるままに、アメリカ合衆国の栄誉ならびにアメリカ国民の利益の保護に最も貢献する、と私が判断する行動を展開してきたことは断言できます。

　私が判断を誤ることも、ないわけではありません。その場合には、結果責任を負わねばなりません。公的な任務の目的を追求するにあたって、私が一瞬でも迷いを生じたら、私によせられた信頼に値しない人間ということです。最大限の誠実さと過去の経験が私を導いてくれるのです。

謹白

M・C・ペリー

東インド、中国、日本海域合衆国海軍最高司令官

　ジェイムズ・C・ドビン閣下
　　海軍長官　ワシントンD.C.

| 083 |

[マーシャル公使からペリー提督に宛てた書簡]

広東　1854年1月4日

謹啓

　私の12月26日付書簡に返信された29日付の書簡を受理しております。

　返信のなかで、中国とアメリカの外交関係を管理する私の権限をお認めになったうえで、次のように付け加えておられます。

　「しかしながら、専制政府の存亡をかけて争われている内乱への介入に際して、艦隊の作戦行動は私の裁量において決定すべきことは言うまでもありません。内乱の一方の当事者は、みずからの法律を強制する権限も、協定事項を認めさせる権限もないものの、組織性に富んでおり、より自由で開かれた信仰と政治的立場をかけて勇敢に戦う革命軍です」

　この文面からおのずと推論されるのは、中国の内乱に介入するにあたって、提督の指揮下にある艦隊の一部を使用するという私の提案に提督が抵抗されていることです。さらに言えば、提督が非難する専制政治が発端である事態に、提督が心のこもった称賛の言葉を向けている勇敢な革命軍に敵対する形で関与することを私が要望した、とも読めます。

　先の引用文で述べられた見解は、文章の強い意味合いによって私への偏見をもたらしかねませんので、ご配慮をお願いします。規模の大きさはともあれ、中国の内戦への関与にあたってアメリカ海軍の一部をなんらかの形で使用するという考えは私の意識にはありませんでした。したがって、私が、提督あるいは中国にいるどなたかに向けて、私がそのような望みを抱いていると推論されるようなことは、1行たりとも書いていません。

　自分自身のいかなる言動にも、徹底した中立性を保持する決意をこめてきました。対立する見解に、少しでも根拠を与えるような発

言をしたり、行動したり、書いたりしたことは一切ありません。

　提督の書簡を読む人のほとんどが抱く印象は、私にとっては大いに不公平なものであり、私の公的行為を非難するものと理解されましょう。そのまま放置した場合の被害を防ぐためにも、この文章を添付せずに海軍省公文書保管所に収納することは容認できません。

　要請に応じて私を上海に運ぶ蒸気船の提供を、提督が拒むことの可否について議論するつもりはありません。公使からの要請に対し、提督が指揮下の艦隊による協力をくりかえし辞退した権限行使を認めるか否かの判断は、合衆国大統領の専権事項です。

　提督は、さまざまな理由から拒否されたのでしょうが、そのなかでも、国民を代表する政府の公的行動および政策を検討する特権があるという思いこみが基本にあるようです。今回の事例では、この自負心が高じて途方もない厚かましさに及んでいます。私の考える時期と目標の設定に関して両者間の意見が一致しないことが、提案された進め方への協力を辞退させる理由です、ただし、熟慮を重ねれば別の選択になるかも知れません、とはっきり私に知らせてくるほどですから、こうした印象が生まれます。

　私の見方によれば、権限というものは時と場合によっては危険なものであり、海軍自体にとっても不幸をもたらし、私が所属する文民部局の効率的執行の破壊につながります。

　私には、こうした提督の申し立てに制約を課す権限はなく、遺憾の意を表明して懸命に提督との関係を保持するしかありません。それぞれが仕える部局の公務の範囲に関して、われわれの間には大きな意見の隔たりがあり、中国における外交面の成功には欠かせない海軍との連携を提督が拒否することによって、私の職務を合理的に実行し、精力的に遂行するうえで制限が生じています。

　提督の書簡に書かれた政治的性格をともなう意見表明の唯一の目的は、私が示唆したように海軍の優位性を主張することにあり、もはや論評のしようがありません。政治的課題に関する見解を練りあ

180

げ、外交面の役割を果敢に遂行するうえでの適切な時期と環境を構想する際に、私には方向性の選択を単独で判断する権利があるとの理解に立っていることを、提督は正しく言いあてています。

提督が掲げる政治的理由（これによって、私の中国駐在が政府にとって無用なものとされてしまうのですが）とは別に、私の要請を拒む反対理由として、来春に向けた［日本遠征］計画の実行がすでに始まっていること、ならびに艦隊の一部分離が計画全体に深刻な影響を及ぼすことがあげられています。

艦隊の分離につながる可能性がある「新しい方策」について最初に示唆を受ける際に、提督は、すでに艦隊の重大な作戦行動を実行しつつある司令官の立場におられるわけですから、私としては目前に迫る主要な任務の性格ならびに私がその要求を提起するにいたった環境を諸事実に照らして再度説明するしかありません。この詳細な説明によって、「新たな方策」が、日本遠征に関連するいかなる理由によっても先延ばしできないことが立証されるはずです。

私は11月初旬に上海からマカオに戻りました。上海税関の徴税をめぐって西洋諸列強はさまざまな立場をとっており、中国政府が意図している方向性を私が明瞭に把握することが大いに期待されていました。オーストリアのバーク型帆船ロバート号に関する事実の報告は、私のマカオ到着直後に届き、上海における徴税の件について意見を交わそうと考えて11月23日に、帝国長官に面会を申し入れました。12月8日に、長官は重要な会議を中座し、業務の逼迫を口にしながらも、余裕がありそうな日を改めて指定することを約束してくれました。

12月11日、面談の手間を省いて帝国長官に書簡を送り、徴税の問題全般に言及して、上海での税関手続きがアメリカの商人に不利益な差別的扱いとなっている問題の解決が遅れている事態について指摘しました。同時に、書簡への早急な回答を求めました。

数日のうちに、一連の経緯を提督にお伝えしたうえで、国務省か

らの公式文書を広東で待つことを私は考えていました。蒸気戦艦に乗って広東に足繁く通えば、弁務官としての中国への働きかけを促進することが期待され、アメリカの公使と海軍の相互理解を誇示するためにも望ましい行動であると提督に申しあげました。

　私の示した目的を達成するために、提督は速やかにフリゲート艦ミシシッピ号を（１週間）私の裁量に任せてくれました。私は12月21日に広東に到着し、24日にはミシシッピ号を戻しました。26日まで待ちましたが、帝国長官から回答がなく、29日に蒸気船を使って上海にいる合衆国副領事に指令する私の決断を、長官に通知しました。こうした手順を踏んで、必要な行動をとってきたのです。

　徴税問題に関する私の立場は、アメリカの海運業を最恵国待遇の扱いにすることでしたから、陸海両軍が集結している上海の中国当局による抵抗の可能性はその兆しさえ見過ごしませんでした。事態のなりゆきを提督にお知らせする責務がありますので、ここに書きとめた次第です。

　上海に身をおきたいという願望に触れましたが、環境が変化するたびに揺れ動くさまざまな局面のなかで、副領事に助言と指示ができる優位性を考えたからです。私が蒸気船の提供をお願いした理由も、効率を高め、情勢が逼迫してきたこの時点で艦船を上海に駐留させることによって**中国との衝突を回避する**可能性を高め、アメリカ市民の諸権利を警護する有効な手段を手近に配置するためでした。示威行動にこめた私の意図は、すでに条約によってわが国に帰属しているものを防護することであり、アメリカの商取引と市民の明確な権利を強く主張することでした。上海における関税徴収の現行基準によって強いられている不当な差別も廃絶しなければなりません。

　以上が、海軍の協力が必要とされている限りでの全体状況であり、国務省から私に下された指令の数々を提督にお示ししました。中国在住のアメリカ市民の諸権利、生命、財産を守るために、私には不

眠不休の活動が課されており、提督への情報提供を忘失したり、上海などいずれかの地で海軍の存在が必要とされている事態のなかで、同胞を救援する場所に海軍を配備する機会を逸した場合は、私の任務怠慢であり、弁解のしようもありません。

権利を強く主張するのが私の務めであり、譲歩の余地はありません。規模の大きさ、期間の長さはともかく、「大がかりな示威行動」が必要にならないことを望んでいます。しかしながら、権利を守ることにとどまらず、その完全な享受をアメリカ市民に保証するために必要な手段は私の力が及ぶ限りすべて行使するのが公人たる私の任務です。

提督がなぜ、出航手続きなしでアメリカ船が中国の港を離れる権利についての私の主張を、中国の専制政治に対する提督の嫌悪感の表明や反乱軍への称賛を論議する問題と混同してしまうのか、理解できず困惑しています。

提督が注意を向けるべき唯一の問題は、他の場所で提督が志向する行動と齟齬が生じるかも知れませんが、すでに締結されている条約のもとでのアメリカの商取引にかかわる権利と関連していることも確かです。

私が主張する商業上の権利の全面的な享受を妨害しようとするのは唯一、専制をほしいままにする中国政府の官吏だけです。みずから締結した条約上の約束を守れずに、場合によっては、アメリカの商取引を抑制するために悪あがきし、わが国の国旗を侮辱して、アメリカ市民の権利を踏みにじることにも及びかねません。

私は本国政府からの特別な指令にもとづき行動していますが、周辺地域に駐留する海軍がこの重大な目的に**専念する**との確約を政府から得ています。あくまで慣例的な予防策として、折々の諸事実について提督に情報を伝え、協力を要請しているにすぎません。私の書簡は、日本遠征に向けた提督の準備行動の妨げに**ならないように**願う私の気づかいを示したものと考えていますし、１月10日もし

くは15日まで、蒸気艦船１隻を上海に派遣することが、なぜこうした結果を招いてしまうのか理解できずにいます。

いま香港には３隻の蒸気艦船が駐留していますが、仮に１隻が私を乗せて上海に向かうとしても、そこから琉球諸島への航海は２，３日あれば可能な行程です。あるいは日本への出航が本決まりになったら、上海から合流することも可能です。

私から提督にお送りした覚書に、上海で蒸気船を手放すことができると私が考える時期を明記しました。

提督の計画はすでに作成済みかも知れませんが、私が要請時に指定した期限までに艦隊が琉球に集合できるのか、大変疑わしいと考えています。以前お送りした書簡で触れましたが、私が想定する一連の措置は遅延が許されないことを考慮してください。中国に在住するアメリカ市民の権利を主張する前に、事態の推移を見守るべきだとの考え方にはまったく同意できません。私の要請が突然に拒絶された場合には、わが国の商取引に混乱が生じます。

私としては、同胞の諸権利を要求しているにすぎず、この海域にわが国の軍艦が駐留しない事態になっても、この要求に変わりありません。連邦議会がこの目的に沿って提供した手段を尽くして、同胞の権利の防衛に努力することでしょう。この手段の提供がない場合にも、その権利を強く主張し、行政府の将来の行動に向けて正当性の裏付けを残すことでしょう。

不法な差別の撤廃が実現するまさにそのときに、アメリカ船舶が最恵国待遇の扱いを受ける権利の主張を私が看過してしまうなら、合衆国大統領から強い非難を受けて当然です。予想される困難を回避する手段を行使するための私との連携を、権利主張の最初の時点で、提督が怠ったことを遺憾に思います（私の要請に迅速に反応していただいたことには、いたって満足しておりますが）。**私の主張は以前から一貫しており、今後もくりかえし、継続していきます。**

公的任務をさらに遂行するにあたり、12月28日付で帝国長官か

ら私の書簡への回答があったことをお伝えします。ある法律にもとづき調査し、適切に処理して、不正行為は絶対に排除するよう、揚子江南域責任者に書状を送り、指示することだけは約束してくれました。「こうした不法な差別の悪弊は解消されよう」と付け加えてありましたが、その他の措置の実行は拒んでいます。

この寛大な行為に対して、私から12月31日付で以下のような返書を送りました。

今後、他国の船舶が関税支払いなしで、あるいは当該国の意思決定による手形などの支払い方法で、上海港に入港もしくは通過した場合には、アメリカの船舶も同様に出航手続きの申請なしで出港し、関税が定着するまでアメリカ市民は税の支払いを強要されることはない、という趣旨のものです。

イギリス当局がこれまでの流儀を変えるとは思えないので、中国問題の解決に残された問題はただ、私が述べたような条件でのアメリカ船の出港を認めるか否かにかかっています。現実には、いくつかの事例をもとに決定しなければなりませんが、数日あればすべて片がつく問題です。

私の見るところ、好ましい解決策を実質的に支えるのは、規則の運用開始時に上海に戦艦が駐留していることであり、さらに、私自身が「事態のなりゆき」を監視するために現地にいることでしょう。順調に運用が始まれば、艦隊の一部であれ、引きとめる必要はなくなりますが、妨害が起きて、生命と財産に損害が発生した場合には、連携を辞退した提督の決定を深く悔やむことになりましょう。

提督から届いた書簡の最初の段落には、論評を加える必要があります。

私の広東への居住をもとに提督が推測したことはいずれも、論理的に無理があります。広東が恒久的に公邸を構える地として選ばれたとはいえ（現状はそうではありませんが）、私の存在が必要となるような突然の緊急事態が一時的に、どこかの都市で起きる可能性

を予見するのはさほど困難ではありません。こうした場合、海軍の蒸気艦船が配備されていなければ、これに対処したい気持ちはあっても、手段がともないません。

　私が住まいを構えた事実をもとに、品の良い邸宅に住みたいという願望以上のものを立証するのは無理があります。同様の前提にもとづく第2の提督の推測については、沈黙を守るべきでしょう。なんらかの困難な事態を想定して、広東のアメリカ市民を防衛するために用意された対策に関して、これまで私がとってきた態度と同様です。

　提督の書簡は、私の沈黙と公邸設置を根拠に推測をしているので、不本意ながら言わせていただきます。書面に書かれている通り、広東在住のアメリカ商人の同意のもとに、その権利と財産を警護する手段が採用されたことは承知しているものの、提督の不在中にその対策が作成されたという見解に、私は同意して**いません**。

　その手段とはいかなるものでしょうか？　イギリスの蒸気船は重量150トン、乗組員は20名の船員と10名の中国人、4ポンド砲弾を発射できる大砲を4基装備しています。騒乱が発生した場合、クイーン号には、無事に乗船できたアメリカ市民の女性・子供を輸送する能力は十分あります。しかしながら、居住地で暴徒や強盗団に侵入されたアメリカ市民の生命と財産を守るには、用意された対策では対応することができません。

　とはいえ、広東でどんなことが起きるのか、海軍の積極的な介入が必要になるのか、私を含めて誰にも予知できません。したがって状況を配慮して、すでに提督が作成した対応策に反対するのではなく、沈黙を守ることにしました。また、この案件についての私の沈黙をもとに提督が選択したように思われる結論を除外するだけにとどめて、先に述べたような見解をあえて公言することもしませんでした。

　提督の見解の基調から私が理解するのは、提督が私の南京訪問に

乗り気でないことが私との連携を拒む決定につながった、あるいは影響したということでした。ただし、革命軍への提督の賛辞を考えるなら、戦争勃発ならびにその結果がアメリカ市民の利益に及ぼす影響の見通しについての正確な情報を得ようとする私の決意を、提督が心から好意的に受けとめてくれるに違いないという想像も可能でした。

　中国に関する情報を得たいという欲求は、私のなかで大きな関心事であり、強まる一方でしたが、私の正式な職務になりつつあります。だからといって、私が公的任務のひとつでも無視したり、場合によってはアメリカの中立性に影響を及ぼしかねない行動や立場を示すことが正当化されるはずがありません。

　国を代表する全権大使が乗船するイギリスとフランスの軍艦が駐留し、帝国政府の見解や政府官吏の反論を無視して往来する南京まで、私が揚子江を遡上することが、アメリカ国旗の埋葬と見なされようとは思いもつきません。この時点でのこうした移動が、アメリカの利益に関連して望ましく思われるさまざまな理由を、私の書簡は明らかにしています。

　ただし、南京訪問は私が意図する上海訪問の主目的とはまったく別のものであり、海軍の協力を**必然的に求める**ものではないと述べています。ただし、上海港に蒸気艦船が停泊する間の良好な環境を前提として、護衛への要望を表明したのです。

　しかしながら、海軍からの協力を一切得られず、私ひとりに計画がまかされたままという事態を想像してください。しかも、蒸気艦船の使用を求めた状況に変わりはなかったのです。艦船で送り届けられた上海に一時滞在することによって、アメリカの商取引に深く影響を及ぼす方策を促進することが目的ですが、中国との将来的な関係の基盤にも大いに関係することです。

　十分な理解を願う気持ちのあまり、長文に及んでしまったこの書簡を閉じるにあたって、提督の次期作戦計画を多少なりとも混乱さ

187

せ、提督の艦隊指令を予定の任務から迂回させてしまったことを申し訳なく思います。

　この沿岸部には、上海の軍用スループ型帆船ならびにこの河川を航行する小型船クイーン号以外に部隊が配備されていないなかで、中国側の慎重な対応によって、この地に常駐する艦隊の不在を後悔しないで終わることを願っています。

　私の目的は、自分が支える部局における職務の遂行にあり、提督の日本遠征に向けた行動への干渉にないことは、現在まで一貫しています。提督にはこの部局の必要性をありのままにお示ししましたが、提督の決定を再検討すべきであったと今でも考えています。

　イギリスの商業船でさえ上海に簡単に行けるかどうかわからないほど深刻な不安定の状況にあることを知りましたし、アメリカ船の航行に関する私からの指令が遅滞なくカニンガム副領事に伝わるようにすることがきわめて重要です。

　しかしながら、表明された決定を提督が変えないのであれば、私自身の職務を遂行したうえで、提督の公的行動に対する責任は合衆国大統領の判断にゆだねて、私の手が及ばない結論に従うしか道はありません。

謹白
ハンフリー・マーシャル

　Ｍ・Ｃ・ペリー提督閣下
　　中国、日本海域合衆国海軍最高司令官

084

ペリー提督から海軍長官に宛てた書簡

［書簡番号34］　　　　　合衆国蒸気フリゲート艦サスケハナ号
　　　　　　　　　　　　　香港　1854年1月9日

謹啓

　当艦隊所属の私ならびに士官たちとイギリスの政府当局者、民間人、陸海軍の交流が、思いやりのこもった友好的なものであったことを、大いなる喜びをもって海軍省にご報告します。

　われわれ全員に向けられた公私にわたるもてなしのご厚意に優るものはありません。その礼儀正しさにはできる範囲でお返ししましたが、海外の港で遭遇した大国の公人同士が、相互協調の感情を一層緊密なものにするすばらしい機会となりました。

　フランスおよびロシアについても良好な関係を保っていますが、石炭の供給量に制約があるこの海域にはわれわれの艦隊しか航行していないことが洞察でき、海軍省にはご満足いただけるものと存じます。

　船舶数の少なさと、ヨーロッパからの石炭輸送の困難性から、イギリス、フランス、ロシアの3国には補給態勢がまったくありません。イギリス艦隊の石炭輸送船が到着しない場合には、われわれの貯蔵在庫から譲る事態さえ起きています。無論、イギリスの場合は、引き渡した分が一定期間内に同品質・同量で必ず返却され、貸与をめぐる不都合は生じていません。フランスとロシアには現在のところ、借用分を返却する手段がないため、最大限の配慮と経済性で節約に努めている当方の状況から、貯蔵分からの貸与はあり得ません。

　イギリス海軍の貯蔵所にあるいずれの品目も、私は自由に使用できますが、実際には、めったに味わえないライムジュースを健康保持の目的で多少飲んだ程度です。

　海軍省に宛てた9月1日付書簡（番号19）［本書に収録なし］のなかで、わが国の蒸気艦船を太平洋経由で帰国させる場合の石炭補

189

給の必要性について提言しました。その後、（サンドイッチ諸島の）ホノルルに駐在する合衆国領事から書簡が届きました。私からの照会への返信ですが、ハワイには1年前の私の提言を受けて海上輸送した1,635トンの無煙炭があるが、きわめて重要なことは、いかなる事情であれ、その一部を転用してはならないという指令が領事に下されている、という内容でした。こうしないと、蒸気艦船が補給を期待して寄港したところ、他の目的に使用されてしまったことを知るといった事態が起きてしまうからです。

　海軍省に誇りをもってお伝えしますが、艦隊最高司令官フリートウッド・ペリュー卿は、亡きキング副大統領[41]を追悼して葬礼し、所属の全艦船に終日、半旗を掲げさせたうえ、ご自身の旗艦から分時砲［葬儀中、1分ごとに鳴らす礼砲］を発射されました。

謹白

M・C・ペリー

東インド、中国、日本海域合衆国海軍最高司令官

ジェイムズ・C・ドビン閣下
　海軍長官　ワシントンD.C.

41　ウィリアム・R・キング副大統領　就任1か月後の1853年4月に病死した。

085

ペリー提督から海軍長官に宛てた書簡

［書簡番号36］　　　　　合衆国蒸気フリゲート艦サスケハナ号
　　　　　　　　　　　　　　香港　1854年1月12日
謹啓

　確たる理由があって、マーシャル閣下と交わした書簡の写しの数々を、これまで海軍省に送付してきました。ここに写しを同封した書簡は、私にとって非常に不愉快な経験に終止符をうつことになるものですので、海軍省の書類保管庫にも収納していただきたく存じます。

　上海に駐在する副領事カニンガム氏からの書簡と同じ日付で発信されているウォーカー司令官の書簡ならびにこれに続くウォーカー司令官とハリス主計官の一連の書簡は、カニンガム氏が言及した侮辱行為については、まったく触れていません。また、品格と知性に富むマグフォードなるアメリカ人紳士が昨日、私に断言しましたが、12月31日に上海を離れる2、3日前に、大勢のアメリカ人とともに寧波を訪ねたが、周辺で普段と違う様子は感じられなかったとのことです。

　日本遠征が予定されている私の艦隊の一部を引き離して、中国の沿岸部に派遣しようとする懸命な試みとの関連で、これらの事実に言及しておきます。

　引き続き、軍用スループ型帆船が上海に駐留し、防衛にかかわるすべての目的を十分果たす戦力となることでしょう。

　　　　　　　　　　　　　　　　　　　M・C・ペリー
　　　　　　東インド、中国、日本海域合衆国海軍最高司令官

　ジェイムズ・C・ドビン閣下
　海軍長官　ワシントンD.C.

086

［書簡番号19］　　　　　　　　　　　　　合衆国艦船サラトガ号

　　　　　　　　　　　　　　　　　　　　上海　1853年12月24日

謹啓

　スクーナー船［縦帆式帆船］があわただしく南方の港に向けて出航したことで、時間的余裕がなく、提督から（レディ・マリー・ウッド号［イギリスの定期郵便船］にて）頂戴した今月の12日および13日付書簡の受理通知を発信することしかできませんでした。その際、アダムズ司令官からの私信と記録資料を添付し、改めて折り返し便で返信する旨を申しあげました。

　その日以降、関心をひくようなことはなにも起きていません。カッシーニ号は、今月の18日午後、［フランス公使］ドゥ・ブルボロン氏を乗せて南京から戻りました。ノースチャイナ・ヘラルド紙号外に掲載された同氏の南京訪問を伝える記事をここに同封します。

　　　　　　　　　　　　　　　　　　　　　　　　　　謹白

　　　　　　　　　　　ウィリアム・S・ウォーカー

　　　　　　　　　　　　　　司令官

　　　　ペリー提督閣下

　上記の受理通知の後、27日および29日付でウォーカー司令官、31日付でハリス主計官、から書簡が届いた。

　　　　　　　　　　　　　　　　M・C・ペリー

087

上海駐在副領事Ｅ・カニンガム氏からニンフ号にて届いた
1853年12月24日付書簡の抜粋

　初回会合は、ほぼ間違いなくこの地で開かれるでしょうから、**可能であるなら**、この駐留地のアメリカ海軍が増強されることは大いに望ましく思われます。

　寧波のＤ・Ｂ・マッカーティ氏から届いた情報によれば、複数の中国船を借りたアメリカ人を自称する外国人船員が、現地の小型船に激しく暴力をふるったとのことです。武装して、**護衛船団**を装っていました。海賊船と見られるこの小型船は連行され、貨物を押収後、船体も破壊されたとのことです。小型船は無実の貿易船であるとの申立てが中国人からあり、損害賠償が請求されています。

　私からサラトガ号のウォーカー司令官に、士官１名と兵士の一団を事件のあった港に派遣するよう働きかけました。違反者を逮捕して、アメリカの国旗と評価を侮辱するばかりか、アメリカ人と見なされた船員が、無防備のまま現地住民の手で皆殺しの目にあう事態に発展するのを防ぐことが目的でした。私からは、運搬用に自家用ヨットを無償で提供する旨申し出たのですが、ウォーカー司令官は支援の手を差し伸べることができずにいます。

　こうした次第で、上海と近距離にあり、遊び好きの船員たちにとっては多かれ少なかれ息抜きの場所であるこの港の秩序を維持するため、可能であれば、なんらかの手段を講じるよう要請するものです。

193

|088|

アメリカ合衆国公使館

広東　1854年1月8日

謹啓

　上海の副領事が発信し、本日、当公使館で受理した公式書簡の抜粋を付属資料としてご覧ください。

　緊急の対応を提督に強く求めることが私の職務である、と考えます。

　指摘された不法行為を阻む護衛隊の派遣はウォーカー司令官の手にあまり、いつ発生してもおかしくない緊急事態に、当の部隊では対応不可能と思われます。

　われわれの国民性からすれば、アメリカ人の名前をかたる無法者の集団は迅速に鎮圧し、即座に処罰されてしかるべきです。

謹白

ハンフリー・マーシャル

合衆国弁務官

　M・C・ペリー提督閣下

　　最高司令官

089

合衆国蒸気フリゲート艦サスケハナ号

香港　1854年1月12日

謹啓

　出航に備えて途切れることなく重要な公務が続き、閣下からの今月4日付書簡の受理通知を送信することもままなりませんでした。ここに謹んで、直近にいただいた書簡を含め、返信申しあげる次第です。

　4日付の書簡については、先月29日付で閣下に宛てた私の書簡に書きとめた理由がいまでもそのまま有効であり、そこに示された方向性を変更する必要はありません。しかしながら、あらゆる状況について、最初の発端から政府に知っていただく観点から、昨日の郵便船で閣下の書簡の写しを発送しました。私のすべての行動を詳細に精査していただきたいという私自身の希望もありました。

　カニンガム氏の主張については、先月24日付書簡の抜粋が、今月8日付の閣下の書状に添付されていました。上海からの書簡は、私用を含め数通受理しました。日付は先月の24日、27日、29日、31日です。さらに今月1日に口頭による情報伝達がありましたが、カニンガム氏が記述した事態についてはなにも聞いておりません。さらにウォーカー司令官からは24日付およびそれ以降2通の書簡が届いていますが、カニンガム氏からなにか申し入れがあったとの言及はまったくありません。

　寧波を最近訪問した知性に富むアメリカ紳士にもお会いしましたが、周辺で普段と違う混乱には気づかなかったと話されていました。

　ウォーカー司令官が重要な情報を書簡で伝えないということは考えられません。これまで、上海および近隣地区で発生した興味ある出来事は、すべて詳細に私に知らせてきました。

　添付の抜粋文を参照していただければ、カニンガム氏による記述と類似する事態に直面した場合には、ウォーカー司令官が裁量権をもって対処することがおわかりいただけるはずです。したがって

195

私は、艦長が適切と判断する行動にしたがったものと強く推測します。

　艦長には私から、閣下の８日付書簡の写しを、カニンガム氏の主張とともに送信いたします。

謹白

Ｍ・Ｃ・ペリー

東インド、中国、日本海域合衆国海軍最高司令官

　　ハンフリー・マーシャル閣下
　　中国駐在弁務官　広東

090	————————————————

　ペリー提督からハンフリー・マーシャル閣下に宛てた書簡の抜粋

マカオ　1853年９月29日付

　ウォーカー司令官は福州ないし寧波に向かうよう指示されています。閣下と協議した同司令官が、なんらかの事情により必要と判断した場合には、上海に戻ります。その場合、私としては南方にいる船舶から１隻を手配し、いずれかの場所に急派することになります。沿岸の南北両方向からこのマカオに常時情報が入るなら、派遣も容易に進められます。

091	————————————————

　　ペリー提督からウォーカー司令官に宛てた書簡の抜粋

マカオ　1853年９月30日付

　マーシャル閣下との協議により、仮に、司令官がなんらかの事情

によって、現在の上海駐留地を離れて、寧波あるいは福州の港に向かうことを適切と判断するのであれば、この件に関して裁量権を行使する権限は司令官にあります。

　言うまでもなく、他国の艦隊の駐留が予定されていて、司令官が一時的に上海を離れることが可能という状況が前提条件です。

092

ペリー提督から海軍長官に宛てた書簡

合衆国蒸気フリゲート艦サスケハナ号
香港　1854年1月14日

謹啓

　日本への航海が目前に迫っており、1時間以内に出航する諸準備が完了しました。艦隊の大部分はすでに航路に就いています。

　私の手元には、（昨夜、郵便船で届いた）海軍省から私に宛てた10月28日付書簡があります。その内容は、中国に関する政府見解にもとづき、艦隊の1隻を私の指揮権から分離し、最近、中国弁務官に任命されたR・M・マクレーン氏の裁量にゆだねるように、私に指令するものです。

　この時点でのこうした取り決めは、すでに着手されている私の作戦計画の遂行に重大な支障をきたす不当なものです。艦船相互の連携はきわめて密接なものであり、艦隊の作戦行動を混乱させることは必至です。もし、海軍省として状況の実態に精通し、3隻の艦船を日本に同行させることの重要性を承知しているのであれば、先の日本訪問時と同様に、この命令はただちに取り消されるべきでしょう。

　しかし、命令への服従が私の義務であり、私に課せられた使命の成功に深刻な影響が及ぶことが必至とはいえ、江戸湾に着き次第、

蒸気艦船1隻をマカオに派遣します。中国では、専ら弁務官の便宜に沿って使い方が決められますが、喫水の制約から河川の遡行は、目的がいかに有益であろうと不可能です。

　海軍省に宛てて私からさまざまな書簡を出していますが、いずれも私の主張の正しさを示していることと思います。しかしながら私には選択肢がなく、下された命令に深い失望と落胆を表明することしかできません。

　マクレーン氏がマカオに着いたとき、艦船が待機していない可能性はありますが、公共の利益を最優先させ、できる限り速やかに中国の沿岸部に向かうよう指示を出します。海軍省はこの裁量権行使に反対しないものと確信します——延着によって不都合が生じることはないでしょう。マクレーン氏が多少なりヨーロッパで手間取ることも考えられ、蒸気艦船がほぼ同時に到着し、氏の準備を待つことになるかも知れません。

　この命令が私の期待感を大いに削いだことは認めざるを得ませんが、最善を尽くすことを誓います。

謹白

M・C・ペリー

東インド、中国、日本海域合衆国海軍最高司令官

　ジェイムズ・C・ドビン閣下
　　海軍長官　ワシントン

093

ペリー提督から海軍長官に宛てた書簡

［書簡番号38］　　　　　　合衆国蒸気フリゲート艦サスケハナ号
　　　　　　　　　　　　　琉球、那覇　1854年1月25日
謹啓

　10月28日付の海軍省書簡を受理しました。

　今月14日、全艦船が一斉に蒸気を吹きあげ、パウハタン号およびミシシッピ号がサウサンプトン号とレキシントン号を従えて、香港を出港しようとする最中でした。文面は、艦隊の1隻を私の指揮権から分離し、中国弁務官のR・M・マクレーン氏の裁量にゆだねるようにと命じるものでした。

　私が想像していたものとは異なる海軍省の命令に困惑しましたが、省の意向について熟慮しながら、命令に迅速に従う義務が私には課せられています。要請に応じると同時に、突発的な1隻の離脱による影響を最小限にとどめる方向で対応することとしました。全艦隊で日本に向かうのが当初の予定で、一部はすでに出発した状況でした。

　前回の日本訪問について説明した私の書簡が、海軍省に届いていない可能性があることに気づきました。そのなかで、私の外交手腕を評価して、前回と同様、完全な権限が与えられるとの取り決めに言及していることを理解していただけるよう、皇帝に宛てた私の書簡から以下の部分を抜粋しました。

　　「日本に向けて出航した多数の大型戦艦はまだこの海域には到着していませんが、まもなくのことと思われます。下記署名者は、友好的な意向の証として、比較的小型の艦船4隻のみ率いていますが、必要と判断すれば、より大規模な艦隊を編制して来春に江戸を再訪する考えです」

　当時は、ヴァーモント号その他の艦船が早期に駐留地に到着することを強く確信していました。装備についても正式な通知を受けて

199

いて、各艦長には私への報告を欠かさぬよう命じ、また私からも必要な指令を発していました。したがって、日本再訪時にはかなり大型の艦隊を編制することに確信をもって言及しました。

その後、ヴァーモント号とアレゲイニー号が撤退したとの正式通知がありました。プリマス号は当然ですが上海にとどまり、サラトガ号は帰国に向け準備中です——輸送船２隻の追加は別として、私が日本再訪時に率いる艦隊の編制はこうした実態でした。蒸気艦船１隻が分離された場合、昨年の規模とさして変わりありません。したがって、なにはともあれ、第三の蒸気艦船を登場させることが重要になります。江戸訪問を急がせ、サスケハナ号の雄姿を日本側に数日間誇示することで、これを実現しよう考えています。その後、命令にしたがって、マクレーン氏がマカオに入る前の３月20日、遅くとも25日には入港できるようにします。

来春には日本の海域にアメリカの大艦隊が姿を見せるであろうと当艦隊から、あるいはオランダ、ロシアなど第三国経由で日本側に伝えており、誠意をもって取り決められた私の誓約が履行されないことについて、もっともらしい理由を示すなど私にはできかねます。それでもなお、裁量をまかされた手段の最大限活用が私の義務であり、実際のところ、厳しい非難に価する侮辱的行為ですが、賢明な国民が委縮するほどのことではありません。

中国との外交関係における私と中国駐在弁務官との連携に言及した海軍省の見解に関連して、私が任命された職位にもとづき、私の指令権は権威と影響力において弁務官と対等な関係にあることを確信しています。このことが相互協力の基本にあるべきでしょう。

私を含め司令官全員がひとりの紳士の指揮に従うことができるか、私には想像が及びません。その人物が博学であれ、私よりずっと年下で、未知の国々との国家間交渉の手順には経験が浅いのです。すべて正式な書式により合衆国大統領から私に与えられた外交上の職位は、たとえ、その範囲と一般的な趣旨において、与えられた権

限は小さくても、発令日の優先順位は私にあるはずです。
　しかしながら、45年の長きにわたる海軍勤務が、軍人としての誇りを汚すような終わり方を迎えることは、一瞬たりとも想像できません。そうした意図などあり得ないと確信しますが、事態の推移はこうした推測を招きかねないように思われます。

謹白
M・C・ペリー

東インド、中国、日本海域合衆国海軍最高司令官

　ジェイムズ・C・ドビン閣下
　　海軍長官　ワシントン

パウハタン号

| 094 |

ペリー提督から海軍長官に宛てた書簡

［書簡番号39］　　　　　　　　　合衆国旗艦サスケハナ号
　　　　　　　　　　　　　大琉球、那覇港　1854年1月25日
謹啓

　先月14日に受理したオランダ領東インド総督の書簡の写しに翻訳文を添えてお送りします。

　日本国皇帝の死亡情報についてはすでに、ロシア艦隊の将校から聞き及んでいました。さらに、ロシアの艦隊司令官が長崎から江戸に送付したロシア皇帝の親書に回答がないことについて、わが国と同様の弁明があったことを聞かされました。われわれが昨年6月に江戸湾を訪れた際には良好な健康状態にあると思われた日本国皇帝は、アメリカとロシアの各艦隊が日本沿岸に姿を見せた直後に亡くなったようで、異様な感じがします。また長期にわたる服喪の慣行とこれにともなう公務の遅れが、この帝国の儀礼や慣習を記述する図書に記載されていないことも不思議です。

　中国の法制度は、最高位の階級に属する人々の長男に、7週にわたり享楽、交遊、家業を控えるよう求めています。しかし、皇帝の座の継承者は時間をおかずに政権を引継ぎ、公的な行事は中断されません。

　とはいえ、こうした情報によって以前から用意されていた作戦計画の遂行を停止することはありません。この書簡は、他の書類とともに、物資補給船サプライ号によって上海に回送します。上海でアメリカ行きの郵便船に乗せますが、海軍省との交信はこれを最後に長期にわたり途絶えることになりましょう。この機会を得て、作戦計画の特徴を政府に熟知していただきたいと思います。しかしながら、成功裏に終えるには、多くの不確定要素があることは言うまでもありません。

　周知のように、私の使命の主要目的のひとつは、不慮の事故で日

本の沿岸に漂着したアメリカ市民の処遇に関して日本政府の説明を求め、今後、非道な扱いを合衆国政府は容認しないと宣言することにあります。具体的には——

ひとつあるいは複数の日本の港を、アメリカ船舶に開放させる努力をすること。可能であれば、公正かつ公平な基盤にもとづく帝国との条約締結の交渉にあたること。

私の考えでは、的確な説明ならびに謝罪を引き出し、今後、日本の管理下におかれるすべての漂着者への丁寧な処遇を確約させることは困難ではないでしょう。同様に、帝国の港に停泊する捕鯨船への友好的な処遇と備品補給を約束させます。こうした成果のみが、今次の日本遠征にともない合衆国政府が払う犠牲に報いることになりましょう。

ふたつの目的の達成には、海軍の力に頼らなければなりません。軍を頼みとしない代替策の採用は、日本側の対応によって強いられる場合は別ですが、おそらく、われわれを誤った方向に導くことでしょう。

したがって、特別な指令が発せられない場合には、私が一定の責任を負い、最善と思われる判断をもとに、状況に即応した役割を遂行しなければなりません。

日本政府が交渉を拒み、あるいはアメリカの商人や捕鯨船が避難する港の指定を拒んだ場合には、目的達成のために私としては、アメリカ国旗の監視のもと、**アメリカ市民への侮辱的言動や権利侵害に対する是正要求**を行動の基本にすえて対応する考えです。

私の言動の認否にかかわる政府決定が判明するまでは、帝国の属領である大琉球島は**拘束状態**におかれます。裁定が下されるまで、一切の責任はひとえに私にかかっており、一定の政治的判断として取り組みます。江戸に向けてこの那覇港を出航する前に、こうした方針のもと予備的な措置を講じなければ、ロシアやフランス、おそらくはイギリスに先手を打たれることでしょう。

203

おわかりいただけると思いますが、琉球島の当局者や一般の民衆が不埒な行為や妨害行動に出たり、軍事力を行使することは自衛の場合以外は考えられません。事実上、われわれはすでにこの島で必要とされる支配力を掌中におさめていますが、すべてわれわれの友好的対応ならびに、この島特有の規範や慣行への不干渉によって得られたものです。アメリカは、他の文明国よりも強力に日本への是正要求を主張してきました。海外の領土拡張はわが国の憲法の精神とは相いれないものですが、遠く離れたこの地域におけるわが国の商業的権益は防衛しなければなりません。そのためには、わが国に比べて誠実さに欠ける列強諸国の策動に対抗して、強力な手段に訴える必要も生じます。

　こうした私の現在の立場から、特異な状況がもたらす責任の重さを感じさせられます。合衆国政府ならびに一般国民からよせられている期待は承知しています。日本に関しては、列強の行動に怖気づくことなく、多くの人々が**最も重要な**問題としてとりあげる礼儀作法を厳守し、私の洞察力と断固たる態度の欠如が露呈して**あらゆる方面から**忌避感を表明されることのないよう努めます。

　琉球島の住民とわれわれ一行の友好的関係は、すでに住民の利益に大いに貢献しています。切り詰めた暮らしのなかでも穏やかさを失わないこの島の人々に、強大国であるわが国の庇護がもたらす恩恵は、誰にも予想できません。

　当局者やさまざま階層の実態を注意深く観察してきましたが、うちとけない態度は徐々にやわらぎつつあります。多数の日本の諜報員が監視の目を絶やさず、あらゆる出来事を帝国政府に報告し、特にわれわれ一行に友好的な態度を示す琉球人には、**後日説明する義務を強要**しようとしています。そうしたことがなければ、琉球の人々は喜び勇んで、日本の支配者の圧制から独立する政治的立場を選ぶものと考えられます。

　以前、私の要請に応じて、琉球政府の摂政の命令で石炭倉庫が建

てられ、現在は約700トンの石炭をわが艦隊に補給しています。ま
た、病人や海辺の住まいを必要とする将兵を収容する施設として、
一軒の家屋が提供されました。

　こうした配慮に、畜牛など贈答品の謝礼を渡しても、受けとろう
としません。備品供給の返礼はごく普通のことと言っても相手にさ
れず、備品類の価格さえ教えてくれないのです。

　小笠原諸島については、二見港を出発したときの最後の報告の通
りで、なにひとつ変化はありません。その折の観察記録の内容に、
海軍省の特別な注意を向けていただくとともに、以下のことを申し
述べます。ご満足いただけるかどうかわかりませんが、日本側との
最終合意に到達しない可能性は大いにあり得ます。来たる７月末ま
でに香港に帰還できるよう、本書簡への返信があることを念じてい
ます。

　わが国の正当な要求に日本政府が応じない場合に、この島の占有
に向けさらなる対策を講じるのか、それともすべての要求を断念し
て、この島の当局者や一般住民を見放すのか、海軍省からの指令を
強く要請するものです。わが国の商業的権益とあわせて、無防備で
過度な負担に苦しむ島民を守るために、その他の選択肢はないよう
に思われます。同様に、小笠原諸島に関する指令を要請します。海
軍省に保管されている私からの発信文書ならびにジョージ・ボナム
卿との往復書簡をご覧になれば、この興味ある島嶼への訪問と探索
に私を向かわせた動機をご理解いただけるものと存じます。

謹白
Ｍ・Ｃ・ペリー
東インド、中国、日本海域合衆国海軍最高司令官

　Ｊ・Ｃ・ドビン閣下
　　海軍長官　ワシントン

095

（翻訳文）

バイテンゾルフ[42]
1853年12月23日

提督閣下

　日本に向けて去る7月に出航したオランダ船ヘンドリカ号の船長を務める将官が、今月15日バタヴィア［インドネシア・ジャカルタの旧称］に帰還しました。

　先月の15日まで滞在していた日本［出島］の商館長から得た情報によれば、合衆国大統領の親書を受理して間もなく日本の皇帝が死亡したとのことです。日本政府は、以下のことをアメリカ政府に伝えるようオランダの商館長に要請しました。

　　——日本の儀礼的慣習にしたがい、皇帝が亡くなると多種多様の継続的に行われる服喪の儀式に加えて王位継承に関連する大がかりな準備が必要になること。喪に服する期間中はどれほど重要な公務も執行されないこと。大統領親書は喪があけてから検討に付されること。これに先立ち、この案件に関する意見の聴取が日本全国の知事（封建領主）からもれなく行われること。この目的のために知事は頻繁に江戸に足を運ばなければならないこと。以上のように、すべてにおいて相当な時間を要する。

　日本の政府当局者がわが国の商館長にくりかえし要請したのは、日本政府の意向を合衆国政府に知らせることでした。アメリカ艦隊が提督閣下の予告通りに再訪することを阻むために他なりません。皇帝の逝去という状況下、両国間の数次にわたる協議が避けられず、当局者内部の協議も必要となり、日本側の表現によればアメリカ艦隊にもいら立ち（混乱）が生じかねない懸念があります。

　1852年9月22日付の私の書簡（番号134）のなかで触れた日本政

42　インドネシア・ボゴール市の旧称。

府の要望について、私が提督閣下にお知らせする以上のことに立ち入る必要はないものと考えます。

謹白

デュイマー・ファン・トゥイスト

オランダ領東インド総督

総督の命により副署　　A・プリンス

首席秘書官

ペリー提督閣下
　日本遠征合衆国艦隊司令官

096

合衆国蒸気フリゲート艦サスケハナ号

琉球、那覇　1854年1月23日

謹啓
　閣下の先月23日付書簡を受理しましたことをお知らせします。
　日本国皇帝の死去に関する出島商館長の情報をお知らせいただくとともに、私に課せられた使命の遂行に影響がおよびかねない懸念についても、詳しく教えていただきました。この情報を送付された閣下のご苦労に謝意を申し述べます。とはいえ、私から献呈した大統領の提案事項に日本の現支配者は納得しており、両国の友好的理解を妨げるような方向に傾くことはないものと確信します。

謹白

M・C・ペリー

東インド、中国、日本海域海軍最高司令官

デュイマー・ファン・トゥイスト閣下
　オランダ領東インド総督

207

|097|

海軍長官からペリー提督に宛てた書簡

海軍省
1854年5月30日

謹啓

　大琉球・那覇港から提督が発信された本年1月25日付書簡（番号39）を受理しました。

　提督から提案された二見港に石炭貯蔵庫を確保する方針については、海軍省で高く評価され、承認されています。

　近い将来のそう遠くない日に、小笠原諸島はその地理的な位置関係から、サンドイッチ諸島［ハワイ諸島］あるいはサンフランシスコと中国の上海や香港を結ぶ蒸気船航路にとって、その利便性と重要性が注目されることは疑いありません。

　小笠原諸島に関するジョージ・ボナム卿との往復書簡は、厚情と才能にあふれるものでした。琉球諸島の一角を占拠するという提督の提案は、「**アメリカ市民への侮辱的言動や権利侵害に対する是正要求**を行動の基盤」とし、かつ、「日本政府が交渉を拒み、あるいはアメリカの商人や捕鯨船が避難する港の指定を拒んだ場合には」という仮定にもとづくものですが、当惑を覚えずにはいられません。

　この件についての判断をゆだねられた大統領は、提案の背景にある愛国的な動機を高く評価しているものの、現状をこえる緊急かつ強力な理由が生じない限り、連邦議会の承認なしに、琉球という遠い国のある島を占有し、これを継続することに、あまり乗り気ではありません。仮に将来、抵抗する動きが出て脅威に発展した場合、一度占拠した島の制圧を継続するには難儀をきわめ、島を保有するための軍事力の駐留は不都合で費用も高くつきましょう。

　ご提案にある方策を実行した場合にも、不慮の事態が起きないことを望みます。さらに、提督の熟練度、思慮分別、確かな判断力は、武力に訴えることなく、日本人の無知な頑固さに打ち勝つことを可

能にさせるものと確信します。そのうえで、提督の書簡で示唆され
ている島の占領を避ける方針がより適切なものと思われます。

　わが国の中国弁務官に軍艦の使用を許可した命令が、提督を当惑
させ、あるいは屈辱的な思いを抱かせたのであれば、大変遺憾なこ
とです。海軍省の意図するところと大きな乖離があります。中国の
革命運動については、慎重な判断を弁務官に求めているように思わ
れ、あらゆる便宜を尽くして、祖国アメリカに有利な交渉を進める
べく邁進することが重要性を帯びています。

　さらに付言するなら、提督の率いる艦隊の規模は、提督の予測と
期待を下まわることはあっても、初回遠征時の規模に優っています。

　成功と栄誉を祈ります。

謹白

Ｊ・Ｃ・ドビン

　ペリー提督閣下
　　東インド、中国・香港海域合衆国海軍最高司令官

098

ペリー提督から海軍長官に宛てた書簡

[書簡番号41]　　　　　　　　　　　合衆国旗艦サスケハナ号
　　　　　　　海上にて（北緯30度13分・東経132度15分）[43]
　　　　　　　　　　　　　　　　　　　　1854年2月9日

謹啓

　ジェイムズ・グリン司令官からトマス・Ap・C・ジョーンズ提督に宛てた1850年2月21日付書簡の内容について報告せよ、と海軍省から私への指示がありました。自分の手で検証し、納得のいく情報を得てからと思い、回答が遅れてしまいました。

　その文面でグリン司令官は、現代の航海士に知られていないと思しき島を日本の海域で発見した事実について書いたうえで、その折に自分が艦長を務めていた船の名前を島名にあてる権利を、一定の留保とともに、主張しています。1849年6月に目視され、プレブル号から南東方向に位置すると先の書簡に書かれたこの島は、日本の海図に「大きな島」を意味するオオ-シマ［奄美大島を指す］の名前で載っており、中国の海図ではタ-タオと命名されています。

　同時に、北北西方向に複数の小さな島が見えましたが、1846年にフランスの帆装戦艦サビヌ号のゲラン艦長が調査し、クレオパトラ諸島[44]と命名されました。昨日、航行中の各艦船の甲板から、奄美大島や近接する島々とともにはっきり視認し、スケッチにもおさめました。クレオパトラ諸島といっても、接近したふたつの円錐型の小島で、無人島です。どちらも火山由来であることは明らかで、噴火口がはっきり確認できます。ゲラン氏の試算によると標高は500mをこえています。

　奄美大島は、琉球諸島の北部の島々の中心をなす島です。琉球諸

43　種子島東方100km付近の海上。
44　鹿児島県十島村（トカラ列島）の横当島（よこあてじま）、上ノ根島（かんのねじま）を指すものと考えられている。

210

島[の南]は宮古諸島に接し、[北は]クレオパトラ諸島からはじまるもうひとつの一連の島々につながっていて、フォルモサ[台湾]のほぼ北端から日本の南西端である九州の間に広がっています。

クレオパトラ諸島と奄美大島の位置は、以下の通りです。いずれも、1854年2月8日正午にサスケハナ号の船上で行った交差方位法によるものです。

　　　クレオパトラ諸島の南端　北緯38度48分、東経128度5930秒
　　　奄美大島の北端　北緯28度29分、東経129度30分

宮古諸島には外国船がなんども訪れていて、最近では本艦隊のサラトガ号も寄港し、士官たちが島民の言語、風俗慣習、容貌などを記録しています。大琉球島とほぼ一致しており、宮古島での観察をもとに判断するなら、ひとつながりの列島（おそらく、一定の人口を維持できる基盤がある）には数百年にわたり人が住みついているものと推定されます。

われわれの知るところでは、宮古諸島は大琉球の国王と諮問機関が任命した官吏集団によって統治されていますが、日本やその属領で習慣化している陰湿な嫉妬感情も絡んで、被任命者は頻繁に変わります。また、宮古諸島は琉球に従属し、琉球政府に年毎に税金を納めています。さらに、琉球は日本帝国の封建領土であるとの情報もありますが、薩摩候のみに義務を負っていると主張する著述家もいます。

奄美大島およびこれに隣接し、従属関係にあると思われる徳之島、ラトナ島[加計呂麻島を指すと思われる]、喜界島の住民と統治機関についてはまだ、ほとんど不明な状態です。しかし、これらの島々も大琉球に従属していると推測して間違いないでしょう。大琉球の政府当局は、おそらく、奄美諸島と日本帝国あるいは薩摩候との間に立つ中間的な統治者として権力を行使しているもの、と思われます。

フォン・シーボルトの主張によれば、薩摩候が琉球諸島から相当

な収益を得ているのは明らかで、年間合計で224万ギルダー、つまり90万ドル近くになるとのことです。シーボルトはまた、宮古島、大琉球（つまり沖縄島）および奄美大島を中心とする三つの諸島は、それぞれ琉球諸島の南部、中部、北部と命名されるべきであり、その中央政府は大琉球島の首里に置かれているという見解を述べていますが、私には非常に説得力を感じさせる説です。

　先にも述べたように、台湾から日本本土の間に一連の鎖のような形状で伸びているこれらの島々の地理的位置関係は、交易を苦手とする日本人に格好の便宜を提供する配置になっているように思われます。航海技術に劣る日本人は、船尾が開放的で頑丈さに欠ける船に乗って島伝いに航海し、風下方向にある港には常に注意を払って、悪天候の気配を感じた場合に避難先としているのです。

　奄美大島については、この書簡でより詳しく言及すべきですが、外周は約240km、山が多い点で、琉球島の外観と実によく似ています。フォン・シーボルトをはじめとする著述家の書くところによれば、住民の数が多く、市街地、小さな町、集落がそれぞれ発展し、広くて便利な港が点在しています。われわれが知る限りでは、キリスト教徒の航海者が訪れた形跡がないのが不思議でなりません。**最初の訪問者になることを願う**とともに、この興味深い諸島に関してさらなる情報を海軍省にご報告できればと考えております。

　記録に残っている大琉球の歴史は、12世紀までさかのぼります。琉球国王の家系は、日本の王朝と縁戚関係を結ぶようになりました。島には、広大な規模の城郭の遺跡が残っています。現在の国王一族が住んでいる城は、手入れが行き届いていて、建築物の調和、広がり、強度、規模の大きさなど、古代および中世のヨーロッパで建造された多くの建築物と比べても見劣りしません。

　島の至るところに見られる道路や橋はすばらしい構造物で、栄えた往時をしのばせます。多くの道路は角型の石材で舗装されていて、イタリアの古代都市を思わせるうえ、松などの街路樹が涼しい木陰

212

をつくっています。

　那覇港を防御するために造築されたことが一見して明らかな要塞の遺跡は、琉球の人々が土木技術の面で立ち遅れていなかったことを証明しています。これらの構造物はいまでは兵器を装備していませんが、いざとなれば実際の戦闘に堪えるものです。

　主だった町にはそれぞれ１棟、宿泊用途の大きな建物があり、琉球の言葉で公館と呼ばれていますが、中東のキャラバンサライ（隊商宿）と似ています。この建物の築造と修繕は公費で行われ、旅客はいつでも避難所と一時休憩の場にあてることができました。島の奥地の探査にあたった艦隊の士官たちが現地のガイドに案内されたのもこの公共の宿泊所で、さまざまな手厚いもてなしを受けました。

　すでに入手済みの多くの貴重な海洋地理情報はいずれ海軍省に回送する予定で、その後も絶えず新たな情報をもとに更新しています。これに加えて、本書簡で紹介したさまざまな見解の実例として詳しく触れた島々のスケッチなども用意させる所存です。

　各艦船に備えつけのきわめて不完全な海図を検討した末にグリン司令官が到達した結論に多少の誤りはあるにせよ、海洋地理に関する知識の向上に全力を傾けたいという彼の願望は称賛に値します。

　実際のところ、航海士の議論が沸騰する問題をめぐる調査研究は、こうした観測の積み重ねによるものであり、しかも推測時に依拠するデータが常に正しいとは限りませんから、同様の調査に取り組むと心休まる暇がありません。

謹白

Ｍ・Ｃ・ペリー

東インド、中国、日本海域合衆国海軍最高司令官

　ジェイムズ・Ｃ・ドビン閣下
　海軍長官　ワシントンＤ.Ｃ.

| 099 |

海軍長官からペリー提督に宛てた書簡

海軍省

ワシントン　1854年2月25日

謹啓

　閣下がマカオから発信された1853年12月8日付書簡（番号28）を受理しました。

　第2次日本遠征が終了次第、閣下は東インド艦隊の全艦船を大西洋沿岸に送り出すことになります。ただし、マセドニアン号、パウハタン号、ヴァンダリア号を除きます。

　蒸気船のミシシッピ号およびサスケハナ号は（すでに発令の通り）、サンドイッチ諸島［ハワイ諸島］、サンフランシスコ他を経由して、本国に帰還します。その後、ミシシッピ号はニューヨーク港に、サスケハナ号はフィラデルフィア港に入航します。

　帆船は閣下が最善と判断する経路で帰還させてください。物資輸送船はニューヨーク港に、サラトガ号はボストン港に、プリマス号はノーフォーク港に入航します。

　輸送船には、母国への帰途につく個々の船舶が必要としない備給品を、香港か上海で積載するよう閣下から指令してください。

　帰途につく蒸気船への石炭補給の準備態勢については、いずれ建造局から通知があるはずです。これに関連しますが、石炭消費量が大量に及ぶため蒸気の使用時には経済性に配慮されるよう、海軍省から改めて閣下に要望するとともに、1月13日付の海軍省発信書簡にある指令——緊急時の蒸気船帰還に限って発令されるものです——をくりかえし確認させてください。

　閣下がミシシッピ号もしくは陸路のいずれで本国に帰還するかについては、閣下のご希望次第です。

　閣下の後任が派遣されるまで、アボット艦長に指揮権をゆだねてください。

マシュー副官ならびに同船の乗組員が亡くなったとの風評が伝わっており、省として遺憾の思いですが、いずれ無事が確認されることを信じております。

　　　　　　　　　　　　　　　　　　　　　　　　　謹白
　　　　　　　　　　　　　　　　　　　　　　　J・C・ドビン

　M・C・ペリー
　　東インド、中国海域合衆国艦隊司令官

サラトガ号

| 100 |

ペリー提督から海軍長官に宛てた書簡

[書簡番号42]　　　　　　　　　　合衆国旗艦パウハタン号

江戸湾、横浜沖合　1854年3月20日

謹啓

　私からの1月25日付書簡（番号40）[45]は琉球から回送されたものです。プリマス号を除き上海に駐留していた全艦隊が、江戸湾の奥深く、日本の首都から数km圏内の投錨地点に集結しています。

　この海域を再訪して以来、日本政府との相互理解につながる友好的手段を残らず利用することに奔走する日々が続いており、これまでのところ、期待以上の成功をおさめています。

　私との交渉役を皇帝から任命された複数の交渉委員との間に誠心誠意の友好関係が確立され、さまざまな困難を排し、予期した通りの成果をあげて日本遠征が終了するものと心強く確信しています。

　これまでの経緯から判断すると安心して良いと思われますが、私が交渉相手とする人々の性格からすると、ちょっとした面倒な出来事が争点に発展して、現在の友好関係が損なわれ無に帰すこともあり得ますので、油断は禁物です。各艦船には、あらゆる事態を想定して不断の準備をさせ、帝国の高官たちの頑な態度をなだめるために率先垂範の精神で努力を尽くすよう指示しています。われわれとの密接な関係を望んでいるように思われる下級官吏との接触にあたっても同様です。

　同封した覚書や文書類を精読されれば、今次遠征の目的達成に向けてわれわれが大きく前進をとげていることが海軍省にもおわかりいただけます。記録資料全体はあまりに膨大で、通常の書簡におさまりませんので今回は、以前と同様、ここに提示する形で最も重要な記録についてご説明します。

45　番号39の誤りと思われる。

サスケハナ号は、10月28日付海軍省指令にしたがって、本日香港に向けて出航しました。

今月23日に予定されている、松前港に関する回答の場とされた交渉委員との会見まで出航を延ばしたい、との考えが私にあったわけではありません。しかし、マクレーン氏の本国出発が、最後に海軍省が発信した12月12日以降までずれ込んだとの情報を確認していますから、氏との合流には間にあうはずです。

ヴァンダリア号とサウサンプトン号は下田に向けて今朝、出航しました。陸路で江戸から派遣されてくる日本の役人と現地で落ち合いますが、下田港がアメリカ船舶の停泊地として適しているかを検証するための詳細な調査も行います。

無論、私自身も下田港を訪れる予定ですが、いまのところ、交渉委員との面会を先延ばしすることはできません。

（追記）３月23日木曜日──同封の覚書に記したように、交渉委員との会合は実現しませんでした。原因は、日本側の日付の誤認ですが、北方の港を開放せよという私の要求への回答が届けられました。

ご覧の通り、この提案に条件付きで同意しましたので、交渉の最終結果をサラトガ号に乗せてご報告します。いまは、私に締結の権限がある条約文を移送するアダムズ司令官のサラトガ号の到着を待っているところです。帰途はパナマ［から陸路］経由で、ボストンをめざすことになりましょう。

ここでお伝えしておきます。皇帝の死亡情報については確認されましたが、これにともなう行事がわれわれの交渉事の進行を妨げたり、混乱が生じたりすることは皆無でした。

ロシア人が最近長崎を訪れた際に、日本政府と条約を締結したという風説が上海で流れていましたが、まったく根拠がないものです。確信がありますので、ここに正式にお伝えします。

謹白

M・C・ペリー
東インド、中国、日本海域合衆国海軍最高司令官

J・C・ドビン閣下
　海軍長官　ワシントンD.C.

101

M・C・ペリー提督が率いる合衆国艦隊が
第2次日本訪問の際に対応した事項についての覚書

　縦一列をなすレキシントン号、ヴァンダリア号、マセドニアン号は、それぞれサスケハナ号、パウハタン号、ミシシッピ号を後ろに従えて航海を続け、2月13日午後2時前後、浦賀沖に到着した。
　昨年7月にも私［ペリー］から同様の命令を発したが、沿岸からの通信への応答は一切不許可とした。浦賀沖合を通過する各艦船が政府側の小型船から妨害を受けることはなかったものの、船上の士官たちには海岸線に近づかないよう手ぶりで合図が送られてきた。
　その一方で、艦隊の集合場所として私が指示した場所、わが国の海図では「アメリカ停泊地」と呼ばれ、先にあげた6隻の艦船が投錨し、先着したサウサンプトン号が停泊中の場所まで小型船が追跡してきた。
　さほど時間をおかず、政府あるいは現地役人の小型船が旗艦の舷側に横づけし、乗船を認めてほしい旨の政府筋の要請状が掲げられた。しかし私は、上海への帰還を準備するサスケハナ号から旗艦をパウハタン号に変更するために、艦長室の移動をすませたところであり、下級の役人との面会には応じないとの原則を保持して、艦長室に招き入れることは許さず、パウハタン号艦上で応対するよう指示した。

218

これにもとづき、アダムズ艦長はウィリアムズとポートマンの両通訳、私の秘書官ペリー（秘書官）を引きつれてパウハタン号に移動した。アダムズ艦長には、日本側の言い分をすべて聞きとる一方、不必要な情報伝達や約束事は一切しないよう明確な特別指令を私から発していた。

　身分が中位の役人と思われる者たちが、付き添ってきたオランダ人通訳を介して言うところによれば、皇帝はわれわれの到着に期待をよせており、友好的にわれわれを歓待するよう命じたうえで、昨年7月に献じられた大統領の提案事項について私と面会し協議する交渉委員の高官を指名した。浦賀から30kmあまり離れ、マセドニアン号が沖合を航行したことのある鎌倉という町が会合場所として指定された。

　以前、マセドニアン号の窮地を救うことに全力を傾けるために鎌倉沖合に停泊したことがあり、この場所に艦船を向かわせることの不合理さを十分理解し、日本側の巧妙な意図も疑われたので、会見にはまったく適さない場所であると回答するよう、アダムズ艦長に指示した。

　この回答を日本側は明らかに予想していて、少し難癖をつけたうえで以下のように明言した。――皇帝は鎌倉を気にいっているが、浦賀での交渉開催には強く反対していない。この目的に使う1棟の仮設建物（パビリオン）を浦賀に建設中であるのは事実であり、提督を応接する交渉委員の高官数名が指名されている。だが、面談が終わり次第、全艦隊は浦賀の沖合に戻り、停泊を続ける必要がある。

　私はこの提案に、気候が荒れ気味の季節に停泊を続行する不便さと現実的危険性をあげて拒絶した。さらに以下の事柄を申し入れた。

　私は江戸に赴く、あるいは可能な限り艦隊を江戸に接近させる職務を自覚していること。投錨地は江戸湾の奥まった場所が好ましい

46　提督の三男オリヴァー・H・ペリー。

こと、ミシシッピ号の水漏れを修復するために、さらには、沿岸停泊中に潜水装置のあるマセドニアン号の底部を検査し、損傷部を診断するためにも、波のおだやかな場所での停泊が望ましいこと。

日本側の回答は、浦賀が会合の開催にふさわしい唯一の場所であり、皇帝はその趣旨の命令を発していて変更は不可、であるというものであった。

交渉のこの段階でアダムズ艦長は、日本側の見えすいた最後通告を私に伝えるためにペリー秘書官を帰艦させた。これに対し、私は以下の趣旨の伝言を秘書官に託して、即刻戻るよう命じた。

――すでに述べた理由で、私は浦賀には行かないが、艦隊が投錨するアメリカ停泊地と江戸の中間地点での交渉委員との会見には同意する。艦隊の現駐留地点から後退するつもりはなく、むしろ江戸湾のさらに奥に移動する強い意向をもっている。

続行された面談交渉のなかで、お互いをたたえ合う言動が両国の担当官の間でしきりに交わされ、軽食・飲み物の提供に加えて、日本側から物資補給の申し出があった。ただし、私の指令を忠実に守り、なにひとつ譲歩はしなかった。

15日には、同じ役人がお付きの者を従えてパウハタン号に再来し、アダムズ艦長が前回同様の補佐役とともに応接した。浦賀への艦隊の移動をめぐって同じ議論がむし返され、平行線をたどった。薪や水をはじめ飲食物などを補給する申し出が再度あり、十分足りているが、いずれ薪や水などの不足が生じた場合でも、代価の支払いを辞退するなど等価物を受けとらない限り、艦船への積み込みは一切認めないと回答した。合衆国政府は、海軍への提供品についてはすべて対価の支払いを原則としており、無償での受領には応じられない旨の理由も説明した。

役人一行は16日と18日にもパウハタン号を訪れて、ことさらに私の健康状態を訊ね、生牡蠣や卵、菓子類などを手土産に持参したが、実際には、浦賀への艦隊の移動を説得する議論のむし返しが目

的だった。妥協策として、私が艦船1隻か2隻をともなって浦賀に行くことが提案されたが、聞きいれなかった。

　最初に決めた立場を少しでも後退させるなら、日本側に優位を与えたと理解されるに違いないと私は確信していた。ひとつの事例で変更が可能と知ったら、交渉中の他の事柄でも、粘り強くやればなんとかなると思わせてしまう。抵抗を貫き従順な様子を見せずに、理不尽な頑固さをよそおうことが確かな策と思われた。

　日本側に与える印象が今後の交渉の方向性を左右すると確信した私の決断の正しさは、結果が示してくれるはず。きわめて狡猾で口のうまい人々との交渉を進めるに際し、文明国でも未開の地域でも見知らぬ土地の住民との交流を決して制限させない、という以前の体験で得た教訓が有効だった。この経験が私に残した戒めは、さまざまな人々とかかわる場合、儀礼的な行事はすべて棚上げにするか、ヘロデ王にも劣らない尊大さと力を誇示するかの選択が求められるというものだった。

　私はふたつの極端な道を選んだ——ひとつは、適切にできる場合に限り、豪華さを見せつける方法、もうひとつは、わが国の憲法の精神と矛盾する場合には、こうした誇示を避けること。そのうえで、日本の役人と面会する際は、いかなる場合にも、地位にかかわりなく完全に対等の関係を守り、個人としての優位性は決して意識しないこと。

　政策的動機からも、私の立場をより大きく見せるために、これまでは意識的に下級官吏とは一切接触せず、帝国の諸侯以外の人物とは協議しないことを知らしめてきた。これまでのところ、かなり極端な交渉術を継続することで、予想をこえる成功をおさめ、かなり優位な立場を確保したと信じている。

　私の意図するところを誤解されないよう、以下の注意書きを作成し、日本側に提示するよう命じた。

221

合衆国蒸気フリゲート艦パウハタン号
江戸湾、アメリカ停泊地　1854年2月18日

　提督は、あらゆる国々の慣習に準じて、江戸で応接されることを
期待する。
　各艦船の大きさと多大な経済価値を考慮すると、浦賀沖の投錨地
には戻れず、この停泊地に留まることもできない。それゆえ提督は、
江戸に向けて湾の奥深く、艦船の安全が確保できる海域に進んで行
かざるを得ない。
　大きな権限を有する人物（行政長官）が、船の停泊地点に近い場
所でアダムズ艦長と面談するにふさわしい地位の官吏を指名し、提
督と会見する日時と場所を決定するのであれば、来週火曜日の正午
までにわれわれに通知する必要がある。
　提督は、大きな権限を有する人物に、船舶1隻を提供して自由に
使ってもらい、さらに会見場所まで船で案内して、希望により浦賀
まで送ることができれば喜ばしいと言っている。
　指名された官吏がアダムズ艦長と面談するために訪れる際には、
相応の権限を有していることを証する書状を持参することが望まし
い。さらに、面談場所にアダムズ艦長を案内する人物の派遣が必須
である。

　日本側官吏は19日（日曜日）、軽食・飲料を手土産にパウハタン
号を訪れた。アメリカ人にとって日曜は特別な休息日と説明したが、
低温の荒天のなか友好的任務で足を運ばせたこともあり、丁重に迎
え入れた。ただし今後は、公式の交渉を安息日に行うことはない。
　この面会の際、首席通訳のひとりが、他の面々が退席した後、ア
ダムズ艦長を隅に呼びよせ、皇帝が大統領の提案事項を受理し、前

向きに検討するよう交渉委員に指示したとの極秘情報を伝えた。ただし、私が浦賀での会見に同意しなければ、事態はなにも進展しないとのことだった。

　前日の自分たちの提案に納得のいく回答が得られなかった日本の官吏は再度、20日、パウハタン号を訪れた。私との会見を期待して浦賀にとどまっている交渉委員に敬意を表して、アダムズ艦長を面談のために浦賀に派遣することを通告した。そのうえで、私自身は浦賀に行かない旨の書状を渡し、納得させるつもりだった。すると21日に、同じ面々がアダムズ艦長を訪ねてきて、浦賀に案内したうえで日本の交渉委員に引き合わせようとした。ヴァンダリア号への乗船を勧めると、これに応じた。

　アダムズ艦長が私から託された短信を運搬した。以下はその写しである。

　　103

［短信の写し］

合衆国旗艦パウハタン号

江戸湾、アメリカ停泊地　1854年2月20日

　下記署名者は、昨年7月に献上した合衆国大統領の提案事項に、帝国の御前会議が誠意を尽くして回答するとの決定を下したことを、当旗艦を以前訪問した皇帝配下の官吏から知らされました。喜ばしい限りです。

　浦賀の停泊地は安全性に欠けるうえに不便でもあり、署名者が率いる艦隊の蒸気船の大きさと経済価値を考慮すると、浦賀への移動が理にかなっているとは思えません。むしろ、江戸湾の奥にある広大な港を探す必要性を感じています。

　署名者は江戸の地に踏み入ることを命じられており、江戸の市街地にできる限り近づくことを要望します。相互連絡の態勢もさらに改善され、大統領から皇帝への贈答品の数々を整理してご覧に入れ

223

ることも可能になりましょう。署名者に課せられた任務はきわめて友好的な性格のものであり、政府所在地で歓迎式典(レセプション)を開催することに異論はありません。ヨーロッパならびにアメリカなどすべての国々の慣習にならって、蒸気艦船が江戸市街近くに到着し、係留に適した地点を確保した際には、ご希望があれば帝国御前会議の名のある方々を船上にお迎えし、艦船内を視察して、機械装置が動く様子などをご覧いただきたく存じます。

　この書簡を当艦隊のＨ・Ａ・アダムズ司令官に託しますが、署名者あての提案文書を受理する権限を与えております。さらに、当艦隊の１隻を皇帝配下の交渉委員に自由に使用させることも司令官の判断次第で可能になります。

謹白

Ｍ・Ｃ・ペリー

東インド、中国、日本海域合衆国海軍最高司令官

────────────────

　[21日は]朝のうち無風状態で、ヴァンダリア号は正午近くまで出動を見あわせていた。出航後、浦賀に着く前になって、南西方向からの強烈な向かい風が入港の妨げとなり、ルビコン岬[旗山崎]付近に投錨する必要に迫られた。アダムズ艦長の一行は翌22日まで上陸できなかった。

　艦長は、交渉委員のひとりである伊澤美作候(ミマサカ)から、歓迎式典のために建てられた仮設建物に丁重に迎え入れられ、私が託した短信を差し出した。回答は翌日に手渡す、とのことだった。軽くご馳走になってからヴァンダリア号に戻ったが、帰艦直前に再び強い風が吹きはじめ、ポープ司令官を心配させた。投錨地は吹きさらしの状態になり、安全な場所でないことがはっきりした。

　アダムズ艦長は、会見場所として建てられた建物の位置を詳しく

224

観察した。海岸近くの両側が絶壁になっている場所で、まわりを囲むように杭が打ちこまれていた。この様子を聞いた私は即座に、こうした閉鎖的な環境は容認できないと断言した。私が浦賀に上陸した場合、真っ先にこの障壁の取り壊しを命じることになると日本側に念を押したことがアダムズ艦長から報告された。

22日には［初代大統領］ワシントンの誕生日を祝して、艦隊の全艦船が恒例の礼砲を発射した。許可を得た大勢の日本の紳士が旗艦の船上で、この礼砲を見物し、大変な興味を示していた。ワシントンの名前を知っている者がいても、その経歴や人柄についての知識はごく曖昧なものだった。

アダムズ艦長の今回の訪問の成果にはほとんど期待できなかったので、優位な立場を確保する狙いから、威嚇的な行動をとることを決断し、アダムズ艦長の不在中に、江戸の街並みが見える距離に艦隊を移動させた。夜間には、街で鐘を打つ音がはっきり聴こえるほどの近さだった。

江戸湾に艦隊が投錨したとき以来、複数の測量船を使って、この壮大な海面の奥まった区域を絶えず探査させていたことを、ここに書きとめておく。

警戒のための小型船が、艦船の前方を航行し続けていた。私の書簡に対する日本の交渉委員からの回答を受理するよう命じられたアダムズ艦長が乗るヴァンダリア号が旗艦と再合流したとき、小型船は視界から消えていて、江戸の市街にさらに接近した測量調査を実行中だった。この回答書は、浦賀以外の場所での協議開催を不可とするものだったが、私が手にしたのは、浦賀奉行の香山栄左衛門がパウハタン号の船上に姿を見せるまで1時間もない頃だった。私の回答を受けとるためと言ったが、別の目的があることがすぐに判明した。

以下、交渉委員の返書を翻訳して記載する。

225

104

［林大学頭からペリー提督に宛てた回答書（翻訳文）］

　　M・C・ペリー提督閣下
　日本国皇帝の特命全権大使である下記署名者は、提督閣下の書簡を精読し、以下を回答として申し述べます。
　提督閣下が江戸に赴き、ヨーロッパとアメリカの慣習に準じて歓待されるのは当然のことです。日本の慣習では、全権大使に権限が付与され、外国からの大使に敬意を表して歓迎式典を開催する施設を用意します。
　皇帝がわれわれを浦賀に派遣したのは、最大の栄誉をもって提督をお迎えし、日本式のおもてなしを提供するとともに、皇帝の命じる場所で会見を行うためです。諸外国の慣わしにならうものではありません。
　このことをご理解いただきたく存じます。提督には浦賀にお越しいただき、その地で、先に述べた施設にてわれわれと面談なされるよう希望しております。
　皇帝の命令とわれわれの願いにもとづいて、提督閣下と友好的な会合をもつことができれば、喜ばしい限りです。

　　　　　　　　　　　　　　　　　　　　　　　　　　謹白
　　　　　　　　　　　　　　　　　　　　　　　　林大学頭
　　　　　　　　　　　　1854年正月27日［日本暦による］

　［香山］栄左衛門は最初に、私が依然として浦賀に戻るつもりはないかを聞いてきた。断定的な調子で答えると、改めて補給品の申し出があり、薪と水の提供を受けると伝えた。これに加えて、さまざまな海産物を喜んで提供する用意があると言われたが、浦賀でしか調達できないとのことだった。浦賀に行くつもりはなく、日本側

が水を供給しないのであれば、私としては海岸に船を派遣し、なんらかの手段で手に入れるであろうと伝えた。

　私が目標を頑なに変えず、江戸にさらに接近しようとする様子を見て、態度を一変させた栄左衛門は、会合場所をめぐって交渉委員が以前提示した見せかけの最後通告をあきらめ、代案として、艦船の真向かいの位置にある非常に便利の良い場所を提案してきた。この提案に私は即座に同意した。あらゆる点で私の意向に合致し、江戸にも近く、海岸から1.5kmほどの距離にある投錨地点は安全で広々としており、贈答品の陸揚げと展示の準備にも十分な空間の確保が見こめた。

　ここで、日本人の不誠実なふるまいについて詳しく述べることにする。最近10日間、江戸湾の奥へ艦船を進めようとするわれわれの動きに、彼らは可能な限りの妨害工作を仕向け、あらゆる手段を尽くして浦賀に戻るよう説得を試みた。甘い言葉に私が耳を貸さず、首都から1.5km圏内まで接近したことがわかると、突然、譲れない一線と言い張ってきた立場をかなぐり捨て、対等の精神で成功に向けて粘り強く問題解決にあたってきた私の主張に、無条件で譲歩すると申し入れてきた。

　この最終的提案の受けいれを決定する前に、アダムズ司令官を士官数名とともに派遣し、会見場所の最終候補地を確認させたところ、時間をおかず帰艦し、大いに喜ばしい報告があった。直後に、測量船が帰ってきて、江戸から6〜7kmの圏内に水深が10mをこえる地点を発見したとの情報を伝えた。日本側が態度を急変させた理由が即座に判明した。

　会見の最終候補地を正確に把握できたうえ、水深が許す限り首都江戸に艦船で接近する可能性を確認した私は、前段の準備に満足して、すぐに下記の書簡を用意した。会見の初日に交渉委員に手渡すもので、アダムズ艦長が浦賀から持参した私宛ての回答書に対する書簡である。

227

| 105 |

［ペリー提督から林大学頭に宛てた書簡］

合衆国旗艦パウハタン号

江戸湾、横浜沖停泊地にて　1854年3月1日

謹啓

　浦賀から発信された貴下の書簡は、アダムズ艦長を通じて確かに受理しております。

　浦賀に戻ることに同意しない私の意向を確認されてまもなく、現在の艦隊停泊地と真向かいに位置する村で交渉を進めるとの提案が香山栄左衛門氏からありました。

　わが国の栄誉と利益に合致するのであれば、どのような形であれ、貴殿のご要望にお応えする気持ちがあります。ご指定の場所があらゆる点で目的にかなうことを知り、ただちに私は、交渉が完了するまで江戸訪問を延期することを承諾しました。

　測量船による調査によって、江戸市街の近くまで航行できることが判明しており、いずれ機会を見て停泊し、礼砲などにより皇帝の栄誉をたたえ、王宮の全容を拝見することを考えております。蒸気艦船や船内の機械装置の見学を希望されている有力者の方々の訪問にも便利な場所にあり、心から丁重にお迎えすることは言うまでもありません。

謹白

M・C・ペリー

東インド、中国、日本海域合衆国海軍最高司令官

日本特派全権大使

　　林大学頭閣下

─────────────

　アメリカ人の品位を少しでも貶めるようなことがあれば合意などしないし、オランダ人が強いられている屈従的制約を少しでも認め

るような取り決めは一瞬たりとも検討に値しない、これが私の基本的態度であった。

気象条件が許す限り、測量船を出して投錨地近辺の調査を続行した。会見場所として合意された場所は、1棟の公共施設を建築中の地点とは正反対の方角にあたる。先に歓迎すべき報告を受けた私は、横浜から1〜2km圏内の場所で、艦隊を横一列に並べるよう指令し、延長8kmに及ぶ海岸線が重砲の射程に入ることを確認した。

停泊地点からは、変わった形の大きな建築物を建造する仕事に大勢の労働者が従事する様子が観察できた。浦賀の工事を中止して、こちらの仕事にかかったものと思われた。

尊大な態度は、主張を譲らなかった私に向けられたものかも知れない。会見の場所を変更し、帝国の4人の諸侯を艦隊の意向に従わせ、政府には別の建築物を建てる面倒と出費を負わせた私の判断に対抗する態度である。だが、私としては慎重な検討の末に決定された一連の方針を忠実に実行したにすぎず、これまでのところ順調に推移している。

艦船が所定の位置についてまもなく、日本の役人が旗艦を訪れ、建物が完成次第、帝国の交渉委員が私を歓待する用意があると告げた。彼らは毎日、旗艦に姿を見せ、皇帝から私と交渉する権限を与えられた高官数人の名前を明らかにした。

以下、その名前と職名を列挙する。

　　林（大学頭）　御前会議の一員
　　井戸対馬守
　　伊澤美作守
　　鵜殿（民部少輔）　財務官

これに続いて5番目に松崎満太郎が加わり、当方は私ひとりなので人数比は1対5だ。

林大学頭

やがて建物は完成し、家具類が運びこまれた。5人の交渉委員が3月8日水曜日の正午に私を応接する用意がある、との正式通知があった。これに応じて、艦隊ではさまざまな準備にとりかかり、2度目の日本上陸の機会を際立ったものにするために、艦隊の威容を誇示しようと考えた。こうした演出の重要性と心理的影響力はよく理解していた。

当日の午前11時半、総勢500人にのぼる士官、水夫、海兵隊員の護衛団一行が完全武装で27隻の艀（はしけ）に分乗し、ブキャナン司令官の指揮のもと、一列横隊で整然と海岸に上陸した。護衛団の上陸を確認して将官艇に乗りこんだ私は、見送りの敬礼のなか、海岸をめざした。

上陸すると、護衛団と日本側の役人一行に迎えられ、会議のために用意された集会所に案内された。5人の交渉委員が待機していて、首席格の人物の真向かいの席を指示された。

このときに合わせて、皇帝に敬意を表する21発の礼砲、さらに列席の交渉委員に向けて17発の礼砲が発射された。この上陸時の示威行動は、すでに述べてきた理由による政治判断から行われた。

礼儀を尽くした挨拶の後、必要な用件を円滑に進めるために用意された奥の部屋に随行員とともに移るよう促された。これに応じて、ブキャナン艦長、通訳2名、秘書官を従えて、大広間から仕切られ、入口に旗を掲げた部屋に交渉委員たちとともに移動した。

飲み物が出された後で、昨年7月の大統領親書への返書が私に手渡され、通訳のポートマンがオランダ語から翻訳した内容に、私が口頭で応答した。帝国政府との協議にかけるために事前に準備していた条約の草案を、首席格の交渉委員に手渡した。

3枚の書類が添えてあり、1枚目は首席交渉委員が浦賀から私宛てに発信した回答書への返書で、添付した写しにBの記号を付したもの。2枚目は、合衆国と日本の間で互恵的な盟約を締結する方針に関連する私の見解を記述したもので、添付した写しにCの記号を

付した。同様にD記号を付した3枚目は、交渉遂行にあたる私の真意を詳しく綴った無署名の文書で、さらに、艦隊に関連する日本の法規の一部を緩和する要望も書かれていた。

　たまたま、この面談協議の2日前にミシシッピ号所属の海兵隊員が死亡したことから、真っ先に遺体の埋葬について論議する必要があった。この件では難航が予想され、数多くある墓地への埋葬を日本側が拒んだ場合は、わが国の海図にウェブスター島［夏島。現在は横須賀市内の埋立地］と記されたアメリカ停泊地に近い小島への埋葬を心に決めていた。遺体を地中に埋めれば、掘り返される心配がなかった。停泊中にさらに死者が出る可能性もあり、格好の埋葬地となる。私としては、いくつかの隠された目的のために、この島に関心が高まることを懸念する特別の理由があった。

　この提案は日本の交渉委員を困惑させたようで、内輪の相談をしていたかと思うと、この問題を協議するために席を離れてしまった。部屋を出る際には、戻ってくるまで、日本の料理を味わってほしいと勧められた。

　ありがたいことだが、会食は多くの国々で友好のあかしと見なされ、交渉委員が食事を共にしてくれるなら、われわれの考えるもてなしにふさわしい、と私から意見を述べた。すると、外国の習慣には詳しくないが、喜んで食事を共にしようという答えが返ってきた。こう言って、全員が席をはずしたが、まもなく、序列2番目と3番目の委員が戻ってきて、軽食が出された。ところが、親切心と人の良さを全身であらわしながら、再び姿を消した。

　あまり時間をおかず、委員全員が席につき、埋葬に関する要請への回答文が首席委員から渡された。趣旨は、長崎のある寺院が外国人の埋葬地にあてられているので、機会をみて遺体を浦賀に移せば、日本の船で長崎まで移送できる、というものだった。私はこれに異議を唱え、死者が安らかに眠る場所はすべての国で認められていると述べてから、小型船で遺体を運び、ウェブスター島に埋葬するこ

231

とを提案した。

　日本側は強く反発し、内輪での議論にかなりの時間を費やしてから、ようやく横浜のある寺院に隣接する場所への埋葬に同意した。さらに、見なれない光景に大勢の人が押しかける恐れがあり、当日の朝、ミシシッピ号に当局の役人を派遣し、葬儀に同行させるとの発言があった。

　この取り決めにしたがって翌日、通訳のひとりが訪れて、通常の手順を踏んで遺体を陸地に運び、アメリカ聖公会の形式にならった宗教的儀礼に準じて、日本の寺院近くの墓地に埋葬した。以前からあったものか、こぎれいな竹の囲いが日本の当局によって設置されていた。

　この面談協議の翌日、大統領親書への正式な返書が、オランダ語の翻訳文を添えて、私のもとに届いた。——返書の英訳版にE記号を、私の回答文の写しにF記号を付して、同封回送した。

　これを読むと、帝国政府には予期した以上に譲歩の用意があることがわかる。さらに優位に事が進むことを期待しながら、具体的な条約の締結を強く要求することが得策と考えた。

　大統領親書への返書を受けとる際に、13日月曜日に交渉委員が贈答品を受理する用意があると伝えられた。これにしたがい、儀礼式典のなかアボット艦長の指揮のもと、24隻の小型船により贈答品の陸揚げが行われ、会見場に隣接する建物になにごともなく運びこまれた。艦隊から数名の技師と熟練工が派遣され、さまざまな物の組み立てや、日本人が実際に使うのを手助けする仕事にあたった。

　贈答品が陸揚げされた13日に、私から日本側の交渉委員に連絡し、15日に会見場で再会することを要請した。私の承認と署名が求められている条約のいくつかの項目についての議論が目的だった。日本側の回答は、木曜日までは仕事が重なっているが、好天の日が好ましいとのことだった。使者によると、交渉委員は悪天候の日の外出は好まないらしい。

木曜当日は荒れ模様の天気で、会合は翌17日に延期された。交渉委員は神奈川港から正午頃に到着したが、多くの旗を飾りつけて、艀というより壮大な帆船のような趣だった。

上陸するとすぐに、話し合いのために用意された小部屋に案内され、ただちに用件にとりかかった。オランダ語で書かれた1枚の文書が差し出されたが、以前送られてきた中国語で書かれたものと同様の趣旨だった。通訳のウィリアムズが中国語から英訳したが、オランダ語版の写しと比較対照しながら読むと、私が提示した回答について、それぞれ以下のように書かれていた。

<u>106</u>
ペリー提督の回答に対する日本側交渉委員の提案

第1の日本の提案

明年1月から、アメリカの艦船が必要とする、薪、水、食糧、石炭などさまざまな日本の産物が長崎で入手可能です。さらに、その5年後には、別の藩の港が開放され、船舶を受けいれます。

　　　覚書――これらの産品の金額は、オランダ人や中国人に請求する額と同じであり、金貨と銀貨で支払われるものとする。

ペリー提督の応答

同意します。ただし、アメリカの交易経路から外れている長崎に代えて、ひとつあるいは複数の港が提供されなければなりません。合意すべき開港の時期は速やかに、すなわち60日以内とします。受領する産品への支払い方法については条約で取り決めるものとします。

第2の日本の提案

船が難破事故に見舞われた沿岸がどの地域であろうと、人々とその所有物は、海路、長崎に送り届けるようにします。

　　　覚書──5年の期限が満了し、もうひとつの港が開放されたときには、難破船の乗組員は、その港もしくは長崎のいずれか便利の良い港に送り届けるものとする。

ペリー提督の応答

同意します。ただし、難破船の乗組員が運ばれる港に関する項は除きます。

第3の日本の提案

保護された者が海賊か否かの確認はわれわれには不可能であり、希望するままに歩き回ることは許されません。

ペリー提督の応答

日本各地の港に救出を求める難破船の乗組員その他を拘束してはなりません。日本人に認められている自由はすべて享受できるものとし、いかなる拘束も強いてはなりません。

一方、保護された者は、公正な法あるいは条約で合意された事項を順守しなければなりません。

神の導きによって友好国の沿岸に漂着した人々が、いかなる証拠もないまま海賊と見なされ、取り扱われることは、法の正義に反します。これまで漂着者が強いられてきた処遇を今後も継続することを、アメリカ国民に関する限り合衆国政府は容認いたしません。

第4の日本の提案

保護された者は長崎の地で、オランダ人および中国人と接触してはなりません。

ペリー提督の応答

アメリカ国民は、オランダ人および中国人に課せられてきた制約に服することは断じてありません。今後、こうした拘束への言及はいかなるものであれ、侮辱的なものと見なされます。

第5の日本の提案

その他の港が開放された後に、なんらかの品目の不足や調整を必要とする実務が発生した場合には、課題を解決するために両者間で慎重に協議を行うものとします。

ペリー提督の応答

同意します。ただし、長崎以外の港に適用する限りにおいてです。

第6の日本の提案

琉球は大変遠い国であり、その港の開放について日本が論じることはできません。

ペリー提督の応答

アメリカ国民が琉球と自由に交流してはならないという正当な理由はありませんので、この提案については譲歩できません。

第7の日本の提案

松前もまた大変遠い国であり、これを治める諸侯に帰属しています。この問題についていま解決することはできませんが、来春艦隊が来られるなら、この件について一定の答えを用意しておきます。

ペリー提督の応答

松前港に関しても、わが国の捕鯨船、蒸気船をはじめとする各種船舶について同様の考えです。

以上のように、提案と応答がくりかえされる協議が行われた。

日本側の交渉委員はありとあらゆる難題をもち出し、帝国の法律が私の求める譲歩を固く禁じていると頑なに主張した。さらに、長崎の外来者受けいれは特別の扱いであり、その地の住民と当局は外国人に関する法律の順守を教育されていること、アメリカ人に別の港の開放を認めるなら、同様の準備に5年を要することなどを並べ立てた。

私はこれに反論し、長崎に反対する理由のひとつを述べた——長崎の住民と当局者は、外国人を屈辱的に扱う習慣が長期にわたり身についていて、アメリカ人に対しても屈服するというより、強要する側にまわることは疑いなく、深刻な状況が生まれること。さらに、日本を訪れるアメリカ国民は、これまで外国人が強要されてきた一切の抑圧的な法律の拘束から自由でなければならず、要するに、長崎を開港候補地のひとつとして受けいれる考えはない、と主張した。

いずれ5か所の港がアメリカ国旗を掲げる船舶に開放されることを期待しているが、現在のところ、以下の3港で同意する用意があることを表明した。

ひとつは、日本の領地内で、浦賀もしくは鹿児島のいずれか、もうひとつは蝦夷（松前）、3番目に琉球（那覇）をあげ、近い将来における2港開放については、議論にゆだねると伝えた。

日本側は、この提案にさまざまな言い逃れをしてから、次のように答えた。私が長崎の受けいれを強く拒むのと同様に、日本側は浦賀を候補地とすることに反対し、あらゆる点で適合し便利の良い港として伊豆国の下田を提案する。同時に、琉球は遠く離れた属国であり、王府が支配権力を掌握しているため提案を検討する余地がなく、松前も帝国政府とは同様の関係にある、との主張が展開された。

こうした反論をすべて聞かされてもなお、私は当方の要求を強く主張した。私の決然とした態度を悟った日本側は、内部で協議するために、中座して別の部屋に移ることを申し入れてきた。

1時間の中断後、全員が会議室に着席し、松前開港の可否を決定するにはさらに時間を要するとの協議結果が伝えられた。

　さらに、世襲制の統治権力を有する諸侯との協議を経ずに、松前港に関する特権を認可する権限は皇帝にもなく、協議には相当の時間を必要とすることから期限を定め1年後に回答する、と主張した。

　私からは、なんらかの回答もないまま日本を離れることはできず、言及のあった諸侯が独立した主権者であるなら、私が松前に赴き、じかに交渉する旨を告げた。結局、23日木曜日に一定の回答を提示するという日本側の説明があり、この日の会見は終了した。

　ところが、会議終了を前に、1隻ないし複数の艦船を下田港に派遣し、日本の高官に面会することで合意をみた。目的は、さまざまな使用目的への適合性を判定するために港湾内を精査することだった。下田港があらゆる点で私の期待に沿わなければ、改めて日本の南部での開港を要求することは日本側にもはっきり理解された。

　カリフォルニアと中国を結ぶ定期運航船や日本のこの海域を操業する捕鯨船が停泊する港として、下田港は絶妙の位置にあり、伊豆岬［石廊崎を指す］の内側に面していながら、外海への出航時にも広々と眺望が開けている。入港も容易で、所定の航路から大きく逸れることなく寄港できる。日本側の交渉委員の表現によれば、安全で十分な広さにめぐまれ、日本では獣肉食が禁止されているため制限が多い肉類の入手にも便利な港である。

　実際のところ、下田港を調査するために派遣された船舶が帰還し、下田案を受けいれるか否かの決め手となる詳細な説明を聞けることが期待された。

　松前も、北寄りの航路でサンガー海峡［津軽海峡］を経由する船舶にとっては便利な位置にあり、わが国の捕鯨業者も頻繁にこの航路を往来している。ただし、サンフランシスコから上海への航路として、きわめて安全と言いきれないうえに、最短距離でないという問題がある。

琉球の港を確保することの際立った優位性については、すでに私から海軍省にあますところなく情報を伝えてきた。

　したがって、日本の港に自由に出入りする権利の獲得に私が成功した場合には、わが国の船舶が寄港し、休息する場所として非常に便利な３つの港が確保される。それぞれが等距離にあり、わが国の国旗をこれまで法によって締め出してきた帝国に帰属している。

　小笠原諸島の父島が４番目の候補である。

　交渉委員と別れる際に、われわれの発言の詳細に注意を向けるよう求めた。私の秘書官がすべて記録に残していることを伝え、誤解が生じないよう、両国間で口頭での合意に達した事項および内容を文書化して私に送付するよう提案した。すぐに同意が示され、この後、首席通訳が１枚の文書を艦船に持参した。

　以下は、その英訳文で、日本側のふるまいの背景にある誠意を強く示しているように思われる。

107

1854年３月17日に行われたペリー提督と
日本側交渉委員の会見の場で合意された事項についての
日本の主張──記号Ｇを付し、添付する

第１　アメリカ合衆国市民は、オランダ人と中国人が長崎で強要されている拘束状態と同様の不名誉な扱いを受けることはない。長崎は船舶の緊急時避難港として便利ではなく、この目的に適していない。

第２　琉球はきわめて遠隔地の国であり、明確な回答はできない。

第３　松前はきわめて遠隔地であるうえ、諸侯に帰属している。この件は即座に解決できず日本暦による明年の１月まで、協議に時間を要する。結論を出すには、中央政府と松前候の意見の一致が必要である。したがって、提督の松前候と

の交渉は適切でない。

　私は、早急に答えを出すことが望ましいと強調した。先に述べた開港の期限まで十分に時間的余裕があり、開港初年から多くの船舶が寄港するとは考えられない。なぜなら、政府機関にこの決定を伝達し、広く知らしめるには多少の時間を要するからである。

　それらを考慮したうえで、最終回答期限を３月23日（日本暦では26日）とすることが合意された。

　琉球と松前に加えて、日本国内で開放する港の数を増やす必要があるとの主張から、下田港をアメリカの船舶に開放することが提案され、同港を測量調査するために３月19日に２隻の船が航行することが合意された。さらに、数名の日本の官吏が陸路で下田に向かい、22日に到着すること、２隻の船長は官吏の到着を待って調査に着手し、上陸は許可されないことなどが合意された。難破船の乗組員は丁重に扱われ、他の国々と同様、自由が保証されることについても合意をみた。

　合意は十分な検討を経て得られたものである。

　３月22日水曜日──本日、首席通訳がパウハタン号を訪れて、日本暦に言及した際に誤りがあり、松前についての最終回答期限を、交渉委員の参集予定日の翌日にしてしまったとのことだった。そうした事情はあるものの、約束した23日に艦船上で回答し、その翌日に交渉委員が私を陸上で応接し、合衆国に送り届ける皇帝からのお返しの品物を正式にお渡しする用意がある、との表明があった。

　さらに、交渉委員は私の招待に応じて、25日土曜日に旗艦船上で晩餐を共にすることを希望しており、日取りを確定してほしい旨、日本の首席通訳に伝えられた。これに対し私から、土曜日は天候が

239

荒れる見込みであること、翌日も宗教上の休息日にあたり来客応対ができず、月曜日にお迎えしたいことを伝え、調整が図られた。

3月23日木曜日——本日、約束通り首席通訳が数名の官吏とともにパウハタン号を訪れ、津軽海峡および松前すなわち蝦夷の島の沖合を航行するアメリカ船舶への開港要求に対する交渉委員の回答を持参した。

回答文書は日本語、中国語、オランダ語で書かれていて、日本語版には4名の交渉委員の署名があった。

以下は、オランダ語版を英訳したもので、中国語版からの訳文には記号Hを付して添付する。

———————————

北アメリカ合衆国の船舶が、食糧、薪、水を必要とする場合は、かねて要望のあった箱館[1868年に函館に改称]港[47]で補給を受けることができる。ただし、遠隔の地であり、準備に一定の期間を要する。

供用開始は明年の7月とする（[西洋暦では]1855年9月17日）。

嘉永7年2月（1854年3月23日）

高官の命により押印する

森山栄之助

———————————

北方を航行するアメリカ艦船の寄港先として松前すなわち蝦夷の箱館港を指定した交渉委員の提案に同意することを、私から通訳に伝えた。ただし、調査の結果、同港の高い評価が立証されること、さらに開港までに要する期間が短縮されることが条件であり、これ

———————————

47 【原文脚注】松前の市街に近く、良港がある。　Ｍ.Ｃ.Ｐ.[ペリー略称]

らの問題については、次回の実務協議の場で議論することを付け加えた。

　箱館は津軽海峡の東側の入口、北緯42度付近にあり、この海域を航行するわが国の捕鯨船の停泊地としてあらゆる点で便利がよく、格好の地理的な位置にある。毎年、多くの捕鯨船がこの海峡を通って日本海に入り、鯨を追い求めている。

　フォン・シーボルトは、日本側の観測によれば、１年に68隻の横帆艤装船が箱館と松前の沖合を通過している――ほぼすべてがアメリカ船と推測される――、ただし砲弾を警戒して沿岸部に接近する船舶は１隻もない、と記述している。

　ゴロウニン[48]も次のように言及している。

　「島で２番目に大きい箱館の街は、島の南海岸にあり、半島にそびえる高い円形の山の斜面に街並みが広がっている。南側は津軽海峡の入江に面し、北側と西側は箱館湾に面して、大編制の艦隊の受けいれにきわめて適している。半島の東側は細長い陸地につながる地形で、そこからは開けた海と広がる大地が一望にできる」

　日没前に湾を出られるようサスケハナ号を早朝に送り出す必要があり、覚書の記録作業を中断することにします。

　この海域に当艦隊が停泊を続けた期間の交渉経緯については、今後もこれと同じ形式で報告します。

　最後に申しあげます。

　箱館湾滞在は５週間ほどの短い期間でしたが、当局者ならびに一般住民から大きな信頼を得ることができました。さらに、陸地との1.5kmの距離を直結する、世界でも有数の磁石式電信設備を設置し、これによって英語、オランダ語、日本語の文章の電送がすでに実行

48　ロシアの海軍軍人（1776-1831）　箱館・松前の拘禁生活を綴った『日本幽囚記』の著述がある。

241

されています。またアメリカから運んできた鉄道線路一式を敷設して、驚きの声をあげる大勢の現地住民に囲まれながら、蒸気機関や小型車両、自動車をみごとに動かして見せました。さらに、数多くのわが国の有用な発明品、特に農業機械の数々を展示し、使い方も説明したのですが、よそよそしい態度はまったく見られませんでした。

謹白

M・C・ペリー

合衆国旗艦パウハタン号

日本、江戸湾、横浜沖　1854年3月23日

108

文書B[49]

合衆国旗艦パウハタン号

江戸湾、横浜沖停泊地　1854年3月1日

謹啓

　浦賀から発信された貴下の書簡は、アダムズ艦長を通じて確かに受理しております。

　浦賀に戻ることに同意しない私の意向を確認されてまもなく、現在の艦隊停泊地と真向かいに位置する村で交渉を進めるとの提案が香山栄左衛門氏からありました。

　わが国の栄誉と利益に合致するのであれば、どのような形であれ、貴殿のご要望にお応えする気持ちがあります。ご指定の場所があらゆる点で目的にかなうことを知り、ただちに私は、交渉が完了するまで江戸訪問を延期することを承諾しました。

49　連番105と同じもの。

測量船による調査によって、江戸市街の近くまで航行できることが判明しており、いずれ機会を見て停泊し、礼砲などにより皇帝の栄誉をたたえ、王宮の全容を拝見することを考えております。蒸気艦船や船内の機械装置の見学を希望されている有力者の方々の訪問にも便利な場所にあり、心から丁重にお迎えすることは言うまでもありません。

謹白

M・C・ペリー

東インド、中国、日本海域合衆国最高司令官

日本特派全権大使

　林大学頭閣下

109

文書C

［ペリー提督から林大学頭に宛てた書簡］

合衆国旗艦パウハタン号

江戸湾、横浜沖合　1854年3月1日

謹啓

　現在、合衆国と中国の間で締結されているものと基本的には同一の条約草案を提示し、貴下の検討に供するにあたり、私がこの度、わが国から全権を委任されて貴国との友好関係を築くことの重要な意義を、改めて日本帝国政府に訴えたく存じます。

　私がくりかえし言うまでもなく、両国の利益の最大化に寄与し、日本の平和と繁栄のために必要な方策を求めて多くの議論が重ねられてきました。

　以前お送りした書簡でも申しあげましたように、合衆国大統領は

私を責任者に任じた日本への使節団に最大の望みを託し、熱烈な期待をよせています。使節団の企図は、時宜にかなった交渉によって、両国の不明瞭な関係が長期化した場合に懸念される最悪の事態を回避し、互恵的な条約を締結しようとするものです。

　日本の領海を通過するアメリカ船舶の数が日を追って増えつつあるなかで、事故に見舞われて貴国の海岸に漂着した無辜のアメリカ市民への敵意ある対応が今後も発生することを大統領は懸念しています。それゆえ、他の国々とはまったく別に、合衆国としてもはや耐えがたい日本の政策方針を転換させることにつながる修好条約の締結を大統領は強く望んでいます。

　大統領は日本への友好的な態度の証として、皇帝閣下への最大限の敬意を示すために、多数の艦船——後続の艦船も合流します——を率いる私を派遣しました。親書を献上するにとどまらず、友情あるふるまいによって大統領の日本によせる心のこもった思いを示すことが目的です。

　大統領の正当かつ合理的な要求を慎重に検討する時間的余裕は十分にありますので、私の責任において昨年7月、この沿岸から艦船を撤退させ、7か月が経過した現在、納得のいく合意が得られるものと期待して戻ってまいりました。

　大統領の友好的意向のさらなる証として、わが国にある大小あわせて数千隻の蒸気艦船のなかから派遣された壮大な蒸気艦船3隻を、帝国御前会議の方々に見学していただきました。さらにきわめて有用なわが国の発明品の数々を、皇帝への贈答品としてお届けしました。

　こうした善意の数々をお示しした後でなお、この先の行き違いと衝突を未然に防ぐことを願うアメリカ国民との友好関係を手にする絶好の機会を、日本政府が逃すとは考えられません。

　合衆国ほど、日本の平和と幸福に密接なつながりをもつ西洋の国家はないことをおわかりいただけるはずです。国土の一部は帝国日

本の沿岸に向きあった位置にあり、その交易範囲は太平洋と日本海に及んでいます。500隻に及ぶ大きな捕鯨船が両海域で操業し、多くの乗組員が水や補給品の不足に苦しんでいます。手厚く保護される避難場所をさがす乗組員を日本の港に受けいれていただくことは、われわれが共有すべき人間性の発揮に他なりません。

　中国政府は合衆国と締結した条約によって多大な利益にあずかっています。今年1年間にアメリカが購入する茶葉は13万6千トン、絹糸・絹製品は11万3千トンにのぼります。約3万人にのぼる中華帝国の国民がアメリカの地を踏みましたが、丁重な扱いを受け、最適の職業に就くことをアメリカの法律によって認められています。寺院の建設や宗教儀式もすべて許されています。誰もがお金を蓄え、短期の滞在後、最低でも300テール[50]、なかには1万テールをたずさえて中国に帰国する人もいます。

　こうした事実に注意を向けましたのは、私がいま提案している条約がもたらす成果をお示ししたうえで、両国間の友好協定がすでに説明を重ねたさまざまな理由から必要不可欠なものであることを改めて申しあげるためです。

　ここに言明いたしますが、大統領の提案事項すべてに納得のいく回答をいただくことなく、帰国するわけにはまいりません。その日まで私は一歩も動きません。

謹白

M・C・ペリー

東インド、中国、日本海域最高司令官

日本特派全権大使

林大学頭閣下

50　中国の旧通貨単位。

110

文書D

3月8日水曜日、首席交渉委員に手渡した覚書
その場で通訳を介して議論が交わされた

　日本政府がアメリカ合衆国との友好協定を締結する意向にあることを知り、アメリカ全権大使は喜びとするものです。この事実は満足すべきことであり、条約が合意に達するなら、仮に期間限定のものであろうと、両国とりわけ日本には多大な恩恵をもたらすことでしょう。

　条約を締結する両国の国民は、法律によりすべての規定に従う義務を相互に負い、誤解やこれにもとづく紛争の回避に努めるものとします。

　このことはすべての国々で実行されているものであり、闘争と戦争を回避するために国家間の条約が必要になっているのが世界の現状です。条約を順守する義務には、名誉がかかっているだけでなく、それぞれの国の平和と繁栄を保持するためにも必要なものです。こうした条約なくして西洋の国々は友好関係を維持できません。

　当艦隊は十分に食糧を備蓄していますが、新鮮な肉類や野菜などが日々補給されるとありがたく、求めに応じて対価を支払います。薪や水が不足する事態が起きることは言うまでもなく、その補給を受けられるなら感謝に堪えません。

　将兵の健康維持には浜辺での訓練が必要です。これまで日本の法律を配慮し、軍務目的を除き一切上陸を禁じてきましたが、なんらかの取り決めをして近隣の住民との多少の交流が認められるようにしたいものと強く感じています。

　士官が苦労して作成した測量調査の結果の写しを帝国政府に提供します。これをより完全なものにするためには、海岸に三角測量のための信号杭を数基設置する必要が生じましょう。これを目的に上

246

陸する士官を妨害することのないよう要請します。

　いくつかの疑問と回答を書面で交換することにより、交渉課題の解決は容易に図られるものと考えます。

M・C・ペリー

111

文書E

日本の皇帝に宛てた大統領親書への回答（翻訳文）

　昨年閣下が皇帝に献上した大統領親書の内容に順じて、合衆国全権大使である閣下のわが帝国への再来をお待ちしておりました。

　合衆国政府の提案事項すべてについて、ご満足いただける回答を早急に示すことは到底できません。帝国伝統の法律によって固く禁じられているという理由によりますが、われわれが古来の法に固執することは時代の精神にそぐわないようにも思われます。一方、緊急の必要性が切迫していることも事実です。

　昨年、閣下が来訪された際、先代の皇帝は体調がすぐれず、逝去されました。その後、現皇帝が即位され、これに関連する多くの行事がまだ完了しておりません。時間に追われ、さまざまな実務に手つかずのありさまです。さらに後継の皇帝は、諸侯や帝国政府高官に法の順守を誓っておられます。したがって、古来の法になんらかの変更を加えることができないのは歴然としています。

　昨秋、オランダ船の出航に際して、貴国政府に交渉経緯を報告するようオランダの交易監督官に要請し、文書での回答が届きました。

　最近、長崎に到着したロシアの全権大使からロシア政府の要望が伝えられました。いかなる国から同様の要望がよせられても回答はしませんから、大使はその後、長崎を離れました。

247

しかしながら、事態の緊急性についてはわれわれも認めるところであり、石炭、薪、水、食糧の補給さらには遭難船および乗組員の救助に関するアメリカ政府の提案には、すべて応じることといたします。閣下が指定する港を通知していただければ、準備に着手しますが、およそ５年を要するものと見込まれます。それまでの間は、日本暦による明年「正月」（西暦1855年２月16日）までに、長崎港で石炭の提供を開始します。

　石炭については先例がありませんので、対価の見積書をお示しくださるよう閣下にお願いします。正当な対価にもとづき、わが国の法律に反しない限りにおいて、この件は了解いたします。必要とされる食糧は、どのようなものでしょうか？　石炭の必要量はどれほどでしょうか？

　結論として、船舶が必要とするものがなんであれ、わが国から提供が可能であれば、すべて応じます。商品の価格、交換する品目は、黒川嘉兵衛と森山栄之助が確定いたします。

　上記の事項を解決すれば、条約の締結は可能となり、次回会見の場で署名できましょう。

高官の命により押印する

森山栄之助

248

文書F

［ペリー提督から林大学頭に宛てた書簡］

合衆国旗艦パウハタン号
江戸湾、横浜沖停泊地　1854年3月10日

謹啓

　昨日、黒川嘉兵衛ならびに首席通訳の森山栄之助両氏が持参された貴下の書簡に返信をいたします。

　取り急ぎ申し述べますが、日本の帝国政府が外国に関する方針を変更して、合衆国との友好的交流を容認する必要性の確信にいたったことを文面で拝見し、最大の喜びを享受しております。

　貴下の書簡に明記されたご意見には、私の提案に向きあおうとする帝国の交渉委員の賢明な精神が強く感じられるものの、私の期待にはまだ遠くかけ離れています。あえて申しあげますが、大統領のお考えを満足させるものではありません。

　今後、日本の港を訪れるアメリカ船舶を丁重に扱い、あるいは日本の沿岸部で難破した船舶には保護の手を差し伸べ、乗り合わせた人々を適切に処遇することを確約いただいた貴下のご提案には喜んで同意いたします。

　食糧その他の必要物資が提供され、対価の支払いを受けとっていただけることについても同意します。

　さらに、アメリカの蒸気船に適切な量の石炭が補給され、正当かつ公平な対価を支払うことについても同意します。

　上記各項目が実行され、待望の条約に組みこまれるならば、大変すばらしいことです。しかしながら、本国から私への指令は、より範囲を拡大した、自由闊達な交流を追求することを求めています。時代の精神を背景として、平和裡かつ友好的に自らの使命を果たそうとする私の強い思いをご理解いただいて、両国相互の名誉と利益

249

増進に資する条約の締結を、帝国政府が誠意をもって決断されることを確信しています。

　この海域で計り知れない成長が見込まれる合衆国の交易の利便性を促進するためには、中国との条約に明記されている数に匹敵する停泊港が日本の沿岸に必要とされることは疑いありません。これらの停泊港は、自由で独立した国々の慣行が認めないような制約を排除したものでなければなりません。

　要約して申しあげます。合衆国の市民と日本の臣民に等しく適用される明文化された盟約を結ぶ方針を選択されるよう再度、貴下に強く要請するものです。

　改めて言明するまでもなく、この交渉を円満に終結させることを心の底から願っています。また、この議論の重要性を再度、指摘するまでもありませんが、そのうえで、時間を短縮することも、アメリカからさらに多くの艦船と人員の派遣や、場合によっては要求の厳格化を招かずにすませることと同様に大事です。

　誠意をもって帝国の交渉委員と会見する権限が私に与えられており、その実現を願っています。両国間の理解を増進させ、すべての懸案を熟慮の末に解決する機会は現在しかありません。隣接する両国の地理的位置関係は、先見の明のもと、思いやりと善意に満ちた交流を命じているようにも思えます。この交流は、順調に開始された友好関係を強固なものにし、長い年月にわたって持続されるものと私は確信しています。

謹白

Ｍ・Ｃ・ペリー

東インド、中国、日本海域最高司令官

日本特派全権大使

　　林大学頭閣下

113

文書G[51]

1854年3月17日に行われたペリー提督と日本側交渉委員の会見の場で合意された事項についての日本の主張

114

文書H[52]

日本側交渉委員が持参した回答文書のオランダ語版

115

同じく中国語版

　沖合を通る貴国の船舶が、食糧、薪、水を必要とする場合は、箱館港にて入手することを許される。わが国としては、貴国政府から要請のある都度、許可を下すことを望む。ただし、遠隔の地であり、諸準備に多くの時間を要するため、開港の時期を明年の7月（1855年9月6日から10月5日）とする。

　　　　　　　　　　嘉永7年2月25日（1854年3月23日）

　　　　　　　　　　　　　　　　　　　　　　　林

　　　　　　　　　　　　　　　　　　　　　　　井戸

　　　　　　　　　　　　　　　　　　　　　　　伊澤

　　　　　　　　　　　　　　　　　　　　　　　鵜殿

51　連番107と同じ。
52　本書240頁に収録されており、省略する。

116

日本側交渉委員からペリー提督に渡された覚書

　8日に行われた会見の場で、大統領の見解を記載した1枚の書類を提督からいただきました。さらに11日には、われわれの書簡に対する返答を受理しました。

　文面には、面談の際にもお聞きした貴国と中国の交易関係に関する見解が書かれていました。両者を綿密に検討し、中国と同じ方策を採用する用意がわれわれにあるか否かについての確認を、提督がお望みであることが理解できました。提督が8日にくりかえされた主旨は、大統領親書で求められているものと同様であり、日本側の意向を確認するものでした。

　帝位の継承があってから日が浅く、粛々と取り組むべき数多くの行政事案が山積しており、外国との交渉を検討する時間的余裕がないことを、先の書簡で率直に申しあげました。昨秋、オランダの海運監督官をつうじて提督にこの旨をお知らせし、アメリカ本国にもお伝えいただくよう書簡を差しあげた次第です。

　提督が採択を求めるいくつかの項目のなかで、日本の沿岸で難破した船舶への支援と保護を拡大すること、ならびに航行する船舶への石炭の提供や不足が生じた食糧などの必需品を補給することの2点は道理上、当然のことであり、積極的に許諾すべきものです。

　しかしながら、貴国が中国との間で実施している交易については、まだ開始できないことは確かです。われわれ日本人の感覚と流儀は、諸外国と大きな違いがあります。他の国々にあわせて古来の決まりごとを早急に変更することは、たとえ提督がお望みでも、きわめて困難です。さらに、中国は西洋の国々と長期にわたる交流がありますが、われわれは長崎の地で、オランダと中国の人々に限っておつきあいをしてきました。それ以外の国の人々との交易は問題外で、ごく少量の日用品の交換にとどまっています。

　したがって貴国の船舶は、日本の暦による明年の1月に、長崎で

交易を開始していただかなければなりません。その地で、薪、水、石炭などの入手が可能です。ただし、日本とアメリカでは、物に対する考え方やそれぞれの好みに大きな違いがありますし、物の価値や価値に関する考え方も異なりますから、最初はお互いに試行と検証を行うことが欠かせません。5年後には、長崎とは別の港が貿易に開放され、航行する貴国の船舶にとっても便宜が高まるはずです。

　提督がわれわれの検討に託された条約の論点ならびにわれわれが提示した主張は、双方の間にある見解の相違として、記憶にとどめるべきものです。

嘉永7年2月17日（1854年3月15日）

林

井戸

伊澤

鵜殿

117

ペリー提督から海軍長官に宛てた書簡

［書簡番号40］　　　　　　　　　　合衆国旗艦サスケハナ号

　　　　　　　　　　大琉球、那覇港　1854年2月2日

謹啓

　当艦隊から1隻の艦船を派遣し、マクレーン閣下の指揮下に配備することを命じた海軍省指令を実行するにあたって、公的便益を考慮した艦船の選別にはかなりの困難がともないました。私が到達した結論は、艦隊内の計画全体に混乱をもたらし、私自身の健康状態もあって、個人的には大いなる不便と不快の感をまぬがれませんが、私に課せられた任務の緊急性を優先して、現在の旗艦サスケハナ号を選抜するに至りました。目下、士官室などをパウハタン号に移す

253

仕事に追われています。

　海軍省ではご承知の通り、サスケハナ号乗組員の在職期間は来たる6月が満期であり、ほぼ終わりを迎えつつあります。そのうえ、エンジン機関にも不具合が発生して、差し替える機器装置の一部が本国から到着しており、［基幹部品である］中央軸の到着も近々のことと思われます。さらに申しあげますが、3隻の蒸気艦船のなかでサスケハナ号は、日本の荒れ狂う海域では最も頼りにならず、これからの春と夏は中国沿岸部の航海に適しているものと思われます。私の日本との交渉が終結するまで、手元にとどめておきたいと望んでいましたが、寛大な気持ちで断念します。海軍省の命令により求められた任務にはサスケハナ号をあてます。

　江戸湾に到着後、時間をおかずマカオに送り出し、マクレーン氏の指揮に従うようブキャナン司令官に発令します。現地に到着後、海軍省に通知し、アメリカ本国への帰還に必要な新規の機械部品を取りつける時期の判断についても、マクレーン氏と協議するよう指示しました。

　サスケハナ号の本国帰還に関連して、蒸気艦船が帰国時にとる経路について海軍省から指令する必要性を再度訴えるものです。石炭の貯蔵場所と貯蔵量に関する情報伝達についても同様です。

　海軍省は以前から、艦隊が使用する石炭を中国で入手することにともなう困難と費用について詳細な情報を蓄積しています。とりわけ日本に向かう蒸気艦船が、緊急事態に遭遇した場合に備えて、一定量を手元に確保するよう節減に苦労していることも承知されています。3隻の蒸気艦船が継続して蒸気を噴出できる期間は最長で50日です。これまでは絶えず石炭の残量に注意しながら、石炭使用の倹約と経済性を考慮した艦船移動を指示してきました。中国への運搬に要する費用は莫大ですから、一段と節約に励みました。

　私がこうした事実を口にするのは、蒸気艦船のうち移動する1隻が私の指揮を離れる結果、残りの2隻に必要な燃料の補給確保が危

254

うくなっていることを海軍省に理解していただくためです。艦船1隻の石炭消費量は、3分の2の蒸気量で、通常1日あたり28トンから32トンです。

　この書簡が郵便航路を使ってワシントンに届くのは、時間がかかった場合には5月中旬、復路の郵便船で返答をいただくと、一番遅くて香港着が8月1日でしょう。私が香港に帰還するのもこの前後と見込んでいますが、サスケハナ号ならびにミシシッピ号の帰国に関する指令が届いていることを願っています。さらに、以前の書簡で私が言及したさまざまな事案に関連する指令に加えて、日本に関して課せられた任務を残らず達成できた場合に、陸路もしくはミシシッピ号による私自身の帰国を要請した件について許可がおりていることを期待しております。

　先の書簡（番号39）を発信して以降、私は琉球の当局者と協議し、診療所などさまざまな目的でわれわれが使用する町中の家屋を貸与するよう説得に努めてきました。さらに、艦隊に供する設備として上陸地点の近くに建てられた石炭置き場の占有権を、低額で海軍省に譲渡するよう求めたことも申し述べておきます。

　いずれもこれまでに例のない琉球側の譲歩であり、より重要度の高い他の事案の解決にもつながったものと確信します。沿岸部や港の測量調査は完了しました。これまで外国人には知られていなかった港を2か所発見しました。島の陸地内部についても探索を行い、当地点から65kmほどの場所で石炭が採掘できるとの情報を得て、現地に小部隊を派遣しました。

　琉球島、宮古島さらに奄美諸島などはすべて日本の属領である、という見解を裏づける情報が次々と入っています。

　マセドニアン号およびヴァンダリア号は、石炭や食糧などを積載する物資輸送船サウサンプトン号およびレキシントン号とともに昨日、那覇港を出航しました。サスケハナ号、パウハタン号、ミシシッピ号の3隻は、サプライ号から石炭を積みかえているところです。

255

サプライ号は今日か明日には上海に向けて出航した後、石炭の積荷を載せて上海から江戸に向かい、艦隊に合流する予定です。

　日本に同行するサラトガ号が上海から到着するのを待ちかまえていますが、江戸に着き次第、公式文書の搬送のために、サンフランシスコ経由でアメリカ本国に派遣します。プリマス号は、サラトガ号と交代するために、上海に派遣しました。

　私としては、石炭置き場の管理にあたる小部隊を琉球島に残して、４日以内に蒸気艦船３隻とともに出航できるものと見込んでいます。

M・C・ペリー
東インド、中国、日本海域合衆国海軍最高司令官

　J・C・ドビン閣下
　　海軍長官　ワシントンD.C.

追伸──サスケハナ・ミシシッピ両号乗組員の雇用期間満了を記載した書類を同封します。

　２月５日付、追伸第２信──琉球島の石炭採掘場を探しあてるために派遣した踏査隊が帰還し、豊富な出炭量が確実に見込めるとの報告がありましたが、さらに現地調査を継続する必要があります。

M.C.P.［ペリー略称］

蒸気フリゲート艦サスケハナ号乗組員の雇用期限一覧

1852年	12月	・・・・・・・・・・	6名
1853年	3月	・・・・・・・・・・	1名
	5月	・・・・・・・・・・	1名
	6月	・・・・・・・・・・	3名
	8月	・・・・・・・・・・	8名
	9月	・・・・・・・・・・	11名
	10月	・・・・・・・・・・	8名
	11月	・・・・・・・・・・	24名
	12月	・・・・・・・・・・	20名
1854年	1月	・・・・・・・・・・	16名
	2月	・・・・・・・・・・	11名
	3月	・・・・・・・・・・	25名
	4月	・・・・・・・・・・	16名
	5月	・・・・・・・・・・	24名
	6月	・・・・・・・・・・	2名

計　176名

　海兵隊員6名の兵役期間はすでに満了しました。この他、数名が1854年の12月まで毎月それぞれの満期を迎え、これで全員が期間満了となります。当艦は1851年6月8日にアメリカを出航しましたが、残余の乗組員は、航海中に停泊したいくつかの港で乗船した者および他の艦船から移動した者たちです。

G・R・バリー　主計官

合衆国蒸気フリゲート艦サスケハナ号

太平洋上　1854年1月18日

119

蒸気フリゲート艦ミシシッピ号乗組員の雇用期限一覧

1853年	10月	············	1名
	12月	············	1名
1854年	2月	············	1名
	11月	············	2名
	12月	············	9名
1855年	1月	············	10名
	2月	············	23名
	3月	············	39名
	4月	············	18名
	5月	············	20名
	6月	············	20名
	7月	············	52名
	8月	············	18名
	9月	············	12名
	10月	············	20名
	11月	············	2名
	12月	············	1名

［原文にないが、計249名］

WM・スパイデン　主計官
合衆国蒸気フリゲート艦ミシシッピ号
太平洋上　1854年1月18日

<u>120</u>

ペリー提督から海軍長官に宛てた書簡

［書簡番号43］　　　　　　　　合衆国旗艦パウハタン号
　　　　　日本、江戸湾、神奈川沖　1854年4月1日
謹啓

　中国経由でサスケハナ号が搬送した私の書簡（番号42）およびこ
れに添付した覚書類（原本も同封）に関連して以下のことを、海軍
省にご報告します。

　アメリカと日本の平和と親善の条約［以下、和親条約とする］は、
私と皇帝から特命派遣された4名の交渉委員により昨日、署名され
ました。この条約書は、今月4日火曜日、カリフォルニアに向け出
航するサラトガ号のヘンリー・A・アダムズ司令官の責任において、
ワシントンに急送されます。

　添付した覚書類は、今日まで継続的に書かれてきたものですが、
詳細はすべてご理解いただけるはずです。いくつかの条項の言葉づ
かいに関連して日本側が示した数多くの反対意見への再反論など、
遭遇した困難に海軍省の注意を向けていただきたく思います。この
ことに私が言及するのは、この種の文書によく見られる特異な語法
およびあまり重要でない事項を削除したことがあるからです。こう
した説明は、条約について議論される上院の資料には欠かせないよ
うに思われます。

　執拗にくりかえされた日本側の反対は、大統領と上院の批准を経
て批准書が交換されるまで、この条約に拘束力をもたせることを先
延ばしする目的によるものでした。礼儀作法を理解できず、また理
解しようともせずに署名の場において、帝国政府から堂々としかも
事細かに述べ立てられました。合衆国政府ならびに国民がそうした
態度をとらない理由が彼らにはわからないのです。

　アメリカの連邦制の特質について理解してもらおうとしても、無
駄でした。日本人の執拗なまでの疑い深さに合わせるのが賢明な策

とも考えましたが、このやり方では、条約の実際の運用にあたって意味をなさず、合衆国の優位を損なうものであることはわかっていました。また、合意への譲歩はすべて日本側によるべきことも承知していました。

日本側は、アメリカの友情と忍耐を要求するばかりで、日本の法律体系が長い歴史を有し、政府機構のすべてがこれと密接に関連していることをくりかえし主張しました。さらに、交渉委員や先進的意識をもった人々が外国人との自由な交流を奨励しても、あまりに急激な変化は、帝国の制度全体を危険にさらしかねないと主張しました。

注目に値することですが、条約第3条の後半部分が日本側の求めによって差しかえられました。私が書き入れた表現が即座に、以下のように変更されたのです。

私が提案した表記
　　——「さらに、合衆国政府は、難破船乗員の救助と援護に際して発生した費用の全額を支払うものとする。」

日本側の交渉委員の要請により差しかえられた表記
　　——「さらに、アメリカ人および日本人が、相手国の沿岸に漂着した場合、その救助と援護に際して発生した費用の返済は求めないものとする。」

条文の表記に見られる細部の省略は避けられないことですが、私が交渉相手とした人々の特異性や先入観を考慮したうえで、特別に人間性の動機を優先させ、この海域を航行するわが国の船舶、とりわけ捕鯨船の利益に資する観点に立ったことによるものです。本国政府に寛大な目で見ていただけることを期待し、確信しています。

多くの士官が言うには、当艦隊がこの海域に到着して以降、かつての航海では見なかったほど多くの鯨を目撃しているとのことです。本日以降、捕鯨に従事する人々は不安を感じることなく、日本の沿岸に接近できますし、仮に難破事故に遭遇した場合にも、これ

までのように手荒な扱いを受ける心配は無用です。

さらに１年以内には、便利の良いふたつの港に寄港して、体力回復と船の修理にあてる特権を享受し、丁重な応対と可能な限りの物資補給を受けられるようになります。これに加えて、帝国のいずれの港も、遭難船に門戸を閉ざすことはなくなります。

ここに添付するＡＡの記号を付した覚書は、条約の表記変更のいくつかに言及しています。いずれも、日本側交渉委員の反対を解消するために必要な措置でした。

各位の迅速かつ的確な取り組みによって支えられたことを、大いなる喜びとともに証言するものです。アボット艦長をはじめ、ケリー、ブキャナン、アダムズ、ウォーカー、ポープ、リーの各司令官、ならびにボイル、シンクレア、グラッソンの各副官、配下の各士官、さらに当旗艦の士官たちに助けられてきました。

日本の交渉委員は、私が箱館から下田に帰還するにあたり、数トンの石炭を用意すると約束してくれましたが、その品質を蒸気艦船で試験する目的もありました。また、新しい炭鉱が数か所開設されて実稼働が可能になり、下田に石炭置き場を建設する予定であると確約しています。

謹白

Ｍ・Ｃ・ペリー

東インド、中国、日本海域合衆国海軍最高司令官

Ｊ・Ｃ・ドビン閣下
　海軍長官

覚書の続き

1854年4月1日——サスケハナ号は24日朝、マカオに向け出航した。午後3時に下田沖を通過する艦影がヴァンダリア号によって確認された。

同日、大統領、私および艦隊の士官たちへの贈り物が多数、艦船に運びこまれた。それぞれを丁寧に包装し、印を付し、合衆国の法律にしたがいワシントンに送るものとして物資輸送船サプライ号の船内に移された。

27日には、5人の交渉委員がそれぞれの随行員や部下を従え、総勢70人が、私の特別の招きに応じてパウハタン号艦内で晩餐をとった。歓迎の礼砲が発射され、栄誉を称えた。

この際、上位者とともに部下が食事の席につくことを禁じている日本の慣習によって、交渉委員には船室内に食卓が用意され、随行者には甲板上に別の席が設けられたが、多くは比較的上品な態度だった。高官との晩餐の席に私が同席させたのは、各艦長、私の秘書官、中国語通訳のウィリアムズ博士だけであった。場を盛りあげるためにさまざまな試みがあり、友好的な愉しい気分で1日を過ごした。

その翌日は、条約の細部にわたる最終の詰めを海岸に上陸して対面で行うことになっていて、予定どおり開催された。多くの議論が交わされ、交渉委員の逃げ口上が目立ったが、合意に達して、31日金曜日を条約の調印日とした。協議は正午に終わり、会議場として新設された建物で交渉委員が私に渡した日本語による条文の写し3通には、皇帝から特派された4名の正式署名があった。

引きかえに、私が署名した英語版の条文の写し3通のほか、オランダ語と中国語への翻訳文を渡した。いずれも通訳のポートマンならびにウィリアムズの両氏が合衆国に対して認証したものであり、日本側にも英訳版の証明を提出した。

条約の調印に際して通常行われる慣例が、今回は別の形をとったと評されることになろう。これは、日本の法律が外国語で書かれた文書への署名を帝国の臣下に禁じている、という日本側の事情によるものである。

　条約の英語版への署名を省くことで、文書の有効性に影響が及ぶことはあり得ないと考え、日本側が決然とした様子で提案した進め方に強くは反対しなかった。特に、証明付きの翻訳文が３通、私に提出されたように、日本側が同意したすべての条項が、日本政府なりのやり方で忠実に実行されることを確信する。

　実際のところ、交渉の始まりから終わりまで機会あるごとに、形式や適用範囲あるいは言葉づかいへの反論に出会い、まったく意味をなさない反対が執拗にくりかえされた。一例をあげれば、商品や品物をあらわす単語merchandiseをgoodsに差しかえるといった状態で、些細な修正が重要事項として数多くもち出されたが、こうした変更によって見違えるほど完全な表現になる訳でもない。

　さらに最終条項では、日本政府内部の調整が必要にならないよう、特色を回避する文章の組み立てに苦労させられた。

　こうした困難はあったものの、きわめて特異な考え方をする人々と有益な契約を締結するという大目標は完全に達成された——この契約は、偶然か意図したものかを問わず、この帝国の域内に立ち入るアメリカ人を例外なく保護し、優しく処遇することを確実にするとともに、アメリカ船舶への避難所と補給物資の提供を明記している。さらに、諸外国の人々に過去２世紀にわたって認められずにきた特権を、アメリカの市民に付与することが明文化されている。

　長崎の地でオランダ人と中国人に認められた訴追免除の特権を除けば、外交関係を一切遮断する権利をこれまで主張してきた国との間に、友好的かつ**自律的**な関係を最初に切り開いた国として、合衆国政府は栄誉を誇れるであろう。

263

ここで以下のことを特記しておきます。陸地で行われた会見の際には、――艦船から上陸した士官は、その都度20名から50名にのぼりましたが、その人数にかかわりなく――日本式の流儀で用意された茶菓が全員に用意され、条約調印日にはさらに豪勢なものになりました。一方、私との実務用件で艦船を訪れた人々にも必ず、茶菓を提供しました。

　私の積極的な求めに応じて日本側から、薪、水、鶏、卵、野菜などが、量的な制限はあるものの、数隻の船舶に補給され、対価の支払いも行われました。日本人のためらいがちな態度が短期間のうちに解消されることは疑いありません。日本の取り組みも近々に定着することと確信しています。

　琉球でも、すべての補給品について適切な対価を請求し、受領するやりとりを早々に体得してくれました。

Ｍ・Ｃ・ペリー

東インド、中国、日本海域合衆国海軍最高司令官

合衆国旗艦パウハタン号

江戸湾、横浜沖　1854年4月3日

122

文書ＡＡ

日本との条約のいくつかの条項に関する注釈的な覚書

　第2条　1855年4月には、アメリカ船舶への補給を目的として、港は完全に開放される。ただし、薪と水は翌5月以降も入手を可能とし、ならびに軍艦向けの補給品についても同様とする。―――この条文の後半部分は、日本側交渉委員の要請にもとづき変更された。このことについては、私から海軍長官に宛てた書簡でもれなく言及

した。

第4条　大きな難関は、この条文が付与するアメリカ人への訴追免除の保証をめぐるものだった。「公正な法律」の語句が伝える意味合いは、アメリカ市民は日本の排外的な法律と慣習には束縛されることなく、正義と人間性にもとづく法律にのみ束縛される、ということである。この解釈については、この件および領事代理の指名に関する今後の協議に引き継がれる。

第5条　この条文は度重なる反対を経て、合意に達した。これにより付与される特権は、いかなる楽観論も予期しなかったものである。日本の距離単位でいう7里は、換算すると10マイル[53]に相当する。この条文によって陸地・海上を問わず、アメリカ市民が礼儀正しくふるまう限りにおいて、日本人から嫌がらせを受けることなく自由に行動できる範囲として、半径10マイル［約16km］と外周60マイル［約96km］が設定される。箱館における制限範囲は、私が現地に上陸し状況を検分した後、設定されよう。

第6条　この条文は、通商条約に密接に関連する今後の調整に波及する。しかし、［物品を意味する］単語としてmerchandiseの使用は反対され、goodsに差しかえられた。

第7条　物品を意味する単語の差しかえが、この条文でもくりかえされた。「一時的に」という単語temporarilyは、今後に残された調整にそれとなく言及しており、日本政府の対応が定まっていないことをあらわしている。

第8条　この条文は、日本の交渉委員が強く主張したもので、日本政府に外国製品への関税をかける税法がなく、一般の人々も交易に不慣れであることにもとづいている。

第9条　最も重要な条文である。われわれ使節団の成功を聞きつけたイギリス、フランス、ロシアがわれわれの事例に追随すること

53　原文ママ。

は疑いない。通商条約の締結までに、各国がさらに有利な条件を手にすることも十分に想定される。この条文によって、協議を経ることなく、アメリカに最恵国待遇が与えられる。

第10条　合衆国の船舶が意のままに停泊できる港は下田と箱館のみであるが、緊急時には、帝国のいずれの港に入航しても処罰されることはない。この特権が乱用されないことが望まれる。

第11条　この条文に日本側交渉委員の同意をとりつけるために、説得を重ねた。条約によって開放される港のどちらか、あるいは両方にアメリカ政府職員が居住することになり、日本の領地を訪れたアメリカ市民の違法行為が発生して、日本政府に苦情がよせられた場合に、面倒を減らす効果が大きいことを懸命に説明した。アメリカ政府が関知しないところで海軍の軍人が不正を行い、条約の規定に違反した場合、この条項がないと、軍艦1隻を常駐させる必要が生じることを交渉委員に伝えた。

最後の第12条　この条文を起草するにあたっては、条約批准書の交換までに一定の時間を要することに関して、交渉委員の強い反対があり、苦労を強いられた。少しでも高圧的な調子を表記から減らす意図もあり、通常採用されている「批准される必要がある」という言葉づかいではなく、「批准を経るものとする」が使用された。

すでに触れたように日本の交渉委員は、条約の英語版への署名に反対しました。条約の完全な有効性についての日本側の理解によれば、大して意味がないようです。本国への説明にあたって、再度、言及した次第です。

Ｍ・Ｃ・ペリー

123

合衆国旗艦パウハタン号
江戸湾、神奈川沖　1854年4月1日

謹啓

　昨日署名した合衆国と日本の平和と親善に関する協定に同意するにあたり、貴国政府の独自で長い歴史を有する法律ならびに慣行を考慮して、同様の機会に通常採用されている形式から少し離れて、両国間の条約の細部を別々の文書に明記したことを、私は正当かつ適切な措置と考えています。このことで盟約の拘束性が減じることはあり得ません。他の国々では制限なく認められている国際人としての特権が、日本では制約が課され、アメリカ市民が享受できずにいる現状を認識しながらも、上記のように対処しました。その理由は、私との交渉にあたられた気品ある交渉委員の方々に平和的な国際交流の有益性を拡大する意向があっても、世界の先進的な現状が強く求める変化を帝国にもたらすには一定の時間が必要であることを、私が承知しているからです。

　このことを考え、わが国の尊厳が一貫して守られる限りにおいて、私の配下の士官や乗組員の移動に対する貴国の法律による束縛に従ってきました。しかし、こうした状態が長く続くとは思われません。また、アメリカ船舶に開放される港の拡大に関しては、短期間の経験ですが、こうした協定によっても日本に損害は一切生じないことが、誰の目にも明らかになるものと確信しています。それどころか、時代の精神に合致する法律の採用によって、帝国の利益は増進するに違いありません。アメリカ市民が箱館周辺を自由に移動できる境界範囲については、私が現地をじかに検分したうえで、箱館から下田に帰還次第、確定させることといたします。

M・C・ペリー
東インド、中国、日本海域合衆国海軍最高司令官
日本特派全権大使

林大学頭　閣下

267

ペリー提督から海軍長官に宛てた書簡

[書簡番号44]　　　　　　　　　　合衆国旗艦パウハタン号
　　　　　　日本、江戸湾、神奈川沖　1854年4月4日
謹啓

　日本の交渉委員から求められた唯一の贈り物は、艦隊所属の各艦船に装着された真鍮製大砲のなかから3基を譲ってほしいというものでした。くりかえし要請されました。

　これに対する私の回答は、小型船や大砲は艦船の装備品であり、分離することはできないが、サラトガ号が本国に帰還する直前であり、同号配備の大砲を特別に進呈し、機会があれば、さらに2基を日本に送り出すよう本国政府に提言する、というものでした。

　どれほど喜ばれたかは言うまでもありませんし、こうしたささやかな思いやりが、今後、この国を訪れるアメリカ市民に有益な結果をもたらすことは言うまでもありません。台車類を完全装備した大砲を至急、日本政府に送っていただきますよう、とり急ぎお願い申しあげます。

　こうした贈与の行為は好影響をもたらし、帝国政府の全幅の信頼を得ている人たちの手で、100倍になって返ってくることでしょう。

　まだ日も浅い交流が生み出した心のこもった友好的感情が、あらゆる方面で拡大発展することは大変望ましく思われます。

　　　　　　　　　　　　　　　　　　　　　　　　謹白
　　　　　　　　　　　　　　　　　　　　M・C・ペリー
　　　　東インド、中国、日本海域合衆国海軍最高司令官

　ジェイムズ・C・ドビン閣下
　　海軍長官　ワシントンD.C.

125

ペリー提督から海軍長官に宛てた書簡

［書簡番号50］　　　　　　　合衆国蒸気フリゲート艦パウハタン号
　　　　　　　　　　　　　　日本、蝦夷島、箱館港　1854年5月30日

謹啓

　H・A・アダムズ司令官の率いるサラトガ号に乗せて、江戸湾神奈川沖から私が最後に発信した4月4日付書簡（番号49）には、これまで回送されてきた文書類の写しを添付しました。以降、アメリカの船舶に開放される予定の下田と箱館の両港について、詳細な調査を行ってきました。地理的位置、入出港の便利さ、さまざまな目的に使用できる十分な広さなどこれ以上のものはないことを海軍省に報告でき、喜ばしい限りです。私がこれまであらゆる種類の船舶で寄港したなかでも、最も安全で使い勝手が良い港に数えられます。世界中の艦隊の半数が停泊できるくらいの広さがあります。

　ふたつの町および周辺地域の当局者ならびに住民は、誠意ある対応と配慮を尽くすことを表明しています。薪、水をはじめとして日本側が提供できる備品の船舶への補給は、適正な対価で迅速に行われています。肉食を禁じる日本独特の習慣から、市場向けに動物類を飼育する必要性がなく、西洋諸国の人間には欠かせない栄養物が不足する状態です。しかし今後は、両港を訪れる船舶の需要に応じて、準備が進むはずです。ニワトリや魚、季節ごとの果物や野菜が豊富に入手できるようになるでしょうし、1隻や2隻であれば、その必要量を十分にまかなうことでしょう。

　下田と箱館に入港後、上陸を許可された士官や乗組員は、市街地や郊外を自由に歩きまわり、魚釣りや射撃を愉しみ、商店や寺院をはじめ興味ある場所を、いやな思いをすることなく妨害もされずに訪れています。どこに行っても、親切で敬意をこめた応対で迎えられ、とくに郊外の住民の歓迎ぶりは際立っています。

　ところが、誰彼となく、不快な思いをさせられた事例が1件、下

269

田で発生しました。その報告を受けた私は地区の首長に謝罪を要求し、最初は不法行為を働いた役人のふるまいを否認していた首長も謝罪に応じました。取り決めにしたがって、来月（6月）15日に下田で帝国の交渉委員ひとりあるいは複数と面談し、条約の適切な理解に関連するさまざまな事案に決着をつける予定です。この件が落着次第、私は香港に戻りますが、奄美大島と琉球を経由し、中国の寧波、福州、厦門に寄港する予定です。

　配下の士官たちが、日本の港湾と沿岸部の貴重な海図を数葉作成しました。自然観察の標本や素描、写生画なども数を増す一方です。

　艦隊の1隻は、この箱館港から110kmほど離れた絶好の投錨地でもある「噴火湾」［内浦湾を指す］の地形踏査を実行中です。

　1852年10月26日付、1853年5月16日付、同年6月11日付の各指令書で海軍省から、海上で行方不明になったり、存命しているものの台湾や日本の島々で囚われの身になっていると推測されるわが同胞の現況に関して、捜索・調査を実行するよう命令がありました。しかしこれまで、本格的な取り組みを私から指示していませんでした。

　この件に関する私の照会に現地当局から回答がありました。ＢＢの記号を付してここに同封します。マセドニアン号にサウサンプトン号を同行させ、台湾に派遣することを考えています。可能な限りの捜索を現地で行い、同時に、台湾の炭鉱地帯を調査する予定です。

　神奈川や下田と同様、この箱館でも相互理解がうまれている証拠に、現地の首長、知事、市長などの高官が私の招待に応じて昨夜、本艦を訪れ、正式な晩餐会のもてなしを愉しんでいただきました。

謹白

Ｍ・Ｃ・ペリー

東インド、中国、日本海域合衆国海軍最高司令官

　Ｊ・Ｃ・ドビン閣下
　　海軍長官　ワシントンＤ.Ｃ

文書ＢＢ

合衆国旗艦パウハタン号
日本、箱館　1854年５月30日

謹啓

　以下の通信は、箱館の高官からのもので、今月27日付で提督の命令により発信した照会事項への回答です。

　英語への翻訳はＳ・Ｗ・ウィリアムズ氏によるものです。

　「弘化３年から嘉永３年（1847-1851）[54]の間に、５隻の外国船が近くの沿岸で嵐に遭遇し、難破しました。乗組員全員が長崎に送還され、さらにそれぞれの母国までオランダ人によって送り届けられました。日本に残留している者はひとりもいません。

　1847年６月に、７人のアメリカ人船員が乗った小型船1隻が択捉島（エトロフ）に漂着しました。

　1847年６月に、13人のアメリカ人船員が乗った３隻の小型船が松前の北西にある江良町に打ちあげられました。

　1849年３月に、アメリカ船に乗る３人が樺太南端の海岸に上陸し、やがて立ち去りました。

　1850年５月、イギリス船１隻が蝦夷のマビラ［厚岸］沖で難破し、32人の乗組員が乗っていましたが、航海の経路は不明です。」

謹白
サイラス・ベント
旗艦副官

　Ｍ・Ｃ・ペリー提督閣下
　　東インド、中国、日本海域合衆国海軍最高司令官

54　原文ママ。

127

［日米和親条約］

　アメリカ合衆国と日本帝国は、両国間に堅固にして永続する誠実な友好関係を築くことを願い、今後、それぞれの国が交流に際して順守すべき諸規則を、和親条約すなわち全般的な協定の形で明確に文章化して定めることとした。

　このきわめて望ましい目標のために、合衆国大統領は日本への特派大使マシュー・カルブレイス・ペリーを交渉委員とし、全面的な権限を授与した。日本の威厳ある最高主権者は、交渉委員の林大学頭、井戸対馬守、伊澤美作守、鵜殿民部少輔に全面的な権限を与えた。

　上記の交渉委員は、それぞれ全権受任の証を取り交わし、前提となる事項を十分に審議した後、以下に掲げる条文に合意した。

　第1条――一方の当事国であるアメリカ合衆国ならびにその国民との間に、敬意をこめて、人および場所の例外なく、理想的かつ恒久的で万人に適用される平和と誠心誠意の友好を築くものとする。

　第2条――日本は、伊豆藩の下田港および松前藩の箱館港を、アメリカ船を受けいれる港として認可する。両港にて、アメリカ船が必要とする薪、水、食糧、石炭などの品々は、日本側が用意できる範囲で提供される。下田港の開放は、本条約調印後、即座に行う。箱館港は日本暦による翌年同日以後、即座に開放する。

　　　注記――提供される物品の料金表は、日本の官吏が提示する。
　　　　　　　対価の支払いは金貨および銀貨で行うものとする。

　第3条――合衆国の船舶が、日本沿岸に漂着し、あるいは沖合で難破した場合には、日本船が救援にあたり、その乗組員を下田ないし箱館に送り届けたうえで、受けいれ先として指定された同国人に引き渡す。難破船の乗組員が保持していた物品はすべて持ち主に返還される。相手国の沿岸に漂着したアメリカ人ならびに日本人の救助と援護に要した費用は返済を求めないものとする。

第4条――難破船の乗組員をはじめとする合衆国市民は、他の国々におけると同様に自由であり、制約を受けることなく、公正な法に服する。

　第5条――一時的に下田および箱館で生活する難破船の乗組員をはじめとする合衆国市民は、長崎のオランダ人および中国人と同様の制限と拘束を受けることはない。下田では、本文書に添付される地図に記載されている同港湾内の小島から日本の距離単位で7里の範囲内で自由な移動を保証される。箱館でも同様に、合衆国艦隊の到着後に定められる範囲内で自由な移動を保証される。

　第6条――なんらかの不足する物品が生じた場合や、なにか実務面で調整の必要が生じた場合は、この問題を解決するために関係者間で綿密な協議を行う。

　第7条――合衆国の船舶は、開放された港に停泊する際、日本政府が一時的に定める規則にもとづき、金貨・銀貨および物品類で他の物品と交換することを許される、と合意されている。しかしながら、日本人が交換を望まない物品を、合衆国の船舶が運び出すことが許されるとも明記されている。

　第8条――薪、水、食糧、石炭のほか必要とされる物品は、その目的のために指定された日本の行政機関を通してのみ入手が許され、他の方法は認めない。

　第9条――今後、日本政府が、合衆国ならびに同市民に認めていない特権および優位性を他の国あるいは国々に認めることが起きた場合は、同様の特権と優位性が合衆国ならびに同市民にも、協議を経ることなくかつ遅滞なく、付与されることが同意されている。

　第10条――合衆国の船舶は、下田と箱館以外の日本のいかなる港にも寄港を許されない。ただし、災難にあった場合あるいは荒天によりやむを得ない場合を除く。

273

第11条──本条約調印の日から18か月経過した後、随時、合衆国政府は下田に居住する領事あるいはこれに準じる政府職員を任命する。ただし、両国政府のいずれにおいても関連して必要となる調整にあたることが条件である。

　第12条──締結され、正式に調印された本協定は、義務的なものであり、アメリカ合衆国と日本ならびにそれぞれの国の市民および臣民によって忠実に順守されねばならない。さらに、合衆国上院の助言と同意を受けた大統領による批准と承認、ならびに日本の威厳ある最高主権者による批准と承認を経るものとする。批准書は調印の日から18か月以内あるいは可能な限り早い時期に交換されるものとする。

　上記内容を証して、われわれアメリカ合衆国ならびに日本帝国それぞれの全権大使は、本証書に署名し、捺印した。

　イエス・キリスト紀元1854年3月31日、嘉永7年3月3日、神奈川の地にて。

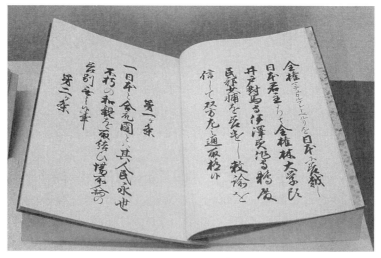

日米和親条約 批准書（レプリカ）

大琉球島、那覇への航路指示

　那覇は大琉球島を代表する港であり、おそらく通関手続きの特権を有する唯一の港である。

　その奥側にある通称「帆船港（ジャンク・ハーバー）」［国場川河口域の漫湖一帯］の水深はおよそ3.5mから5.5m、規模は小さいものの、頻繁に寄港する平均的な大きさの帆船が15隻から20隻程度停泊できる広さがある。ほとんどが日本の船であるが、中国船と小型の沿岸航行船も散見され、近隣諸島との零細規模の商品取引を担っているものと推測される。

　港湾外周の東側と南側は陸地で防護されている形であるが、西側と北側はサンゴ礁に囲まれ、外海から押しよせる波を砕く自然の防波堤として役立っている。ただし、吹きつける強風を妨げるものはなにもない。一方、海底の岩盤は投錨地として非常に優れていることから、設備の整った船舶であれば、強風が吹くなかでも安全に出港できよう。

　西側から那覇港に接近する際に最も危険度が低い航路は慶良間諸島の北方を、粟国島を視界におさめながら通過するもので、そこから那覇港をめざして南東に進路をとり、サンゴ礁の間を注意深く通り抜ける。この際、サンゴ礁の西側と南側に接近しすぎないよう気をつける。海面下のサンゴは、海図の記載より広域に広がっているとの情報がある。

　サンゴ礁を通過後、警戒態勢を解除して、Wood Hillを南南東に見ながら進むと、やがてSouth Channel［南航路］に入る。そのまま進んで、ブロッサム・サンゴ礁を避けて通過し、やがて泊岬（海図No. 3を参照されたし［本書に収録されていない。以下同じ］）の南方に白い墓石と周辺の林や低木の茂みが、はっきりと視界に入る。東北東あるいは東北東微東方向に進むと、危険な海域をすべて通過して、セブン・ファゾムの浅瀬に近い投錨地点に到達する。フォー

275

ルス・キャプスタン岬[55]の北西800mの場所である。この直線状の航路は、初めて訪れる船舶が入港するには絶好で、これに比べるとオール水路［手漕ぎボートで航行するほど浅い水路の意］は、幅のゆとりはあるものの、海水面直下に広がるサンゴ礁を通過する際に、4、5か所で進路変更を余儀なくされる。

　このオール水路経由で入港するには、（緑地帯の深緑の美しさで知られている）帆船港内の小島［奥武山］の中央部を、帆船港の入り口の両側にある要塞［三重城と屋良座森城］の間に見すえて（海図No.2を参照されたし）、南東微東方向に進む。キャプスタン岬が

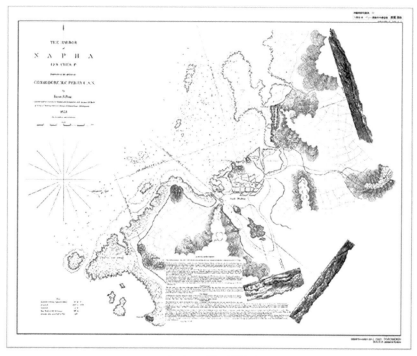

琉球・那覇港図

55　波の上宮が建つ崎原岬を指す。キャプスタン岬（雪崎）のすぐ南に位置し、とり違えやすいことからFalse（ニセの）を冠して命名されたと思われる。キャプスタンは錨を巻き上げる機械装置。

276

東に見えてきたら、東北東に船首を向けて停止し、あらかじめ指示された通り、投錨する。

　北航路 North channel から入ると、西側のサンゴ礁から転がり出た岩が多数あり、よほどの事情がない限り、外来船には不向きな経路である。満潮になると、サンゴ礁はほとんど海面下に沈み、土地勘があって陸地の目印を熟知していないと、自分のいる地点の正確な判断もむずかしい。この北航路を使用する場合は、フォールス・キャプスタン岬の真東にある小さな丘（海図No.1を参照されたし）に連なる南方の山並みから目を離さず、山並みに沿うように（南微東に）進む。やがて泊岬が東微北方向に見えてきて、少し南方に進んだところでサンゴ礁の東側に停泊場所をさがし、投錨地点を選ぶ。

　東西の岬の中間にあるブロッサム・サンゴ礁には、黒色の固定式円柱ブイがあり、アビー岬Abbey Pointの西北西方向にはサンゴ礁を示す赤色の円柱ブイ、さらにオール・サンゴ礁の南東端には白色の円柱ブイが設置されている。それぞれのブイにはすべて同色の旗が取りつけられ、南航路とオール水路を指示する案内標識となっている。北航路の東方および西方にあるサンゴ礁には、大きな柱が現地の住民によって建てられている——商取引で北部に向かう帆船がこの航路を頻繁に使用する。

　ジャンク川〔国場川を指す〕には湧き水が流れ出る場所が数か所あって、飲料水が常時豊富に手に入り、小型船の乗り降りもきわめて容易である。泊岬の断崖にある墓地の近くにはすばらしい噴水があるが、水深が浅いため、満潮で海面に波が立たない状態を除いて、上陸は不可能である。

　最高司令官の指揮下にある艦船が那覇港に接近する際は、船首を風上に向け、水先案内人に信号を送るよう指令されている。すると、港内に停泊中の船舶から、土地勘があり陸地の目印が頭に入っている案内人が接近して誘導役を果たし、あるいは危険海域の位置を艦長に指示してくれる。

停泊中の船舶が皆無の場合には、小型船に誘導され、艦船の通過に支障のないサンゴ礁の縁に投錨する。

　M・C・ペリー提督の命により

サイラス・ベント

合衆国海軍副官

マカオ　1853年10月1日

追記

　上記の円柱ブイは、ペリー提督の命令により、設置時にはしっかり固定されるが、波のうねりで位置が動いたり、現地の住民が撤去することも考えられるので、全面的に頼りにできない面もある。

S・ベント

合衆国蒸気フリゲート艦パウハタン号

日本、蝦夷島、箱館港　1854年5月27日

129

大琉球島、運天港、別名メルヴィル港

　運天港は琉球島の北西部に位置し、那覇から55kmあまりの地点にある。

　絶好の目印となるシュガーローフ島［伊江島］が、港の入り口から西北西の方向、約20kmの距離にある。この島は全体として平坦であるが、東端付近の円錐形の尖った山が特徴的で、高さは150m〜200mほどある。

　伊江島の北側を通過し、東南東に進むと運天港の入口と古宇利島が見えてくる。この近辺で進路を変えて風上に船首を向け、水深35mから45mの海底に錨をおろすと、サンゴ礁の外縁に沿って航路の目印となるボートやブイを浮かべることができる。この海域に

詳しい案内役がいない場合には、それぞれの長さは200mを越さないが、あちこちに広がり、常時海面下に隠れて見えないサンゴ礁の間を、喫水の深い船舶が進むことは困難である。

航路の可航範囲および進路は、以下に示す通りである。

はじめに、ふたつの峰がある山（海図を参照されたし）の方向にあるヘレ岩を、南37度東寄りに見定める。煙突のようにそそり立つ岩が南微東に見えてくるまで、この方向に舵をとる。次に、コンデ岬が南49度東寄りに見えてくるまで、煙突岩方向に進む。さらに、コンデ岬方向に進むと、運天港の内湾部に入る。

投錨する際には、コンデ岬の北側に広がるサンゴ礁と距離を保ちながら方向転換できる場所を選ぶ。このことに注意すれば、ドック入りと同様の状態で停泊できる。地盤は堅固のうえ、陸地に囲まれているので、強風が吹き荒れてもほぼ影響を受けない。

良質の水が、運天の村落で手に入る。

　　　　M・C・ペリー提督の命により

　　　　　　　　　　　　　　サイラス・ベント
　　　　　　　　　　　　　　合衆国海軍副官

────────────

130

小笠原諸島、父島二見湾港への航行指示
ならびにサラトガ号とサスケハナ号航海士代理
マディガンとベネットから報告された観察記録（抜粋）

小笠原諸島父島の西方にある二見港の入口は、はっきり見わけがつくので、ほぼ間違えることはない。入港した船舶は、ビーチーの港湾海図に名前が載っている四角岩Square Rockの東端から南に広がる浅瀬に小型船を浮かべることができる。この浅瀬は、白波が

279

立っていないときでも、遠方から識別できる。浅瀬は、四角岩の南方向に400m以上にわたって広がっているが、勾配は険しい。中心部は穏やかな波の海面下にある。満潮時には1m近く海面が上昇するが、南崎Southern Headの北端から200mほどのところにサンゴ岩があり、私が見たときには海面から2m半ほど突き出ていた。しかし、入港した船舶が、南崎に接近することはほとんどない。この島や周辺の島々を訪れるのは、主として捕鯨船であり、島の産物は捕鯨船が必要とするものが中心である。

　じゃがいも、山芋などの野菜やさまざまな果実に加え、野生の豚やヤギが、島に暮らす少数の白人やサンドイッチ諸島およびハワイ諸島出身者（総勢35人）から入手できる。良質な薪が豊富にあり、水も確保できるが量は限られ、サンゴ岩の間から湧き出るので少し濁っている。

　投錨地点は、南と西が大洋に面しているものの、申し分ない。最高司令官の命令で行われた地形踏査の結果、ビーチー艦長が作成した海図の精度が検証された。サスケハナ号のベネット代理はみずからの報告文で次のように書いている。

　　「ビーチーが推測した大琉球島・那覇の位置は修正すべきことが、私のマリン・クロノメーター（経線儀）の測定によって明らかである。ビーチーは二見港内のテンファズム・ホールの位置を、実際よりも8km西にあると認識した。その結果、小笠原諸島全体が真実の位置よりもずっと西にあるとされている」

　　　M・C・ペリー提督の命により

　　　　　　　　　　　　　　サイラス・ベント
　　　　　　　　　　　　　　合衆国海軍副官
　　　　　　　　　　　　　　マカオ　1853年10月1日

| 131 |

ペリー提督から海軍長官に宛てた書簡

［書簡番号52］　　　　　合衆国蒸気フリゲート艦ミシシッピ号
　　　　　　　　　　　　　海上にて　1854年7月18日
謹啓

　私から書簡を発信しました（番号50および51。ここに写しを同封します）。前者はヴァンダリア号を介して上海から郵送され、後者はサウサンプトン号で香港に送られ、同地から回送されます。

　ヴァンダリア号の出航後、箱館では特段の事態は起きていませんが、埋葬場所を確保して禁域とし2名の同号乗組員を埋葬しました。

　箱館で私と会うために江戸から派遣された代表団は、出航2日前にようやく到着しました。しかし、必要とするものはすべて手に入ったうえ、8日までに下田に戻る約束が頭にあり、期待に反して現地当局には権限のないことが交渉を重ねるなかで明らかになりましたので、江戸からの使者にはほとんど接触しませんでした。

　蒸気艦船2隻は6月3日に箱館を出港し、快適な航海で7日に下田に到着しました。私の不在中も下田に残っていたサプライ号のシンクレア副司令官から即刻、すべて順調であった旨の報告を受けました。日本側の交渉委員が、新たに加わった2名を含め、すでに到着しているとのことでした。私から見ると、すべての行動に緩慢さが目立つとはいえ、生真面目に仕事に取り組む役人との協議を仕上げたい一心で翌日の面談を提案し、同意が得られました。

　護衛団をともなって上陸し、前回の訪問時に立ち寄った寺院に着くと、すでに7人の交渉委員が待機していました。新たに加わった都築駿河守（駿河候）と竹内清太郎（財務監査役）を紹介されてから、神奈川条約［和親条約］の調印後、下田が帝国直属の都市に格上げされたこと、それぞれの地位に2名が就くという日本の慣例にしたがって、伊澤（美作候）ならびに都築（駿河候）が知事に、黒川嘉兵衛と伊佐新次郎が副知事に任命されたことを知らされました。

281

また、下田の管轄権は、条約で合意されたように日本の距離単位で７里（約16マイル［26km］）をこえないこと、下田方面に通じるすべての道路に関門がつくられ、その外側の管轄権は伊豆侯が所管することも通知されました。さらに、この関門の通過を希望するすべてのアメリカ人は、最初に当番の役人の許可を得ることを義務化する規則に合意するよう提案がありました。

　私は、これに同意することを強く拒みました。交渉委員の狙いが、アメリカ船入港の抑制ならびに、条約がアメリカ人に保証した有利な条件の修正と弱体化を意図したいくつかの規則への同意に私を誘導することにあると気づいたからです。したがって、こうした意図をはらんだ提案にはすべて抵抗することを決断しました。

　必要性に疑う余地がなく、アメリカ人同様、当局者にも適用される規則は受けいれる用意があることを私は示唆しました。しかし、すでに私の手を離れた条約の変更や修正は、仮にその気があっても、できるはずがありません。多くの議論と日本側の態度変更や紆余曲折を経て、追加規則——その写しに記号Ａを付して同封します——について合意が成立し、英語と日本語で書かれた２通に両代表団が署名し、取り交わされました。それぞれの原本は、信頼できる輸送手段の最初の便で回送いたします。

　最大の争点は、アメリカ市民が箱館近郊を自由に行動できる範囲に関連するものでした。当初、日本側は箱館町内を通る１本の道路に制限する意向を示していましたが、次の段階では町全体に、次には海に突き出た岬に、その次には、日本の距離単位の３里、さらには３里半まで広げるというように転々としました。

　私の提案は、下田と同様の制限［７里］にするものでしたが、この問題に関する日本側の態度は強硬でしたから、５里（約12マイル）で妥協する決着が賢明かと考えました。しかしその制限範囲は山間部で人家がほとんどなく、あまり意味がありません。

　日本側交渉委員のもうひとつの狙いは、通貨と交換比率について

の協議に入ることで、条約にもとづきアメリカ人に提供される物品の価格設定に密接に関連するものでした。日本側は、この問題を議論する９人の委員を指名しましたので、艦隊からはミシシッピ号とパウハタン号の主計官であるスパイデンとエルドリッジを代理として派遣しました。この問題についての協議の内容は、記号Ｂおよびおよびにてご覧いただけます。

交渉委員と私の間で調整が続けられた前述の追加規則に加えて、港湾使用に関するいくつかの規則について合意を得ました。さらに私からの提案で、港湾長１名と水先案内人３名が任命されました。港湾長にはわが国から小型望遠鏡を贈呈し、監視所に常備して、後任にひき継ぐよう伝えるとともに、水先案内人にはそれぞれ着心地の良さそうな外套を贈りました。

記号ＤおよびＥを付した同封書類をご覧ください。

日本側は箱館についての恒久的規則を定める用意がまったくありませんでした。というのも、全員がこの町や周辺地域についてまったく知識がなかったのです。しかし、必要性がわかれば、いずれ下田と同様に箱館が帝国直属の都市に昇格され、松前候の管轄権を離れて検討されることでしょう。

交渉委員との協議が完結しましたので、高官と随行員に船上で２度目のもてなしをした後、心をこめて友としての別れを告げ、指令にもとづき台湾をめざすマセドニアン号とサプライ号を見送りつつ、ミシシッピ号、パウハタン号およびサウサンプトン号の一団は出航しました。

謹白

Ｍ・Ｃ・ペリー

東インド、中国海域合衆国海軍最高司令官

Ｊ・Ｃ・ドビン閣下
　海軍長官　ワシントン

文書A
［和親条約追加規則］

アメリカ合衆国から日本に派遣された特派全権大使マシュー・C・ペリー提督および日本国皇帝が任命した交渉委員、林大学頭、井戸対馬守、伊澤美作守、都築駿河守、鵜殿民部少輔、竹内清太郎、松崎満太郎がそれぞれの政府を代表し、合意に達した追加規則

第1条──下田帝国領知事は、自らの管轄権が及ぶ範囲を示すために、適宜、監視所を設置する。しかし、アメリカ市民は日本の距離単位の7里以内であれば、拘束されることなく自由に行動できる。ただし、日本の法規に違反した場合は、警察が逮捕し、所属の艦船に送還されることがある。

第2条──下田港に寄港する商業船および捕鯨船付属の小型船が接岸する場所を以下の3個所に建設する。下田、柿崎ならびにセンター島［犬走島］の南東を流れる小川沿岸である。アメリカ合衆国市民は当然のこととして、日本の官吏に敬意をもって接する。

第3条──上陸したアメリカ市民は、軍事施設あるいは民家に許可なく近づいてはならない。ただし、商店に入り、寺院を訪れることは意のままである。

第4条──公共の建物および旅館が建てられるまでの間、ふたつの寺院、すなわち下田の了仙寺、柿崎の玉泉寺が遊歩中の休息所として提供される。

第5条──柿崎の玉泉寺付近にある墓地に、アメリカ市民は立ち入ってはならず、墓石や碑に手を触れてはならない。

第6条──石炭を箱館で提供することが神奈川条約に明記されているが、港での供給は困難をきわめることから、ペリー提督から自国政府にこの旨を伝達することが約束されている。これにより、日本政府は箱館港を石炭貯蔵場所とする義務を免除される。

第7条──今後、両国政府間の公式連絡に中国語を使用しないことが合意されている。ただし、オランダ語通訳が不在の場合を除く。

第8条──下田港の港務長1名と熟練の水先案内人3名を任命した。

第9条──商店で品物が選定されたなら、購入者の氏名と合意された価格を明記のうえ、役所に送り届けられる。ここで金銭が日本の官吏に支払われ、商品が引き渡される。

第10条──鳥獣類の狩猟は通例として日本では禁じられている。この法律をすべてのアメリカ人は順守しなければならない。

第11条──箱館では日本の距離単位5里がアメリカ市民に許される行動範囲であるが、追加規則の第1条に記載された要件は、箱館港についてもその距離範囲内で適用される。

第12条──日本の皇帝陛下は、神奈川条約の批准書を受理し、みずからの承認書を提出する人物を任意に指名する。

追加規則の記載事項は、神奈川条約の条文に影響をおよぼし、修正するものでは一切ないことが合意されている。条文が本規則に矛盾する点が生じてもこれに変わりはない。

以上を証するため、追加規則の英語版および日本語版の写しに、合衆国と日本双方の交渉委員が署名捺印し、証明つきのオランダ語翻訳版とともに取り交わした。

日本、下田　　　1854年6月17日

M・C・ペリー

東インド、中国、日本海域合衆国海軍最高司令官

日本特派全権大使

文書B

合衆国旗艦パウハタン号

下田　1854年6月12日

各位

　ここに下記両名を、帝国政府が派遣する日本の官吏数名との連絡にあたる任務に指名するものです。その役割は、神奈川条約にもとづき、同格の日本側官吏との間で、通貨および為替手形の交換比率を取り決めることにあります。当面、この交換比率が、艦船が**過去**に入手した物品、今後入手を**予定している**物品への支払い基準となります。可能であれば、石炭のトン単価を設定し、下田港に停泊する艦船への納品価格にも適用されます。

　現時点で合意される通貨および為替手形の交換比率を恒久的なものと理解してはならず、当座の目的に合わせた暫定のものです。両名も私自身もこうした調整の必要性は認識するものの、一定の交換比率を定めるほど、日本の貨幣の純度と価値には精通していません。

　日本の通貨の特殊性に両名が精通し、さらに、可能な範囲でこれに関連する法規に理解が及ぶなら喜ばしい限りであり、この案件に関する今後の交渉を促進するうえで大きな価値があります。

　当然のことですが、拘束性をもつ合意に達する前の段階で、私に照会されるようお願いします。

謹白

M・C・ペリー

東インド、中国海域合衆国海軍最高司令官

　Wm・スパイデン合衆国海軍主計官

　J・C・エルドリッジ合衆国海軍主計官

文書C

合衆国蒸気フリゲート艦パウハタン号
下田　1854年6月15日

謹啓

　今月12日付書簡にて提督閣下より任命されたわれわれ委員両名は、日本の交渉委員から選抜された委員との間で、開放された港における両国間の商取引に適用される為替手形および通貨の交換比率について協議するとともに、下田港にて提供される石炭の価格を設定するよう指示されています。以下、報告をご覧ください。

　すぐに判明したことですが、日本側の委員は、取引の即刻中止も選択肢に入れたうえで、あらかじめ用意したアメリカ通貨への価値査定を譲らない態度で協議の場に臨んできました。日本側の計算基礎は、金・銀の地金を政府が売却し、貨幣鋳造所が購入する際の名目交換比率でしたが、採掘鉱山から金塊・銀塊を受けとる際にもこれを使っているように思われます。

　日本は中国と同様に、カティ、テール、メース、キャンダリン、キャッシュなど10進法の重量単位を使用して、物品の重量を表示します。ただし、金と銀をテールより上の単位で計算することはありません。中国では、重さ1テールの銀と通貨の1テールは同じです。中国人は銀貨を使いません。

　ところが日本では、ヨーロッパ諸国と同様に、地金の重量と通貨の重量は異なります。重量1テールの銀は現在、地金の状態では、225キャンダリンすなわち2テール・2メース・5キャンダリンに相当するものと計算されますが、通貨に鋳造されると、同じ重量で、6テール・4メースの価値になる、との説明がありました。

　日本政府の決定は、アメリカのドルを地金価値で受けとるということであり、鉱山で採掘された銀の価値と同じというものです。つまり、貨幣刻印の金型に要する費用や分析評価によって価値が追加

されることはなく、それ以上の価値はない、という主張です。

　テールで換算すると、1ドルは7メース・1.2キャンダリンであり、地金価値の交換比率では、1テール・6メースあるいは1,600キャッシュに相当します。つまり日本政府は、わずかな再鋳造の費用を差し引いても、ドルの支払いを受けるたびに3分の2が利益になります。この取り決めの不公正を指摘し、減価した交換比率での通貨を売り手に支払う妥当性を説明しましたが、効果はありませんでした。

　金に関しては、日本では地金価値と通貨価値の不均衡がさほど大きくなく、交換比率は銀に比べて高くなります。金の重量1テールは通貨19テールの価値を有し、重量1メースは通貨1テール・9メースに相当します。ドル金貨の重量は約5キャンダリンですが、日本では20ドル硬貨の20分の1、日本の8メース・8キャンダリンと計算されます。したがって、ドル通貨は4キャンダリン・4キャッシュにしかならないのです。この計算でいくと、価値19テールの金地金に対して、ドル金貨は836キャッシュ、20ドル金貨は16,720キャッシュ、つまり16テール・7メース・2キャンダリンになります。

　これを銀の価値に換算すると、1ドル金貨が52.25セント、20ドル金貨が10ドル45セントになり、日本側の狙いはここにあるのです。しかし、ドル金貨を52.25セントとする価値査定、836キャッシュと計算する日本政府の評価額は、わが国の銀貨と同様の通貨価値の低下を招き、実際の価値は、市場で使用される通貨の暴騰によって、17.25セントにしかなりません。

　結果として、金の支払い価値は、銀貨に比べて半減してしまいます。ドル金貨の通貨としての価値は、同じ純度の「一分金」との重量換算で、わずか1,045キャッシュ、つまり銀貨の22セント程度になってしまいます。日本側に生じる実際の価値下落は銀ほど大きくはありません。金と銀のふたつの地金を比較すると、銀は100から33.33に、金は22から17になります。こうした比較対照は十分正

288

確でなく、疑問の余地も残ります。とはいえ、金銀の地金の途方もない価値の相違は、アメリカの硬貨、日本の銅貨と比較しても、日本政府が自国の利益のために通貨制度全体を誘導してきた実態を示すものです。

　1ドル銀貨の価値を1テール・6メースつまり1,600キャッシュとする方針に固執した日本側の提案にわれわれが同意しなかった結果、いかなる合意も成立しませんでした。また、箱館に向けて当艦隊が出航する前に、この下田の地で支払う金額についてのわれわれの公正な主張に、日本側が同意することもありませんでした。ドルの交換比率をわずか1テール・2メースつまり1,200キャッシュとすることで、ドル支払いの都度75％の利益をむさぼってきたのですが、この比率にもとづいて支払われた金銭がまったく手元に残っていないとの主張でした。それにとどまらず、艦隊に提供した物品の価格が、ドルとの交換比率の影響で、値下げされてきたとの主張も展開されました。

　横浜で引き渡された補給物資への未払い金として、江戸で試算したと思われる金額の350ドルを、エルドリッジ主計官が通訳の森山栄之助に金貨・銀貨あわせて支払うことで同意が得られましたが、その際の交換比率はドル銀貨に対して1,600キャッシュでした。

　われわれは下田港で船舶に引き渡される石炭の価格を綿密に調べました。10,000カティ［約6トン］すなわち100ピクルが港内に運びこまれました。1トン（2,240ポンド＝16.8ピクル）を1,680カティと換算していますが、価格は262テール・6メース・5キャンダリン・3キャッシュすなわち164.16ドル、トン単価は27.91ドルの水準でした。日本側の説明では、石炭需要の高まりと採掘設備の改善によって石炭価格はかなり下落する見通しとのことです。

　末尾になりましたが、ウィリアムズならびにポートマン両氏の通訳業務なくして目的達成はありえず、われわれの調査に大きな支援をいただいたことに謝意を表明いたします。

謹白

ウィリアム・スパイデン
合衆国海軍主計官
Ｊ・Ｃ・エルドリッジ
合衆国海軍主計官

Ｍ・Ｃ・ペリー提督閣下
東インド、中国海域合衆国海軍最高司令官

———————————

135

文書Ｄ

下田港に入航するアメリカ船舶への水先案内
ならびに物資補給に関する規則

　監視所が便宜の良い場所に設置される予定であり、沖合に船影を
確認次第、通報される。入港が確実な船舶については、水先案内人
１名を乗せた小型船１隻が差し向けられる。

　本規則に実効性をもたせるために、適切な大きさと性能を有する
小型船を港務長のもとに常時配備し、必要とあればロック・アイラ
ンド［神子元島］をこえる地点まで出動し、寄港する意向の有無を
確認する。寄港する意向があれば、水先案内人が安全な投錨地点ま
で誘導し、停泊中は、船舶が必要とする補給物資が容易に入手でき
るよう援助を惜しまない。

　水先案内の料金は以下の通りとする。
喫水18フィート［約5.5m］をこえる船舶は15ドル、同じく13フィー
ト以上〜18フィート以下の船舶は10ドル、同じく13フィート未満
の船舶は５ドル。

　料金の支払いは、金貨か銀貨もしくは等価物によって行い、水先

290

案内業務については入港時だけでなく出港時にも同額が支払われるものとする。

　船舶の投錨を港の外周部で行い、港内に入航しない場合は、上記対価の半額が水先案内人に支払われるものとする。

　下田港に停泊するアメリカ船舶に水を供給する場合の価格は、ボート一杯分につき1,400キャッシュとする（大樽は当該船が提供する）。

　船上渡しの薪は、5フィート［約1.5m］立方につき、7,200キャッシュを基準とする。

サイラス・ベント

旗艦副官

黒川嘉兵衛（漢字表記）

副知事

合衆国蒸気フリゲート艦ミシシッピ号

海上にて　1854年6月28日

承認済み　　　M・C・ペリー

東インド、中国、日本海域合衆国海軍最高司令官

合衆国蒸気フリゲート艦ミシシッピ号

日本、下田　1854年6月23日

【訳注】文書Dのオランダ語訳が続くが、省略する。ペリーの承認済み署名に続いて、艦隊付きのオランダ語翻訳者A・L・C・ポートマンの署名がある。

文書E

合衆国蒸気フリゲート艦ミシシッピ号
海上にて　1854年6月27日

　本状は、与八、彦右衛門および次郎兵衛が、下田港を入港・出港するアメリカ船舶向けの水先案内人に任命されたこと、ならびに下記の水先案内業務料金が当局によって制定されたことを証するものである。すなわち、————
　　喫水が18フィート［約5.5m］をこえる船舶 ………… 15ドル
　　喫水が13フィート以上〜18フィート以下の船舶…… 10ドル
　　喫水が13フィート未満の船舶……………………… 5ドル
　上記料金の支払いは、金貨か銀貨もしくは等価物によって行い、水先案内業務については入港時だけでなく出港時にも同額が支払われるものとする。
　船舶の投錨が港の外周部で行われ、港内に入航しない場合は、上記対価の半額が水先案内人に支払われるものとする。
　　　　最高司令官の命により　　　　　　サイラス・ベント
　　　　　　　　　　　　　　　　　　　　　旗艦副官
　　　　　　　承認済み　　　　　　M・C・ペリー
　　東インド、中国、日本海域合衆国海軍最高司令官
　　　　　合衆国蒸気フリゲート艦ミシシッピ号
　　　　　日本、下田　1854年6月22日

――――――――――――――――――――――――――――――――

【訳注】文書Eのオランダ語訳が続くが、省略する。ペリーの承認済み署名に続いて、艦隊付きのオランダ語翻訳者A・L・C・ポートマンの署名がある。

ペリー提督から海軍長官に宛てた書簡

［書簡番号53］　　　　　合衆国蒸気フリゲート艦ミシシッピ号
　　　　　　　　　　　　　海上にて　1854年7月18日

謹啓

　ご承知の通り、A・C・ジョーンズ提督に宛てたジェイムズ・グリン司令官の書簡について調査し、結果を報告せよとの命令が海軍省からありました。

　グリン司令官はその書簡で、これまで現代の航海者に知られずにいた陸地を発見したと主張しています。私は、1854年2月9日付書簡（番号41）で、その時点までに入手しえた情報をすべてお伝えしました。

　さる2月、当艦隊は日本への航海途上、奄美大島の西方を通過しました。東側沿岸部の照査は帰途に予定していました。

　時間と状況の許す範囲内で、東海岸の概況を調査しました。停泊して、現地住民と自由に交流を図ることを考えたのですが、投錨に適した場所が見つからず、ミシシッピ号から数隻の小型船を差し向けました。副官のモーリーとウェッブが指揮にあたりましたが、唯一わかったのは、あるキリスト教関係者の訪問がアメリカ人の残した最初の足跡ということでした。

　両士官の報告によれば、住民には琉球の人々との共通性が強く感じられるが、身なりは悪くないとのことでした。

　書簡（番号41）で表明した私の見解は、その後の観察によって正しさが立証され、琉球は、日本あるいは中国のいずれに対しても忠誠関係が希薄で、一種の独立国であるようですが、中華帝国との関係をより強く志向しています。台湾から九州の間をつらなる島々はすべて琉球の統治下にありますが、守護者たる大琉球島との交流は、海上交通が中心のゆるやかなものです。

　書簡（番号41）に添付してお送りした海図は、われわれがその後

発見したいくつかの危険海域を修正する必要があり、いずれ海軍省に伝達いたします。

謹白

M・C・ペリー

東インド、中国、日本海域合衆国海軍最高司令官

　J・C・ドビン閣下
　　海軍長官　ワシントンD.C.

追記
　上記の海図については、至急とりまとめ、私の書簡を説明する資料としてアダムズ司令官に託して本国に送付します。やや厳密さに欠け、緯度の計算については疑わしい点があります。

[138]

ペリー提督から海軍長官に宛てた書簡

［書簡番号54］　　　　　　合衆国蒸気フリゲート艦ミシシッピ号
　　　　　　　　　　　　　海上にて　1854年7月19日
謹啓
　ヴァンダリア号が箱館を出港してから、全艦船が琉球に到着する
までの間、当艦隊に生じた出来事についてはその詳細を、書簡［番
号52，53］にて海軍省に報告済みです。残された課題は、琉球に
おけるわれわれの活動の報告です。
　琉球に到着すると直後に、レキシントン号副司令官のグラッソン
から報告があり、配下のウィリアム（・ジョージ）・ボードが那覇
港で死体の状態で発見され、死因は暴行を受けたことによるものと
推定される、とのことでした。士官で構成された審査機関が遺体の
検視を行ったうえで、現地当局にも捜査を要求したものの、納得の
ゆく回答が得られていない状況でした。
　尋問の結果、艦隊のひとりもしくは複数の水兵がまきこまれた暴
力沙汰が殺人にまでいたったものとの説明を了解しました。しかし、
今後島内を探訪する将兵の安全に関連して、事件を十分に調査し、
摂政ないし実務の最高責任者に、琉球の法規にもとづく裁判の実施
を断固として要求することがきわめて重要と判断しました。
　この要求は受けいれられて、上級判事、摂政ならびに首席財務官
の6名からなる裁判官が、最後まで一貫して直接に審理に関与する
こととなりました。
　裁判の結果は、記号A・B・Cを付した同封の文書を参照すれば、
おわかりいただけます。現地住民6人が、殺害された水兵に暴力を
ふるったとして有罪判決を受けたこと、那覇の市長と複数の警察官
が職務怠慢の理由で処罰されたことが書かれています。
　首謀者の拘束された身柄を、摂政と首席財務官がミシシッピ号の
船上まで連行し、私の管理下に引き渡して、合衆国の法律にもとづ

き処分するよう求められました。私はその身柄を摂政当局に差し戻し、摂政からは感謝の念がくりかえし表明されました。

不幸な事件でしたが、琉球の人々との長きにわたる交流期間中に唯一遭遇した不快な出来事でした。騒ぎを最初に起こしたアメリカ兵2名は軍法会議の審理にかけられています。

一連の裁判の進行中、合衆国が所有する貯蔵所に残っている石炭をすべて艦船に移すために、現地の艀（はしけ）を雇い入れました。積みあげた状態で、現地当局にまかせていた石炭は周到に管理されており、この場所を貯蔵所として継続使用することを決定、いつでも石炭を受けいれる態勢にあります。

私はまた、琉球王国府との間で盟約［琉米修好条約を指す］を締結しました。この盟約は、島にある港を訪れるすべてのアメリカ人を丁重に友好的に処遇し、求められた物品をすべて提供すること、ならびに王国内の海岸に漂着した難破船の乗員をすべて救助し援護すること、などを政府と一般の人々に課しています。また、水先案内業務の確立も規定しています。（記号Ｄを付した添付書類をご覧ください）

盟約書の原本は、安全な民間輸送船が見つかり次第、他の書類とあわせて海軍省に送付します。

この地における私の任務は完了し、ミシシッピ号船上で琉球の高官たちを歓待する最後の機会も実現しましたので、一昨日の17日朝、パウハタン号とともに那覇を後にしました。レキシントン号は、すでにその2日前に香港に向けて出航しました。

パウハタン号は、寧波、福州、厦門など中国沿岸各地に居住するアメリカ市民の動向を調査するために派遣され、厦門から香港に向かう予定です。

私としてはミシシッピ号の同行を考えていたのですが、ワシントンからの複数の書簡が届いてから長い時間が経過したこと、さらに

ヨーロッパに戦争が勃発したこと[56]を知って、熟考の末に、いったん香港に向かうことが適切と判断しました。2、3日で香港到着の見込みです。

　以上のような次第で、日本に関して私に課せられた任務は完了いたしました。中国には、私の本国帰還を認可する海軍省からの書簡が届いていることと思います。体調不良による衰弱が続いており、休暇の必要性も一段と増している状況です。

謹白

M・C・ペリー

東インド、中国、日本海域合衆国海軍最高司令官

　　ジェイムズ・C・ドビン閣下
　　海軍長官　ワシントンD.C.

139

［書簡番号54A］　　　　合衆国蒸気フリゲート艦ミシシッピ号
　　　　　　　　　　　海上にて　1854年7月20日
謹啓

　時間が不足していることを理由として、日本政府は条約にもとづき下田に石炭貯蔵所を建設する事業に着手していません。相当量が必要になるとアメリカ政府から予告があるまで動かないのではないか、と懸念されます。

　ワシントンに報告したように、品質の分析と実用試験のために10トンの石炭を入手しました。日本にはこの貴重な燃料資源が豊

56　1854年3月、イギリス、フランスがロシアに宣戦布告した（クリミア戦争）。

富にあることは確実です。ところが、国内での使用量が少ないことから採掘量はわずかで、われわれが手に入れたものは明らかに品質の劣る露天掘りの石炭でした。

日本側の首席通訳を務めた森山栄之助は、交渉の全過程に関与した信頼できる人物ですが、日本には低品質の石炭はないとグリン提督に断言したものの、プレブル号の兵器係がその折に使用していた石炭を興味深げに手にしていたことが思い出されます。

大統領にお渡しするよう、かなりの数にのぼる贈り物が私に託されました。そのなかには、大統領官邸の1室を飾るにふさわしい小さな家具も数点あり、帰国する艦船にのせて回送いたします。

帝国政府からは私や士官たちにも品物が贈られ、高価なものではありませんが、日本の織物や木製の漆器などを知る絶好の見本となりましょう。贈答品の一覧をいずれお送りします。

最高級の石材のブロックをいくつか蝦夷や日本、琉球で手に入れました。ワシントン記念塔協会に送るつもりですが、中国など東洋の港で同じようなものをさらに入手できたらと考えています。

以前、国務省から送られてきた印刷機が手元にありますが、大変重宝しました。

謹白

M・C・ペリー

東インド、中国、日本海域合衆国海軍最高司令官

ジェイムズ・C・ドビン閣下
　海軍長官　ワシントンD.C

.

文書A

　準備された釈明書——首里で琉球王国の行政長官［総理官］を務める 尚 宏勲は、ここに嘆願書を作成し、この間の事情を説明いたします。

　今月の１日、私は提督閣下が発せられた指令書を受理しました。次のような文面でした。「グラッソン艦長がすでに報告しているが、ボードという配下の船員が数名の琉球人に襲われて負傷し、海に落ち、溺死した。殺害者を逮捕し、取り調べることが求められる」

　私はただちに、この事件の調査にあたるよう［那覇］市長に求めました。市長は、警察官による捜査の結果、ボードという人物は泥酔して海に転落し、溺れ死んだこと、住民は誰ひとり暴行や殴打にかかわっていないことを確信し、これらを報告書にまとめて提出しました。私も、以前提出した陳述書で、これを調査結果としています。

　３日、提督閣下からの指令が再度届き、「殺害者の引き渡しと罪の償いが絶対に必要である」とありました。私は、ただちに那覇の市庁舎に足を運び、財務官および刑事裁判官とともに、那覇の下級判事の管轄下にあるこの事件に関して、周辺地区の住民や市場関係者を呼び出し、詳細に尋問するなどじきじきに綿密な審理を行いました。

　以下のことが判明しました。

　　６月12日、那覇の町中を歩いていた３名のアメリカ水兵が、通りがかりの人家に侵入したうえ、家にあった酒を持ち出し、泥酔するほど飲酒した。そのうち２名の酔い方が特にひどく、路上に寝てしまった。残りの１名が、民家に押しいり、女性への暴行におよんだ。女性は抵抗もできず、大きな叫び声をあげた。儀間という係累の男がその叫び声を聞いて駆けつけ、暴行をはたらく男を見るや、地面にたたきつけた。撃退された水夫は、ことの重大さに驚いた様子で、逃げ去った。大勢の人々が

299

集まり、石を手に手に投げながらその男を追った。男は海岸に出て、転落し、溺れ死んだ。

この凌辱行為は被害女性への大変な侮辱であるばかりでなく、琉球国の名誉を汚す不品行であると私は考えました。那覇の現地当局者は詳細を究明しようとせず、泥酔した水兵が、前後不覚の状態で足元もおぼつかないまま海に転落し、溺死したとの報告書を作成しただけでした。人々は驚き、悲嘆にくれていました。

事の詳細を知った裁判官は、ただちに暴行被害者の女性を招き、綿密に聞きとりを行いました。しかし、女性は自分の身を襲った突然の事態について詳しく説明できず、裁判官は暴行が真実であると確信しました。

群れをなして水兵に投石し、追跡したと疑われる全員を召喚して、厳しく尋問するよう私は指示しました。すると彼らは一様に、「女性への暴力を誰もが憎み、怒りをかき立てられた。深く考えることもなく、犯人を打ちのめし、傷を負わせた」と弁明しました。この言い分に多少の理があるとはいえ、乱暴を働いた者は逮捕され、アメリカの司直に引き渡して、裁判にかけられるべきです。人に石を投げ、傷つけた末に、海に転落させ、溺死に至らせることは不法のきわみです。したがって私は、判明した犯罪者の名前一覧をアメリカの捜査機関に引き渡し、処罰をゆだねた次第です。

市長は、警察官によるばかげた間違いだらけの報告を、真実の陳述書としてそのまま提出し、私を重大な過ちに導き、さらには提督閣下に不快なご迷惑をおかけしました。市長ならびに関係者については適切に処分を下しました。

提督閣下におかれては、この釈明書を寛容な目でご覧いただきますよう、切にお願い申しあげます。

1854年7月7日［原文は6月と誤記］

文書B

東村［現在の那覇市東町］在住の50歳女性ミトゥ[57]に関する
裁判所の調査結果

　６月12日、泥酔した数人のアメリカ人があたりかまわず大騒ぎしている様子がミトゥに聞こえてきた。姪のほかは誰もいないので、家の戸口を閉め切った。午後４時頃、騒いでいるひとりが、塀をこえて、家の中に侵入してきた。仰天したミトゥは恐怖に駆られて外に飛び出ようとしたが、男につかまり、振りかざしたナイフで抵抗しないよう脅された。ミトゥは大声で叫んだが、男に抑えこまれた。抵抗しようもなく、強姦され、意識を失った。そこに、叫び声を聞きつけた男たちが駆けつけて、ミトゥを揺り動かすと、やがて意識を回復した。

　裁判における儀間の証言――「６月12日午後４時頃、近くの家から聞こえてきた女性の叫び声に、大勢の者が集まりました。私もなにが起きたのかと駆けつけると、ミトゥという私の親戚でもある湖城村［現在の那覇市垣花町］出身の女性が、アメリカ人に暴行されたことを知りました。感情を抑えきれなかった私は、その男を地面にたたきつけました。しかし、ミトゥは気を失った状態であり、家に残ってミトゥの介抱をしました。ですから、その後、このアメリカ人になにが起きたのか、まったく承知していません」

　濱慶次の証言――「６月12日午後４時頃、湖城村出身のミトゥという女性がアメリカ人に暴行されたことを聞きました。急いでミトゥの家に駆けつけると、男が飛び出してきて逃げ去るところでした。激しい怒りを感じた私が石を１個投げると男の頭にあたり、傷

57　琉球王府の公文書には、「故湖城里之子親雲上女子思戸（ウミトゥ）」「五七歳」と記録されている。里之子親雲上は琉球士族の位階称号。

を負わせてしまいました。ちょうどそのとき、国吉が天妃宮（天女を祀った寺院）で暇をつぶしていましたが、天使館［中国冊封使節団の宿泊施設］の方向からアメリカ人を追う群衆が近づいてきました。ことの次第を知った国吉も加わり、男をめがけて石を2個投げましたが、あたりませんでした。群衆を見て恐れをなしたアメリカ人は大通りを外れて、西の海岸方向、三重城の方向に走っていきました。海岸にたどりついた男は海に落ち、溺れ死にました。国吉は脇道を抜けて波打ち際まで行き、溺死体を目にしました」

「屋良もそのとき市場を歩いていましたが、ミトゥに加えられた暴力のことを群衆が口々に話しているのを耳にしました。天使館に近づくと、群れをなしてアメリカ人を追っていました。石を2回投げましたが、当たりませんでした。屋良は西の浜辺を通り過ぎて、三重城の方向に向かいました。そこには、屋良の知らない大勢の人々がいて、アメリカ人を追ってきたのですが、30歩か40歩先のところでそのアメリカ人が海に転落し溺れる様子を目撃しました。知念、新嘉喜、金城の3人は群衆が口にする話を聞いて群れに合流し、投石しましたが、怪我はさせませんでした」

これらの証言すべてについて確認が行われ、食い違いのないことが検証された結果、以下のように刑が宣告された。

渡慶次、29歳、東村在住、は八重山島［石垣島］に終生流刑。

国吉、16歳、久米村在住。屋良、18歳、渡地村在住。新嘉喜、19歳、東村在住。知念、18歳、西村在住。金城、32歳、西村在住。以上は宮古島に8年流刑。

那覇市長の毛玉麟[58]は職位と手当を剥奪されたが公職にとどまる。判事代理の李永昌、牛在田、謝文茂、呉心振は全員公職を解かれた。

58　琉球王国の官吏はそれぞれ中国名（唐名）を有していた。文中の石垣島、宮古島もそれぞれ中国名のPachung San、Taiping Sanで書かれている。

文書C

合衆国蒸気フリゲート艦ミシシッピ号
琉球、那覇　1854年7月11日

謹啓

　私が指揮する艦隊所属のウィリアム・ボードによる殺害事件の第2審について説明された貴官の書簡を受理しました。琉球当局の手によって最終的に公正が保たれたことを承知しております。喜ばしい限りです。事件の詳細な検証によって、ボードはきわめて憎むべき罪を犯したように思われます。しかしながら、逮捕されて法にもとづく裁判にかけられることなく、騒々しい無法の群衆による投石で死に至りました。

　私からの徹底した捜査の要求にもとづき、貴官は法に背いた者たちを私にゆだね、合衆国の法律にしたがって処分するよう首謀者の渡慶次の身柄を引き渡されました。説明を熟慮したうえで、友好関係にある両国間の礼譲の理念を尊重し、この犯人を貴官の管理下にお返ししました。琉球当局から宣告された判決にしたがい、犯人はすべての悪事を働いた者と同様に、終生にわたり収監されるものと確信しております。

謹白

M・C・ペリー

東インド、中国、日本海域合衆国海軍最高司令官

尚宏勲閣下
　　琉球国摂政[59]

59　実際には摂政ではなく、総理官。

143

合衆国と琉球王国の盟約［琉米修好条約］
1854年7月11日、大琉球、那覇で調印

　今後、合衆国市民が琉球を訪れる際は、常に格別の厚意と友好精神で処遇される。

　琉球の産品を合衆国市民が欲する場合は、売り手が官吏であれ、民間人であれ、例外なく購入できる。当局は、民間人の販売行為に介入したり、禁制をもちこんではならない。当事者が購入の意思を示した産品はすべて、適正な価格で販売されるものとする。

　合衆国の船舶が琉球の港に入航する際は常に、薪と水を適正な価格で提供されるものとする。その他の産品の入手を希望する場合、購入は那覇の地に限定される。

　合衆国の船舶が、大琉球島あるいは琉球王国政府の管轄下にある島で難破事故に遭遇した場合、現地当局は要員を急派し、人命救助と資財の確保にあたる。さらに、護送にあたるアメリカ船が到着するまで、海岸に引きあげた全資財の保存に努める。被災者の救援に要した費用は、被災者が帰属する国家が負担する。

　合衆国の船舶の乗員が琉球に上陸する際は常に、妨害されることなく、官吏の尾行や見張りを受けることなく、希望する場所を自由に散策できる。ただし、不法に人家に侵入したり、女性に卑しい行為をしたり、住民に物品の販売を強要したり、あるいはこれに類する不法行為をはたらいた場合は、地元の官吏に逮捕される、ただし虐待を受けることはない。そのうえで、所属する船舶の船長に通報され、その処罰の対象となる。

　泊にある合衆国市民の埋葬地の墓石や碑に、いたずらをしてはならない。

　琉球政府は、熟練の水先案内人を複数任命し、島の沖合にあらわれる船舶の監視にあたらせる。那覇に向かう船影が確認された場合は、サンゴ礁の外周に水先案内船で出動し、船舶を安全な投錨地点

まで誘導する。この水先案内業務の対価として船長は5ドルを水先案内人に支払う。出航の際も同額を支払う。

那覇に投錨する船舶には常に、地元当局が薪を補給し、対価は1,000カティ［約605kg］につき3,600銅キャッシュとする。水の対価は、1,000カティあるいは容量30ガロン［約114リットル］の樽6個分につき600銅キャッシュ（43セント）とする。

合衆国海軍東インド、中国、日本海域最高司令官ならびに日本特派全権大使のマシュー・C・ペリー提督ならびに琉球政府を代表する総理官の尚宏勲、財務官［布政官］の馬良才がそれぞれ英語および漢字で署名した。そのうえで、1854年7月11日すなわち［中国年号］咸豊4年6月17日に、那覇の市庁舎にて、写しが取り交わされた。

　　　　　　　　　　　　合衆国フリゲート艦ミシシッピ号
　　　　　　　　　　　　海上にて　1854年7月17日

琉米修好条約

| 144 |

ペリー提督から海軍長官に宛てた書簡

合衆国蒸気フリゲート艦ミシシッピ号
香港　1854年7月29日

謹啓

　添付の文書をお送りするにあたり、直近の上海における任務遂行に際して、ケリー司令官ならびに配属士官一同が発揮した精力的かつ勇壮な行為を称賛し、海軍省にご報告できることを喜びとするものです。

謹白

M・C・ペリー
東インド、中国、日本海域合衆国海軍最高司令官

　ジェイムズ・C・ドビン閣下
　　海軍長官　ワシントン

_____

| 145 |

［ケリー司令官からペリー提督に宛てた書簡］

合衆国スループ型帆船プリマス号
香港　1854年7月22日

謹啓

　物資輸送船サプライ号のシンクレア副司令官による報告を去る2月28日に発信して以来となりますが、ご報告申しあげます。

　当の2月一杯をかけて、上海の外国人居留地周辺に露営する中華帝国陸軍ならびに沖合に停泊した帝国艦隊が、外国勢力に対する一連の攻撃行動を開始しました。

　外国人には一切予告することなく、建設中の建物を手はじめに破

壊し、建設資機材を強奪しながら、河川を行き来する小型船に残らず発砲し、物色してまわりました。野蛮きわまりない乱暴な言動が飛びかうなか、こうした行動がくりかえされました。

　部隊を指揮する司令官および艦隊最高司令官には多くの苦情が殺到しました。ようやく両司令官とも、外国人の保護に手が及ばないことを認めて、外国人が自らの力で防衛するしかない、との見解を述べるに至りました。

　３月６日に、あるアメリカ市民が所有するアメリカ国旗を掲げた水先案内船が、帝国艦隊の艦船サー・Ｈ・コンプトン号から発砲され、横づけを命じられて、その指示に従いました。コンプトン号に接近すると、武装した兵士の一団が乗りこんできて、アメリカ国旗を引きずりおろし、案内船の乗組員を無理やり艦船の舷側に押しつけると、辮髪を縛ってマストまで吊り上げました。

　この報告が領事館から私に届いたのは、３月６日の午後７時頃でした。即刻、副官のゲストに発令して、武装した小型船でコンプトン号に向かわせ、案内船と乗組員を救出したうえで、同号の船長に、いかなる権限をもってアメリカ国旗を侮辱する暴挙に出たのか尋問しました。

　任務遂行の過程が記録され、私が全面的に承認したゲスト副官の報告を、記号Ａを付してここに同封します。ご高覧ください。

　翌７日、私からマーフィー領事に対し、帝国の戦艦サー・Ｈ・コンプトン号の士官と乗組員によるアメリカ国旗への侮辱行為につき、日付は指定しないが、同号船首マストの最上部にアメリカ国旗を掲揚したうえで、21発の礼砲を発射するよう、最高司令官に申し立てるよう要請しました。

　３月19日、マーフィー領事から書簡が届きました。記号Ｂを付して同封します。

　20日朝、船を出して、私の要求を履行させるために帝国艦隊の投錨地点に向かいました。船を錨で固定した直後に、サー・Ｈ・コ

ンプトン号の艦長が乗船してきて、私の要求に応じるよう最高司令官から命じられていると言明しました。さらに、翌日にはアメリカ国旗を船首のマストに掲揚して、正午に21発の礼砲を放つことも確約しました。間違いなく21日正午に礼砲が鳴り響くのを確認した私は、アメリカ領事館沖合の投錨地に帰還しました。

　帝国陸軍の攻撃は、外国人居留地周辺で依然として続いています。事態が鎮静化しない場合に生じうる結果について、領事を通じてくりかえし警告を発していますが、外国人は自分で身を守るしかないという相変わらずの答えしか返ってきません。

　４月３日、競馬場近くで野営する帝国陸軍の一部の者が、ある外国人が建築中の建物を壊して、次々と木材を持ち去りました。このことを知った所有者が友人とともに破損個所を修理し、抗議したところ、その外国人男性ふたりに刀をふりかざして襲いかかりました。幸いなことに、ひとりが身につけていた拳銃で応戦し、負傷者を出した襲撃者は退散しました。ところが時間をおかず、周辺のあちこちの野営地から出てきた男たちが群れをなし、競馬場を散策していた婦人と紳士を襲いました。紳士は数か所に傷を負い、男たちに追われた婦人は必死の思いで逃げなければなりませんでした。

　ただちに軍に召集命令が出され、イギリス海兵隊の小隊が防衛目的で海岸に上陸し、競馬場に赴くと、帝国軍から発砲を受け、草原に広がる墓石群の背後に避難を余儀なくされました。まもなく、イギリスの戦艦——エンカウンター号とブリッグ・グレシアン号——ならびに当艦船から、水兵と海兵隊員が駆けつけて、帝国軍は野営地に撤退し、なかには包囲され破壊された野営地もありました。われわれは夜間、いったん後退しましたが、厳しい監視態勢は解除しませんでした。

　翌日の４月４日朝、イギリス・アメリカの両領事と協議した後、オーキャラハン艦長と私の両名は、外国人居住地の安全を確保するために、帝国軍司令官および艦隊最高司令官と連絡をとることが必

要と判断しました。まずは、前夜の混乱の原因について情報を提供し、競馬場周辺の塹壕野営地を当日午後４時までに退去すべきこと、さもなければ、われわれ救援部隊の安全のために壊滅的攻撃に踏み切らざるを得ないと通告しました。

　午後３時半になっても回答がなく、陣地確保のために前進しました。オーキャラハン艦長が、上海の義勇兵とおよそ150人にのぼる水兵と海兵隊員を率いて、右側に陣取りました。一方、当艦の水兵と海兵隊員約60名に加えて、野戦砲２基を装備したアメリカ商船の民間人30名が左側を占拠しました。われわれには、21ポンド砲弾の小型船曲射砲も１基用意されていました。

　午後４時、野営地への発砲を開始。15分から20分ほど、砲撃を続けましたが、塹壕からの反応が一切なく、発砲中止を命じて、露営地への突撃に転じました。ところが、30m以内まで接近すると、幅６m・深さ２mほどの小川が行く手を阻んでいることが判明しました。まさにその瞬間、土壁の背後から帝国軍の激しい銃撃がはじまり、われわれはまったく無防備の状態でした。10分ほど応戦したところで、私は、多数の土塁があって防御しやすく、露営地への発砲も可能になる左側への移動を命じました。８分ほど経過すると、帝国軍は大混乱におちいり、多数の死傷者を残して、後退しました。オーキャラハン艦長が露営地を攻略し、火を放って、攻撃をはじめたのを機に、私は露営地の背後にまわり、同様に火を放ちました。

　その後、夜間は戦線を後退させました。翌朝、陽がのぼると、およそ100名の中国人労働者を引きつれて競馬場に戻り、土塁を崩して平坦にならしました。

　残念なことに、この攻撃作戦で部下のひとりジョージ・マッコークル（１等水兵）が死亡、２等水兵１名と海兵隊員２名が負傷しました。負傷者は全員が完治しています。

　アメリカの商船ローズ・スタンディッシュ号のピアソン船長が、曲射砲の操作中に負傷し、その後亡くなりました。ラッセル商会の

事務長グレイ氏が両脚を負傷し、片脚を切断せざるを得ませんでした。その後の経過は順調です。

　最後になりましたが、私の指揮のもと、帝国軍の塹壕から砲弾を浴びながら、冷静かつ勇猛果敢に行動した将兵に最大限の称賛の言葉を捧げるものです。

　イギリス陣営の犠牲者もほぼ同規模で、死者１名、負傷者３名を出しています。

　私が出発した６月17日まで、平穏な状態が続きました。反乱軍は依然として上海市街地を占拠しています。

　ヴァンダリア号が６月14日に到着し、その際に、すべての命令と指示をポープ司令官に引き継ぎました。

　ブキャナン司令官が率いる蒸気艦船サスケハナ号は、中国駐在弁務官のマクレーン閣下を乗せて、上海に停泊していますが、７月６日までに香港に向けて出航する見込みです。

　私は上海を出航後、寧波に移動しました。Ｄ・Ｂ・マッカーティ副領事の報告書の写しを、同封してお送りします。

　ヴァンダリア号が到着する数日前に、ブキャナン司令官とマックレーン閣下が蒸気船コンフューシャス号で福州を訪れ、平静な状態にあるとの報告がなされていることから、福州停泊は不要と判断して厦門に向かい、同地で36時間停泊しました。

　アメリカ領事の報告によれば、厦門一帯はまったく平穏です。７月７日正午に厦門を出航し、14日朝に香港に錨をおろしました。

謹白

ジョン・ケリー

司令官

　Ｍ・Ｃ・ペリー提督閣下
　　東インド、中国、日本海域合衆国艦隊最高司令官

146

文書A

合衆国スループ型戦艦プリマス号
上海　1854年3月7日

謹啓

　昨夜の発令にもとづき、（武装した）11人が乗りこむ第3小型艦載船を私が指揮して、中国帝国戦艦サー・ハーバート・コンプトン号の舷側に接近しました。捕獲された小型船を所有するエアズ、リュークレイター、ドナルドソンの3氏が同行しました。

　司令官による命令の第1の任務は、コンプトン号の艦長に覚書を手渡すことでした。船上に艦長の姿はなく、アグネス号（別の中国戦艦）にいると知らされて同号に向かいましたが、そこにもいず、上陸中とのことでした。捜索を断念し、第2の任務である「可能な限り、捕獲された小型船の引渡しを実現すること」にとりかかりました。さまざまな手段を駆使しつつ、武力を行使する権限も与えられているものと判断しました。

　10基をこえる機関砲を装備する戦艦サー・ハーバート・コンプトン号は、中国艦隊の中ほどに投錨していましたが、乗員は（夜間に確認した限りで）40名程度の陣容で、国籍を問わない無法者の集団でした。拘留されているアメリカ水先案内船の乗組員6名を解放する試みは困難をきわめると判断して、以下に記すような手順を踏みました。

　拘留者はメインマスト周辺で髪の毛を縛りつけられているとの前提でとりかかりました。私は再度、横づけして、船上に上がりましたが、同行した3人の水先案内人には、かならず合図を確認してから後に続くよう注意しておきました。

　私が、指揮官の所在を訪ねると、ポルトガル人が名乗り出て、身分を明らかにしました。私は、アメリカ国旗の庇護のもとにある人々を拘束した経緯を訊ね、6人の解放と、小型船の返却を求めました。

311

その男は、実行に関与していないが、船長が不在で、自分には捕虜解放と船の返却を命じる権限がないと答えました。その後、別の将校（中国人）となにやら協議していました。

それを見て私が、配下の者たちに「船に上がるよう」合図を送ると、短剣を手に驚くほど機敏に甲板に上がってきて、すぐに拘束された人たちを解放しました。すると、サー・ハーバート・コンプトン号の乗組員たちが威嚇する態度に出て、船尾の一段高くなっている甲板にいる数人の男が歩兵銃でわれわれを狙っていると、ドナルドソン氏の叫ぶ声が聞こえました。幸いなことに、相手方の指揮官が私のすぐ近くに立っていました。手にした私の拳銃の撃鉄を引いて指揮官に見せつけ、最初の一発で頭部が吹き飛ぶと脅しました。すると、大声を出して部下たちに引き下がるよう命じました。こうして、さしたる困難もなく、被拘束者と小型船をとり戻したのでした。

エアズ氏は小型船を点検して、自分の持ちものの無事を報告してきました。その後、プリマス号の射程圏内の安全な場所に水先案内船を誘導しました。

閣下の命令をその精神とともに忠実に遂行して、私は帰艦しました。

謹白
ジョン・ゲスト
合衆国海軍副官

　ジョン・ケリー司令官
　　合衆国スループ型帆船プリマス号

147

海軍長官からペリー提督に宛てた書簡

海軍省
1854年9月19日

謹啓

　日本国皇帝との間に締結された条約ならびにこれに添付された興味深い覚書類の受理通知が大変遅くなりました。あしからずご了承ください。

　その折、海軍省としては、上院の条約批准に関する報告をアダムズ司令官に託して急送することが念頭にありました。国務省は急報運搬役のアダムズ司令官の手で批准書を返送することでしょうが、それが的確なことなのか、（ことの重大性は承知しているものの）いまだに判然としません。

　前例のない興味深い派遣使節の任務に、提督が成功をおさめたことに心からの祝意を表します。閣下はご自身の名声を従前にも増して不動のものにされ、提督が邁進された名誉ある任務にもとづき、新たな栄誉を手にされております。さらに、われわれが期待した通り、国家と通商と文明に勝利をもたらし、未来の世代に神の恵みを享受させることでしょう。

　上院は、迅速に満場一致で条約を批准しました。アダムズ司令官は、批准書を携えて近々、日本に戻るものと期待しています。

謹白

Ｊ・Ｃ・ドビン

　Ｍ・Ｃ・ペリー提督閣下
　東インド、中国海域、中国・香港合衆国艦隊最高司令官

313

148

ペリー提督から海軍長官に宛てた書簡

イギリス郵便蒸気船ヒンドスタン号船上
インド洋海上　1854年10月7日

謹啓

　私から中国駐在弁務官R・M・マクレーン閣下に宛てて、シンガポールから発信した書簡の写しを、謹んでここに同封いたします。

　文面は、本船がセイロン島に着き、中国に向けて出航する直前に、［港湾都市］ゴール郊外の寺院に巡礼する多数の仏教僧侶を乗せたシャム［タイの旧称］国王の船と遭遇したことを海軍省に通知するものでした。船長ならびに巡礼者たちには敬意を表しましたが、以前シャムを訪れた同僚士官たちと友好関係にある国王の弟［王子＝第2国王］との交信のきっかけになればとの期待がありました。

　私からこの王子に宛てた書簡で、いつの日か私が率いる艦隊とともに栄華をきわめるシャムを訪問し、合衆国とシャムの友好関係をさらに拡大し、強固なものにするために力を尽くしたい旨をお伝えしました。

　今は亡きロバーツ氏の努力で締結されたものの、実質的に空文化し、効力を失っている条約の改訂を私は望んでいます。イギリスと同国の条約も同様の現状にあり、イギリスの側からはジョン・デイビス卿やジェイムズ・ブルック卿（サラワク王）が、アメリカからは特命使節としてバレステール氏などが努力を重ねてきましたが、私としては、別の試みが良い結果につながるのではと思い立ち、白紙の信任状の権限を手に、この仕事の準備にかかりました。

　あらゆる東洋の権力者に共通する性格を知る私は、バンコク訪問を（たとえその時点では実現可能性があったにせよ）危険を冒してまで急がないようにしました。**現地に赴いても**、先に名前をあげた方々と同様に、おそらくは慇懃無礼に拒絶されることでしょう。このような次第で、私は、広東に着くとすぐに、公使館書記官のパー

314

カー博士と協議し、その力添えも得て、シャム在住で、国王にも好かれているアメリカ人伝道者ふたりと内々に連絡をとりました。国王と配下の大臣たちがアメリカ合衆国政府と国民に対して抱いている感情をふたりに訊ねたうえで、私がシャムに赴いて面会がかなうものか、率直な意見を聞かせてほしいと要請しました。

やがて第2国王と、伝道者ふたりから回答がありました。第2国王の書簡は儀礼的なものにすぎませんでしたが、伝道者からの書簡は、王宮での友好的な歓迎を確信させてくれる内容でした。ただし、諸外国との通商関係をさらに自由化する意向が政府にあるかについては、多少の疑念を表明していました。とはいえ、全体としては、シャム訪問を勧める内容でした。さらにその後、第2国王からもう1通の書簡が届きました。以前と同様に友好的な内容でしたが、兄の第1国王について紹介してくれました。さらにさまざまな情報をもとに、状況が許すなら日本からの帰途、懸案の事項に着手する決心を固めてはいかが、と示唆されました。

中国で足どめを余儀なくされた期間にシャムを訪問しなかった理由を問われるかも知れません。当時は、蒸気船のシャムへの往復に必要な量の石炭がなかったうえ、第2次日本訪問に備えて一定量を残しておく必要があった、というのがその答えです。

私の目的のひとつは、シャム国王を説得して、所有する船舶（すべて軍用・商用両方の機能を有しています）の1隻に、数人の知的能力の高い幹部職員——その多くは英語を話せます[60]——を乗せて、アメリカ本土まで送り出させることでした。アメリカ現地で、わが国の諸制度や国全体の資力などを詳細に観察してもらうためです。私の考えでは、われわれが理解する文明からかなり立ち遅れている人々の敬意と友好感情を、わが国の政府に向けてもらうにはこれが最も確実な方法でした。

---

60 【原文脚注】両国王は英語を話すだけでなく、読み書きもできます。

しかしながら、シャムに関する私の構想は頓挫しました。その原因は、日本との交渉のやむを得ない理由による長期化、ミシシッピ号とサスケハナ号を太平洋経由で帰国させる必要性、パウハタン号に新たに課せられた特別任務、さらには広東および上海に1隻を常駐させる絶対的な必要性など、いくつかの要因が重なったことにありました。

先に触れた書簡の写しはすべて、マクレーン氏にお渡ししてありますが、海軍省にも、私が帰国次第、回送いたします。

コーチン・シナ［現在のベトナム南部を指す］との外交関係を切り開く可能性についてですが、かつてイギリス、フランス、アメリカが冒した失敗の反省を含め、中国とシンガポールで得た信頼できる情報にもとづく私の考えは以下のようなものです。

好ましい成果を得るには、流域に主要都市が点在している川を遡上する手段として喫水の浅い蒸気船を複数使用することが必要な条件です。これに、侮辱行為をものともしない人員を乗せて航行し、尊敬をかちとり、その結果として、特異な地域の人々との**友好が確保される**ものと考えています。コーチン・シナおよび周辺の国々との交易の意義は増大しつつありますが、多大な犠牲を払って締結する条約が、未発達の段階にある国家の積極性と活力の栄誉をたたえること以上に望ましいものか、疑問は残ります。

謹白

M・C・ペリー

　ジェイムズ・C・ドビン閣下
　　海軍長官　ワシントン

追記――先に述べた白紙の信任状については、5通が私の管理にまかされており、適切な機会が到来した場合に、私が空欄に書きこむことになります。

[149]

［ペリー提督からマクレーン弁務官に宛てた書簡］

シンガポール　1854年9月19日

親愛なるマクレーン殿

　当地に着いたとき、シャム国王の使者が私と会うためにしばらく前から待機している旨、わが国の領事から知らされました。

　すぐに使者と面会しましたが、私がシャム訪問を真剣に考えているとの情報に国王が大いに喜び、応接するための施設を建てたうえ、私への表敬の準備をあれこれ進めていると教えてくれました。私の訪問時には、通常の宮廷儀礼に反して、じきじきに応対していただけるとのことです。

　シャムからの使者と面会する1時間前に、シンガポール総督のバターワース大佐とじっくり会話する機会をもちました。大佐には、以前から書簡を取り交わす関係にあるシャム国王から書簡が届いており、そのなかで国王は私に言及して、訪問の実現を心待ちにしていると書いているそうです。また、それとは別に大佐のもとに届いた国王の書簡を、ジョン・バウリング卿に回送したとのことで、いずれ閣下にも回覧されることでしょう。

　先に述べたことは、ありのままに書いています。こうした私を歓迎する準備はすべて、既存のアメリカ合衆国との条約内容の改訂に際して、一切妥協しない意向を固めていることを隠蔽するごまかしにすぎない可能性もあります。

　バターワース大佐が正確に言いあてたように、シャムの王子たちは、東洋の権力者の例にもれず、外交的な二枚舌を使っているのですが、私としてはそれを承知のうえで、シャム国王と一戦交えるべきだったのかも知れません。

謹白

M・C・ペリー

150

ペリー提督から海軍長官に宛てた書簡

イギリス郵便蒸気船ヒンドスタン号
インド洋海上　1854年10月9日

謹啓

　スループ型戦艦プリマス号と物資輸送船レキシントン号の船上には、日本国皇帝から大統領官邸に贈られた献上品の数々とともに、観賞用の樹木、果樹、花卉さらにはサトウキビの苗木など日本および中国産の数多くの植物を艦載しております。行き違いがあってもいけませんので、あらかじめこのことを海軍省にお知らせする次第です。

　海軍省指令によりノーフォーク転属を命じられたケリー司令官には、遅滞なくこれらの献上品を陸揚げし、ワシントンに転送させるために、まずはアナポリスに向かった後、ノーフォーク港に帰航するよう私から指示しました。[61]

　しかし、一連の指令が出た後、シンガポールでケリー司令官に会った際——サトウキビの苗木を船で受けとるために、この地とマラッカ海峡のペナンでの停泊を指示されていました——、アナポリスに向かうか、それともノーフォークから献上品をワシントンに直送するかは、司令官の裁量によることを口頭で伝えました。

　レキシントン号のグラッソン副司令官は、（海軍省指令にもとづき）ニューヨークへの途上にありますが、［発明者の名にちなんで］ウォード箱と呼ばれる［植物運搬用の］容器に植えられた約300本の苗木を艦載しています。アナポリスに寄港するか、苗木を陸揚げし、鉄道に乗せて回送するかを自分の裁量で判断するよう命じられています。寒気で枯れてしまう危険性を配慮してとられた措置です。

61　ノーフォークはペリー艦隊が日本に向け出航したバージニア州の港湾都市。アナポリスはメリーランド州の州都。当時から、海軍士官学校がある。

農業専門家として政府から派遣されたモロウ博士は、私が苦労を惜しまずに収集して下準備に努めたこれらの苗木の管理にあたっています。私はさらに、見習い船員として乗員名簿にのせた中国人の園芸家を帯同させましたが、さまざまな変種にも精通しており、今後は、公園の園丁補佐として大いに力を発揮し、特に中国式観賞庭園の造築にあたって指導的役割を果たすものと期待されます。

　輸送船はすべて空荷の状態でニューヨークに向かいますので、私自身も自分で集めた珍しい品物や役立ちそうなものを船に乗せましたが、士官が希望する場合には同様の形で自宅に送ることを許可しました。当然のことながら、これらの品物を士官が自分で使用するという前提であり、販売は認められません。さらに、誤解を防ぐために、ニューヨークの関税徴収官あてに書簡を送り（サプライ号を使いました）、必要な説明をしておくことが適切と考えました。物資輸送船サプライ号には、日本、蝦夷、琉球、台湾、中国などで私が手に入れた御影石のブロックをはじめ、大小さまざまな石材が艦載されています。ワシントン記念塔の建材に使うためのものです。

　私は、オランダ経由でアメリカ本国に向かっている途上ですが、明年１月中旬には、ニューヨークに着く見込みです。ミシシッピ号もその前後に到着の予定で、艦隊の航海を終えて司令旗をおろすことになります。

　ヨーロッパでは、（帰国途上での目標のひとつでしたが、）造船所と蒸気機関製造工場をいくつか見学し、日進月歩の改良がめざましい蒸気船の建造と機械装置──特に、スクリューの推進部など──について視察するつもりです。

謹白

M・C・ペリー

　J・C・ドビン閣下
　　海軍長官　ワシントン

$\boxed{151}$

ペリー提督から海軍長官に宛てた書簡

イギリス郵便蒸気船ヒンドスタン号

紅海　1854年10月14日

謹啓

　中国からの帰途、（セイロンの）ゴールに停泊した際、ポートルイスに本社をおくショバン兄弟商会のジョス・ショバン氏から、私の依頼に応じて同氏が手配してくれたモーリシャス島産のタバコと綿の実の入った箱を頂戴しました。

　私はアメリカ本国に直行しないうえ、春の種まきの時期までに綿の実をワシントンに送る重要性は理解していましたので、同胞のチャールズ・H・ローデス船長にこの箱の輸送を託しました。船長は、アダムス社の急行便でニューヨークからワシントンに回送することを丁重に約束してくれました。

謹白

M・C・ペリー

　　ジェイムズ・C・ドビン閣下
　　海軍長官　ワシントンD.C

.

152

ペリー提督から海軍長官に宛てた書簡

海軍省
ワシントン　1855年1月20日

謹啓

　日本国皇帝ならびに私が交渉相手とした帝国交渉委員宛てに私が差し出した2通の書簡[62]を、謹んでここに同封いたします。

　この2通の書簡は、理由は定かでありませんが、[海軍省に]伝送されませんでした。

　私も、送信を確認してから、書類を同封するようにします。

謹白
M・C・ペリー

ジェイムズ・C・ドビン閣下
　海軍長官　ワシントン

62　【原文脚注】1853年8月3日付のペリー書簡を参照。[本書には収録されていないが、同年11月14日付海軍省発信の冒頭で言及されている]

|153|

合衆国蒸気フリゲート艦ミシシッピ号
1854年7月31日

謹啓

　最大限の敬意を表しつつ、提督の司令旗のもとに仕える当艦船乗組員一同は、ここに謹んで、以下の書簡を提督に献上します。

　当艦船のアメリカ到着に先立って下船されることを提督が検討されている由、残念な思いです。司令官として、また真の友人としての提督にわれわれが抱く深い尊敬の念を相応の形で表明できるよう念願しております。

　最高の名誉がアメリカ全土に広まり、国をあげて提督を待ちかまえていることは十分承知しつつ、長期にわたりじきじきにご指導を仰ぐ幸運に恵まれた者としてわれわれ一同、提督の今後の幸福と繁栄を心の底から願っていることを表明いたしたく存じます。

　提督が、数多くの権威ある人々との間で完遂された交渉事の意義の大きさは言うまでもありませんが、繊細さと慎重さに配慮を尽くされたことも、われわれは十分に理解しております、ぜひともご承知ください。

　提督の指揮のもとにある限り、アメリカ国旗の栄誉が傷つくことは決してあり得ない、このことをわれわれは絶対的に確信しております。お別れするにあたり、提督の今後に幸多きことを願うわれわれの切なる思いを、お察しくださるようお願いします。

　同時に、提督が快適な環境づくりに特段の留意を払われていたこと、指揮に服する将兵の健康と満足すべき環境の確保に取り組まれたことに感謝しております。先に申しあげたように、提督にふさわしい栄誉をもって国をあげてお迎えする態勢ができていますが、われわれからもささやかな贈り物をお受けとりいただきたく存じます。

　われわれも祖国のお役に立つ名誉にあずかりましたが、これに勝る確信あるいは誇りを覚えることは、提督の指揮のもとでなければあり得ませんでした。

乗組員を代表して

ジェイムズ・パターソン（庶務係下士官）

ヘンリー・スミス（砲撃兵曹）

フランシス・サリバン（警衛兵曹）

ジェイムズ・ロビンソン（縫帆兵曹）

ウィリアム・トレイン（操舵兵曹）

アレクサンダー・マキントッシュ（船首楼長）

トマス・ジョーンズ（船倉長）

アンガス・ジョンソン（檣楼長）
<ruby>しょうろう</ruby>

ウィリアム・ウェイド（火器係）

デニス・コナー（掌帆長助手）

ルーベン・ギリアム（営繕係兵曹）

ジョス・R・ハード（後部甲板員長）

チャールス・ヘイガン（上等水兵）

リチャード・ヒューソン（2等水兵）

ジェイムズ・H・ウィークス（見習船員）

機関兵および石炭運搬作業員を代表して

ジョン・フィッシャー

海洋監視員を代表して

カーンズ軍曹

ペリー提督閣下に

　東インド、中国、日本海域合衆国海軍最高司令官

323

| 154 |

合衆国蒸気フリゲート艦ミシシッピ号

マカオ　1854年8月1日

乗組員一同に

昨日、諸氏一同の書簡を落手し、ありがたく拝読しました。

ミシシッピ号に乗りあわせた皆さんが、心のこもった親愛なる思いを私によせられていることを知り、これにまさる喜びはありません。私からも真心をこめてお礼を申しあげます。

堂々と多くの試練に耐えたミシシッピ号が私の司令旗を掲げて、このマカオをはじめ多くの駐留地で経験した時間を、今後も誇りと喜びをもってふり返ることでしょう。

諸氏一同のご繁栄とともに、故郷のご家族と友人のもとに無事帰還されることを祈念しつつ、諸氏を友とする者としてここに署名します。

M・C・ペリー

155

広東　1854年9月4日

謹啓

　閣下の同胞であり、中国に在留する商人である署名者一同は、今月11日に提督閣下がアメリカに向けて出航されるご意向とうかがい、出発を前にわれわれの思いをお伝えいたしたく存じます。

　合衆国政府から特別に託された日本政府への派遣使命は、提督の献身的な取り組みによって完遂されました。中国ならびに近隣地域において重大な危機に瀕した権益を防衛するために、提督が敏速な指揮にあたられたことを、われわれはよく承知しております。われわれの利益に資する提督のご活躍を間近に拝見したうえに、日本沿岸をめざす出航を再度にわたりお見送りする恩恵に浴しました。われわれの最高の望みが提督によってかなえられたことは疑いありません。

　提督が取り組まれる大きな計画への期待と不安を、遠く離れた地にいる人々よりも強く共有できたわれわれは、その功績がアメリカ全域に広まるにつれて心からの賛同、誇り、称賛の声が高まるに違いないものと確信しております。提督の成功によって愛国心は燃えあがり、同胞からの称賛と謝意がさらに喚起されるものと思われます。他の国々からの喝采も小さなものではないでしょう。

　文明世界全体が提督の信奉者であり、提督の果たした使命が人間の抱く最高の野心の名に値するものであることは、ご自身もご承知のはずです。こうした事情は不安を感じさせる要因にもなったことでしょうが、提督の熱意を削ぎ、理性を惑わすことはありませんでした。むしろ、臨機応変の才と判断力がまれに見るほど融合して堅固なまでに一体化し、提督の完璧な成功を確実なものにしたのです。同胞のみならず他国の人々からも授かる名誉であることは間違いありません。

　提督は、世界的な光栄ある地位にご自身を高める一方で、世界への影響力を改めて築かれ、その名声は同胞の胸に永く刻まれること

325

でしょう。さらに、海軍にかかわる職業を長きにわたって魅力ある
ものにしたペリーというお名前は、今後、外交の分野の最高位に刻
印されることでしょう。

コロンブス、ダ・ガマ、クック、ラ・ペルーズ、マゼラン——こ
れらの人々は、自然の困難に立ち向かったことで歴史に名前を残し
ています。提督は、人間の頑迷固陋な精神を打破したうえ、帝国の
旧套的な政策をくつがえして、孤立してはいるものの教養に富む国
民を諸国家の共同体にひき入れました。提督によって、この事業は
武力を行使せずに遂行され、一発の砲撃もなしに偏見の障壁がアメ
リカ国旗の前に崩壊する光景を目撃して世界は称賛したのです。

提督の英知がもたらし、正義と高徳な心に鼓舞された活動は、日
本が諸国家の大連合体に仲間入りする扉を幸先の良い形で開けたの
であり、その結果は国際社会の繁栄に資するものです。こうして、
アメリカ国旗の輝きがさらに増すなかで、提督はみずからのお名前
を世界の歴史に永遠に刻まれました。

最後に、お許しを得て言わせていただきます。同胞の誰ひとりと
して提督の果たされた貢献の真価を評価し尽くすことはできないで
しょう。今後のお幸せを心からお祈りするばかりです。提督の公的
な貢献と普段のお人柄にわれわれが抱く尊敬の証として、中国訪問
を永く記念する品をお受けとりくださるようお願い申しあげます。

人に授かる最高位の褒章——「国をあげての感謝の報い」——を
祈念して

われわれは、いつまでも閣下の同胞であり続けます。
（以下、広東に駐在するアメリカ商人全員の署名が続く）
［個々の氏名は省略されている］

マシュー・C・ペリー提督閣下
東インド、中国、日本海域合衆国海軍最高司令官
前・日本特派全権大使

326

156

合衆国旗艦ミシシッピ号

香港　1854年9月7日

紳士各位

　去る4日付の書簡にて各位からよせられた、惜しみないご厚情と寛容さ、過大なお褒めの言葉に深く感謝申しあげます。私からの謝意をありのままに伝える言葉が見つかりません。

　東インド艦隊最高司令官としての任務の遂行に、日本への派遣という特別の使命が加わり、ひとりの熱意ある忠実な将校にすぎない私に期待された仕事が果たせたのか、心もとありません。

　各位から語られる賛辞を深い感謝の念をもって受けとめた私の子供たちも、父親が中国駐在の同胞から頂戴した多くのご厚意の記念として胸に刻むことになりましょう。

　長きにわたり快くご交誼をいただいた方々とお別れするにあたり、われわれの幸多き祖国で再会することを願うしかありません。その日のあることを心待ちにしつつ、友情と敬愛のすべてをこめて署名するものです。

謹白

Ｍ・Ｃ・ペリー

157

香港　1854年9月9日

謹啓

　アメリカ本国に向かう提督閣下の出航を明日に控え、閣下のご健康と幸多きこと、ならびに成功裏にわが祖国への帰還を果たされることを、心から願う気持ちをお伝えしたく存じます。

　われわれのこうした思いを表明するにあたって、閣下の日本派遣の使命が完璧な成功のもとに完了したことを目の当たりにしたわれわれの大きな誇りについても、触れないわけにはいきません。閣下の献身的努力は、わが国にもたらした多大な恩恵に加えて、国益をさらに拡大し、所属する海軍部局全体の意気を高揚させました。

　われわれ同胞が閣下に抱く思いと同様の評価と尊敬の念が、イギリス社会からも向けられていることに閣下はお気づきのことと思います。——閣下が成功裏に果たされた任務遂行について、イギリス社会がわが国とわが市民に祝辞を述べる際には、アメリカだけでなく世界全体に対して帝国日本の交易の門戸が開放されたことに鑑み、政府がその実行役として閣下を選抜したことが祝福されているのです。

　閣下の出航を前にしたわれわれと同様に、イギリス女王陛下の全権大使をはじめ官公吏、一般市民、陸海軍の軍人、さらには中国との通商で最前線に立つイギリス商人の口から、閣下の名前、人柄、功績があらん限りの称賛の言葉で語られるのを聞くとき、われわれとしても誇らしく思い、ここにお伝えすることをお許しいただけるものと考えています。

　以上のことを申しあげ、閣下のご幸福を心から願い、尊敬の念をこめて、ここに署名します。

閣下の友人である
ジェイムズ・キーナン
Ｏ・Ｄ・ウィリアムズ
ヘンリー・アントン・ジュニア

ジョージ・L・ハスケル

M・C・ペリー提督閣下
　東インド、中国海域合衆国艦隊最高司令官

―――――――――

| 158 |

合衆国蒸気フリゲート艦ミシシッピ号
香港　1854年9月11日

紳士各位
　中国からの出発を目前に控え、9日付書簡で過大なお褒めの言葉を頂戴しましたこと、光栄に存じます。これまで数多くよせられた各位のご厚意とあわせて、謝意を申しあげます。
　武官にとって最高度の褒賞は、自身の公的任務について贈られる同胞の称賛と友情に他なりません。中国に駐留される皆様方から惜しみなく私に与えられたご好意とご厚情は、決して忘れません。
　本日の出航に向け、諸準備をしながらのこの走り書きのご無礼をお許しくださるものと信じつつ、各位の今後のご幸福とご繁栄を祈念申しあげて、署名します。

謹白
M・C・ペリー

　ジェイムズ・キーナン殿
　O・D・ウィリアムズ殿
　ヘンリー・アントン・ジュニア殿
　ジョージ・L・ハスケル殿

329

159

Wm・L・モーリー合衆国海軍副官による下田港への航行指示

南および西方向から下田港に向かう船舶は、伊豆岬［石廊崎］からの距離を約10kmと想定すること。伊豆岬から東南東微東方向にロック島［神子元島］がある。気象条件が良好であれば、江戸湾入口から連なる島々［伊豆七島］がはっきりと一望できるだろう。

ロック島と陸地の間には、海面から見え隠れする多数の岩礁があり、日本の小型帆船はその間を自在に通航しているが、緊急事態の場合をのぞき、ロック島の内側を航行してはならない。付近の沖合を通る北東方向への潮流が、潮の向きも速度も、この地点で急変することがある。

ロック島に2km弱の操船余地を確保して通航すると、北微西1/2西方向・距離8kmに下田港の全景が視界に入ってくる。

港入り口の東側にそそり立つヴァンダリア断崖［赤崎］は、その頂きの松の木立が目印となる。須崎の村落は、断崖とダイアモンド岬［爪木崎］の間を3分の1ほど進んだ辺りにある。ダイアモンド岬は港口の東側に鋭く突き出ている

ロック島を背にして向かうと、速い潮流をたびたび通過すると思われるが、水深30〜45mの港口に接近するまで、測鉛を垂らす水深調査は行わないこと。

北方向から風が強く吹いている場合は、風が静まるか向きが変わるまで、あるいは引き綱で牽引されて移動できるまでの間、港口に投錨する。突風が吹き、風向きが定まらないことが頻繁にある。

下田港に北ないし東の方向から入港する場合、船舶は大島［通称・伊豆大島］のどちら側を通っても良い。大島の中心から見るとダイアモンド岬は西南西微西3/4西の方向、約35kmの距離に位置する。

大島と下田の間に、特に危険な個所はないが、北東方向への潮の流れには絶えず警戒を要する。とりわけ夜間ならびに雨模様の気候の際は要注意。潮流の速さは1時間あたり3〜5kmだが、局地的に

吹く風の向きを含めて、岬と島々などからの影響があり一定しない。

　ダイアモンド岬の手前あたりから見て、大島が厚い雲に覆われている場合には、ロック島を見失わないようにする。というのも、大島の沿岸には遠方から港の位置を識別できるような際立った目標物がなく、海岸線が切れ目なく続いているように見えるからである。

　港の西方には、砂浜がいくつかあり、砂州が３、４か所に広がっている。これらの場所は、10kmあるいは15kmまで近づけば容易に識別でき、格好の目印となる。

　南および東方向から入港する船舶は三宅島［神津島の誤り］の西方を通過することになるが、この島は西側にそそり立つ雪のように白い断崖で知られている。断崖北方の頂にも白い斑点がある。三宅島［神津島］からは、港は北北西方向、約45kmの距離にある。

　港には２か所、危険な暗礁がある。ひとつは――

サウサンプトン岩

　ヴァンダリア断崖から見て北微西の方向、センター島［犬走島］との間、４分の３ほどの地点にある。岩の直径は７〜８ｍ、海面下３〜４ｍに隠れている。白色の円柱ブイが目印である。もうひとつは――

サプライ岩

　毘沙子島の南微西方向、目と鼻の先にある尖った岩。海面下３〜４ｍ。赤色の円柱ブイが目印である。

　センター島の名称は、条約に定める制限区域の測量基点となったことに由来する。樹木に覆われた高い円錐形の岩を洞窟が突き抜けている。

　港外の停泊地や港の出入り口の近くで、不快感を催すような大波のうねりを感じることがあるが、サウサンプトン岩やセンター島の

331

内側の航路は安全性が高く、海面も比較的に穏やかである。船首を南か西に向け、錨鎖孔を開けた状態で停泊すること。

下田の小川には小型船から柿崎の村に上陸する絶好の場所がある。

港務長と３名の水先案内人が任命されていて、薪、水、魚、ニワトリ、鶏卵のほかサツマイモなどの野菜が地元当局を通じて手に入る。空っぽの樽を持参して提供してもらう必要がある。

センター島の位置は、北緯34度39分49秒、東経138度57分50秒。［磁針と真北の］偏角は52分西。高潮から海面が下降して低潮に至るまで５時間（F.＆C.,Ｖhr）。最高潮位1.7m。平均潮位0.9m。

上記の指示は、わかりやすいよう簡潔にしたものである。下田港に寄港するあるいは通過する航海士に詳細な情報を提供するために、以下の見解を追加する。

下田港は、伊豆半島の南東端に近い。伊豆岬が終端にある。港の北方には、半島を縦断する尾根が続き、南は岬まで伸びている。標高は高くない頂きが、数えきれないほど連なっている。

下田港は、江戸湾の出入り口に位置する相模岬［三浦半島の劔崎^{つるぎざき}を指す］から南西微西の方角、70kmあまりの距離にある。

ロック島の標高は約37m、１周500mあまりの大きさである。海岸は切り立った絶壁がつらなり、外観は変化に富んでいる。頂上付近は、芝、雑草、苔などで覆われている。この島の頂上から、北微西の方向、距離２km前後の海面に逆波が立っている一帯がある。岩礁かサンゴ礁によるものと考えられる。実態の究明を試みたが、速い潮の流れと強風のために十分な調査ができずに終わった。ただし、日本の漁業関係者は危険個所の存在を否定している。

ロック島から北微西の方向、３kmあまりの距離に横根岩がある。注意しないとひとつに見えるが、ふたつの岩である。大きい方は高さが20mをこえる。横根岩とロック島の間を流れる潮流は、東北東の方向に、時速６kmを優にこえる速さで流れている。

センター島はロック島から北微東方向、約10kmの位置にあり、

332

横根岩からは北微東わずかに東方向、6kmほどの位置にある。

毘沙子島はセンター島の北北東にある。標高約12m、高木や灌木に覆われている。

サウサンプトン岩を示すブイが見あたらない場合は、センター島の東端が、毘沙子島の西端に連なって見えるように進むと、サウサンプトン岩の西方を無事通過できる。

須崎村の沖合、海岸から500mほどの場所に、絶えず白波が立っている岩礁がある。通過する際には、錨綱2本分の間隔を保つこと。

ヴァンダリア断崖から真西に進み、反対側の海岸に向けて3分の1ほどの場所に、海底までの深さが55mに及ぶ場所がある。

港に東方向から近づいた場合、ダイアモンド岬の内側まで進まないと、港は見えてこない。

ダイアモンド岬の北には、白浜湾があるが、水深はかなり深い。砂浜がいくつかあって、下田と間違える可能性がある。この湾をめざして進むと、ダイアモンド岬が横根岩と南のロック島を視界から消してしまうが、下田の停泊地ではどの地点からも視認できる。

伊豆岬──北緯34度32分、東経138度51分。

ロック島──北緯34度33分50秒、東経138度57分16秒。

三宅島［神津島］の南西に、高さ5〜6mの危険な岩礁が2か所あり、レッドフィールド岩［銭洲］と呼ばれている。それぞれの位置は、北緯33度56分13秒、東経138度48分31秒および北緯33度57分31秒、東経138度49分13秒である。

測定値の厳密性に疑問は残るが、大きく外れてはいないと信じられる。

M・C・ペリー提督の命により

サイラス・ベント
旗艦副官
合衆国蒸気フリゲート艦ミシシッピ号
琉球、那覇　1854年7月7日

160

Wm・L・モーリー合衆国海軍副官による箱館への航路指示

　広々として美しい箱館湾は、入港の容易さと安全性が類を見ないほど優れている。日本列島と蝦夷をへだてるサンガー海峡［津軽海峡］の北側に位置し、尻屋崎[63]（日本の北東端）と松前の市街［現‐松前町］のほぼ中間にある。尻屋崎からは北西1/2西方向、約75kmの距離にあり、湾口の幅は6.5km、湾の奥行きは8kmほどである。

　箱館港は湾の南東部の入江にあり、外部から完全に遮断された地形で、海底の水深は一定し、投錨地としても優れている。台地状の陸地から突き出た形の岬には険しい頂があるが、細長い砂地でつながっていて、遠くから見ると、島のようにも見える。

　港に面している市街地は岬の北東斜面に広がり、人口は約6,000人である。

　わが国の海図ではブラント岬と命名されている汐首岬──箱館の市街地から東微南方向、20kmの距離にあり、識別が容易──を通過して、東方向から港に近づくと、低地の地峡のかなたに停泊中の小型帆船が視界に入ってくる。

入港に際して

　箱館の岬を遠巻きにめぐり、岸から2kmほどの間隔を保ちながら、山麓の無風地帯を避けて、ほぼ北方の駒ケ岳の険しい山頂方向に舵をとると、北東微北方向の「馬の背」の東の峰が、山腹の小高い丸い丘につらなっているのが見える。船首を風向きにあわせて北あるいは東に向け、地峡にある砂丘の中心が南東微東3/4東に見えてくるまで継続する（黒みがかった円丘が目印となろう）。これで、市街地の西端から北北西方向、約1kmにわたって伸びている出洲

63　【原文脚注】［原文表記Cape Sirija Sakiについて］日本語のサキは岬を意味するので、シリヤ岬Cape Sirijaと表記するのが適切であろうが、誤解を避けるために、日本語名の使用が妥当と判断した。

を回避できる。やがて、砂丘地帯が見えてくるので、町の西端が南東微東にあらわれるまで、針路をとる。このとき、水深10〜11mを確保することが望ましい。

　さらに陸地に接近したい場合は、街の南東側に通じるなだらかな尾根のかなたに見えてくる、岩がごつごつした低い峰を目標に南方向やや東寄りに船首を向ける。平均的な喫水の船舶であれば、小型帆船の造船所があるツキ岬［築島］から400m以内まで接近できる。ただし、湾のこの区域はいつも小型帆船で混み合っているので、修理部品の不足や特段の理由が生じない限り、近づかない方が良い。

　山頂や「馬の背」辺りが雲や霧で覆われている場合は、岬をまわってから、北微東1/2東方向に進む。砂丘がその方角に見えてきたら、先に指示された方向に進む。

　出州の先端に近い場所の海面下6mに孤立した砂堆があり、その外縁部に白い円柱ブイが設置されている。ブイと出州の間には、細い潮の流れがあり、水深は10m前後である。大型船舶は、ブイのどちら側でも通過できるが、北側を進むのが最善である。

　入港寸前に風が絶えた場合には、港外に水深18mから45mの絶好の投錨地点がある。

　良質の薪と水が町当局から手に入るが、町の北と東から港に流入する亀田川から汲みあげることも容易である。

　われわれが訪れた時季は物資補給には不向きの季節だが、サツマイモ、ジャガイモ、卵、鶏が手に入った。旬の収穫期であれば、寄港する艦船の必要を満たす量の供給が間違いなく可能である。

　われわれの手で引き網を試みたところ、大きな鮭のほかにさまざまな魚が大量に捕れた。湾の沿岸部にはエビ、カニ、貝類などがたくさん生息している。

　5月17日から6月3日まで箱館港に停泊したが、霧に包まれた6月1日まで、気候はおおむね良好だった。朝のうちはおだやかな天気の日が多いが、午後になると、少し寒さを感じさせるような南

335

西からの風が吹いた。

　亀田川河口の位置は、北緯41度49分22秒、東経140度47分45秒、偏角は４度30分西。高潮から海面が下降して低潮に至るまで５時間。干満の海面差は90cm。

　われわれのマリン・クロノメーター（経線儀）を、琉球の那覇港滞在時にビーチー艦長が推測した位置から調整した。

　　　M・C・ペリー提督の命により

　　　　　　　　　　　　　　　　　サイラス・ベント

　　　　　　　　　　　　　　　　　旗艦副官

　　　　　　　　　　　　合衆国フリゲート艦ミシシッピ号

　　　　　　　　　　　海上にて　1854年７月18日

161

Wm・L・モーリー合衆国海軍副官による江戸への航路指示

　江戸湾に南から入る艦船は、湾の沖合に鎖のように連なる島々〔伊豆七島を指す〕の西側を通過するが、カワツ湾〔相模湾〕の深い湾曲を、浦賀水道の入口ととり違えないよう注意を払うこと。カワツ湾の北東部には、岸からの距離５kmから最大15km辺に岩礁がある。位置は、相模岬〔剱崎〕の西北西、距離16kmの地点であり、わが艦隊の艦船１隻が座礁したことがある。正確な海図なしに、この海域をはじめて航行する船舶がとり違えるのは、水路の入り口がこの付近からは視認できず、沿岸が途切れずに連続して見えることによる。

　浦賀水道の入口は、大島の中心部からは北東微北方向、約35kmの距離である。この進路を進むと、相模岬の北に馬の背状の尾根、さらには水路の東側に黒っぽい円丘がすぐに視界に入ってくる。浦賀に近づくと、プリマス岩がはっきりと見えるようになる。水面下

２ｍほどに岩礁があり、浦賀水道で唯一の危険な場所であるインガ
ソル区域を１ｋｍほどの間隔を保ちながら、通過する。

　プリマス岩とカミサキ岬［観音崎］の間の海底地盤は平坦で投錨
地に適している。ただし、岬近くを猛烈な速さで流れる強い海流を
回避する配慮が欠かせない。また岬の南側に間近いところに砂嘴が
突き出ているが、北側の海岸は険しく切り立っているものの水深は
かなり深い。

　江戸の市街をめざして、カミサキ沖をまわる際には、ペリー島［猿
島］が南微西3/4西に見えてくるまで、北西微北に進む。これは東
側の海岸から伸びているサラトガの出洲［富津岬］を回避するため
で、ペリー島をこの方向に見ながら、江戸の南側に据えられた低い
灯台が西北西方向に見えてくるまで進む。この灯台は浅瀬を警告す
るもので、ここを通過すれば格好の投錨地点に着く。水深は約18ｍ、
江戸の街の全景が見える。

　この地点で、われわれの測量は終了したが、さらに北に向けて
10km前後進んだ測量艇が水質の良好な水路を見つけた。大型艦船
でも足りるほど水量が豊富で、江戸の街から５ｋｍ程度の場所［羽
田沖付近］である。

　アメリカ停泊地にカミサキ岬から向かう場合は、北西方向に進路
をとり、ペリー島が南南東に、ウェブスター島［夏島。現在は埋立地］
が南西微南に見える地点で投錨する。水深は約15ｍ〜18ｍである。

　ウェブスター島の南にも、水深10〜11ｍの格好の投錨地がある。
この近くには、快適な小さな入江がふたつあり、入航も容易で、艦
船の補修や改装の場所として便利である。

　サスケハナ湾［大津湾］はカミサキ岬の西北西方向、５ｋｍの距離
にあり、絶好の避難場所だが、サンゴ礁や岩礁が多く、停泊地とし
ては不向きである。

　ミシシッピ湾［根岸湾］は、アメリカ停泊地の北方、６〜７ｋｍの
距離にあり、強風からの待避所になる。錨をおろす際には、海岸と

の距離を十分保ち、1km前後の広がりがある浅瀬を避けることが必須である。湾の北側には、黄色味をおびて長く続く特徴的な岬があり、条約岬 Treaty Point［本牧岬］と命名されたが、長さ1.5kmにおよぶ砂洲に囲まれている。

アメリカ停泊地と条約岬の間の測深値は不規則で、水深20mの砂の堆が急に10mの浅さになるなど一定しない。

条約岬の北方向、カミサキ岬からは北北西方向、約22kmの距離に横浜湾がある。この停泊地に向かうには、湾の北側の台地まで続く樹木の茂った断崖を北微西1/2西に見て、条約岬が南西微南に見えてくるまで進む。——こうして岬沖合の出州を通過し、神奈川の町の断崖に向けて北西微北に進む。投錨地の水深は10m〜11m、マンダリン断崖の東に円錐状の小山（ヘイコックと命名）がはっきり見えてくる。この断崖は険しく、条約岬の北1.6kmにある。

神奈川の町と灯台岬の間、2〜3kmにわたって、湾の北海岸から続く干潟が広がっている。マンダリン断崖の沿岸にも浅瀬があり、北に向けて1〜2km伸びている。

江戸湾の幅は約20km、奥行きは約50kmあり、海底面は錨地として絶好の条件を満たし、世界の艦隊が避難場所として利用できる。

われわれの測量調査は、カミサキ岬から灯台岬までの西岸に限定され、東岸を調査する機会がなかった。条約岬から東南東方向に横断して実施された測深調査によれば、海底面は一定していて、5.5mの水深が対岸2.5km沖まで続く。

浦賀水道については、予備調査を西岸でのみ実施した。

2月17日から4月18日までの江戸湾停泊中、気候はおおむね良好で、時折、強風と大雨に見舞われた。低気圧の影響による南西方向からの強風が前ぶれなしに吹き荒れても、短時間で穏やかになる。東からの風を受けたことは一度もなかったが、実際に、この近辺で東風はめったに吹かない。（絶えず吹いている）東寄りの北風が、南西方向からの風に変わることはある。

湾の中の潮の流れはかなり激しい。サラトガの出洲の先端、ペリー島、カミサキ岬それぞれの沖合では、さらに速度を増す。しかし、横浜湾の投錨地では、ほとんど感じられなかった。横浜では、日本の当局筋から薪、水のほか野菜、鶏、卵、牡蠣、二枚貝などの提供があった。

　　相模岬　　　北緯35度6分30秒、東経139度40分。

　　ウェブスター島　　　北緯35度18分30秒、東経139度40分34秒

　　横浜北端の条約締結館　　　北緯35度26分44秒、東経139度40分23秒

　偏角は25分西。高潮から海面が下降して低潮に至るまで6時間。横浜での干満の海面差は1.8m。

　　M・C・ペリー提督の命により

　　　　　　　　　　　　　　　サイラス・ベント

　　　　　　　　　　　　　　　　旗艦副官

　　　　　　　　　　　合衆国フリゲート艦ミシシッピ号

　　　　　　　　　　　　　香港　1854年9月4日

　　　　　　　　　　　　　　　　［　了　］

訳者あとがき

　本書は、「合衆国第33連邦議会第2会期上院記録文書（番号34）」『合衆国大統領教書；海軍日本遠征関連の信書類開示を求める1854年12月6日上院決議にもとづく海軍長官報告を示達する』の全訳である。
（原題）Message of the President of the United States, transmitting a report of the Secretary of the Navy, in compliance with a resolution of the Senate of December,6,1854, calling for correspondence,&c., relative to the naval expedition to Japan.

　これまで部分的な翻訳による紹介はあったが、全文の完訳は初めての試みである。訳書の表題は、『ペリー提督日本遠征書簡集』とした（以下、『書簡集』と略称する）。
　合衆国政府から委嘱されたフランシス・L・ホークスの編纂による『ペリー日本遠征記』（以下、『遠征記』と略称する）は、明治末年の初訳本以来、書名を変えて数多くの日本語版が刊行されている。ただし、ほとんどは、原著（全3巻）の第1巻部分の抄訳であり、完訳版は『ペリー艦隊日本遠征記』（栄光教育文化研究所・1997）のみである。
　本『書簡集』は、『遠征記』編纂にあたって主要な基礎資料として参照され、多くの個所で引用されている。『書簡集』、『遠征記』のいずれも、連邦議会同一会期の上院で承認され、印刷・出版された経緯は同じである。『書簡集』には文書番号第34、『遠征記』には第79が付されている。
　本書は1855年に、『遠征記』は第1巻が翌56年に出版された。自然科学分野の観察記録や水路記録・海図、締結した条約の原文複写などを集成した残り2巻を含め、『遠征記』全巻刊行は57年末のことであった。その数か月後、ペリーは急逝する。

　訳出の過程で強く印象に残ったこと、補足的説明が必要と思われる事項について以下に記述し、読者各位の参考に供します。

【書簡・信書の輸送に要した日数】
　本書に収録された書簡の多くは、首都ワシントンと北東アジア海域で艦隊の指揮にあたるペリー提督の間で交わされたものであるが、搬送を担ったのは艦隊の僚船や快速郵便船であり、民間の定期航路便が使用された場合もある。
　輸送に要する日数の算定が書簡番号15に示されているが、在来の大西洋経由にせよ、後発の太平洋経由にせよ、気象条件に恵まれても最速で2か月あまり、

340

標準的には３か月前後を要した。状況判断・意思決定を都度発信し、その合間に２〜３か月前に発信された文書を受理する、当然、届いた文面とリアルタイムの状況との間に大きな乖離が生じる可能性がつきまとう。

【「艦隊」の訳語について】

　一般に「艦隊」はfleetの訳語として使用されるが、本書原文はsquadronで一貫している（ある航行指示書のなかで例外的にfleetが使われた個所がある）。辞書類によれば、squadronはfleetから特定の任務を担って派遣される「戦隊」「分遣艦隊」「小艦隊」とある。ただし、20世紀初頭までアメリカ海軍の編制にfleetは存在せず、軍艦集団としてはsquadronが最大の単位であった。『遠征記』も表題を含めsquadronを使用している。

【「皇帝」Emperorは誰を指すのか？】

　原書６頁目にEmperorが最初に登場し、天皇と将軍のいずれを指すのか疑問を抱えながら訳を進めたが、ペリー書簡（番号30）の「皇帝死亡」の一節が、半年前の12代将軍・家慶の死亡情報と符合して疑問が解けた。

　なお、訳注にも記したが、天皇を指す dairi（内裏）が一度だけ登場する。訳者の手元にある英和辞典でdairiの見出し語を採録しているのは「ランダムハウス英和大辞典」（第２版、ただし電子辞書のみ）であるが、The Oxford English Dictionary (2nd ed. 1662) が出典とある（余談だが、同辞典の次の見出し語はdairisama）。

　「内裏すなわち宗教上の権威」との表現から、合衆国政府が朝廷－幕府の特異な権力二元構造を把握していたことがわかる。

【ペリー総督と中国駐在マーシャル公使の対立】

　合衆国の在中国弁務官として派遣されたマーシャル公使は、在留アメリカ商人の保護、清王朝との交渉における優位性確保を理由にあげ、艦隊の１隻を使用させるよう要求してペリーと激しく対立する。1854年１月４日付マーシャル書簡の延々と続く文面の激した表現、海軍長官に宛てたペリー提督の反論には訳しながらスリリングな思いがした。

　応酬のなかで、マーシャルが自筆書簡を「海軍省公文書保管所に収納する」よう主張し、ペリーも交わされた書簡の写しをすべて保存して「非常に不愉快な経験に終止符を打つ」よう要請している。文書記録の保存管理が徹底的に実行され、軍機密にも及んでいたことが知れる。

　この対立は、すでに前年10月下旬に発信されていた海軍長官書簡（「政府見解にもとづき、艦隊の１隻を公使の裁量権にゆだねるように」との指示）が、１月中旬にペリー提督に届くことで落着する。先に述べた書簡往復の「時間差」

341

を象徴的に物語る一例である。

　国務省と海軍省の対立も推量されるが、『遠征記』は政府内対立を国民に印象づけることを避けるためか、数行の記述にとどめていて非常に対照的である。

【琉米修好条約と日米和親条約】
　1854年に締結された琉米修好条約は、琉球国とアメリカ合衆国の国家間条約として日米和親条約と同一レベルのものである。その原本は琉球処分の過程で1874（明治7）年に日本政府に没収され、現在は外務省外交史料館に収蔵されている。アメリカに続き、フランス（55年）及びオランダ（59年）との間で、琉球国が条約を締結したことは、独立した国家主権を有していた証でもある。

　現在の日本政府は、これらの条約について「各『条約』と称するものについては、いずれも日本国としてこれら各国との間で締結した国際約束ではなく、その当時における法的性格につき政府として確定的なことを述べることは困難である」（2006年・衆議院）との認識で一貫している。

【太平洋航路の開発と小笠原諸島の重要性】
　市場圏の西方拡大を目指すアメリカ合衆国にとって、ハワイ諸島に次ぐ太平洋航路の中継点として小笠原諸島沿岸部の地勢を正確に把握することは、ペリー艦隊派遣における重要課題のひとつであった。

　ペリーは海軍長官宛て書簡（番号15）で、小笠原諸島入植の歴史を精査し、「アメリカ資本の投下を進めるうえで、ただひとつの難点」として、「土地の統治権がいまだに確定されていないこと」をあげ、領土主権の問題に言及している。1853年12月23日付ペリー書簡（イギリス通商監督長官宛て）には、「石炭倉庫の建設に最適の場所」を確保するために「厳密に私的な」行為として自らが父島二見港内の一画を現地有力者から購入したことが記述されている。これに続きペリーがとった一連の積極的行動は、「小笠原諸島を最初に実効的支配したのは米国であった」（真崎翔 2017）との見解を支える根拠となっている。

　本訳書の主題を外れるが、琉球処分の翌1876年に日本政府は小笠原諸島の領有権を主張して領土に編入、その後、着実に軍事要塞化が進められ、1945年2～3月の「硫黄島の戦い」における死傷者数は日米双方で5万人近くに及んだ（この項、真崎著を参照した）。

【ペリー提督の帰国経路】
　帰国に向けて艦隊を離れ、香港でイギリスの郵便蒸気船に搭乗したペリーがその後たどった経路は、書簡の発信地から、シンガポール→ゴール（セイロン島）→インド洋→紅海まで確認できるが、以降は「オランダ経由でアメリカ本国に向かっている途上」の記述しか残されていない（ちなみに、『遠征記』は香港以

降の帰国経路に触れていない）。

　『ペリー日本遠征日記』などによれば、紅海北端のスエズから陸路で地中海沿岸のアレクサンドリアに向かい、アドリア海を経由してイタリアのトリエステで下船。鉄路でウイーン、ベルリンを経由し、オランダのハーグからイギリスに渡る。リバプールに領事として赴任中のナサニエル・ホーソーン（小説『緋文字』の著者）に面会したペリーは、『遠征記』の編纂を依頼する。学友F・ピアース大統領の推挙によって領事に就任していたホーソーンは、この依頼に応じなかった。

　1855年1月12日、ペリーはニューヨークに帰着し、2年2か月に及ぶ遠征を実質的に終えた。

（ミシシッピ号と安政5年のコレラ大流行）

　ペリー艦隊で中心的な役割を果たしたミシシッピ号は、太平洋−南米ホーン岬を経由して55年4月にニューヨークに帰航し、57年8月、再び東アジア海域に派遣された。

　翌年（安政5）7月に長崎に寄港中、乗組員からコレラ病患者が出て、これを端緒に市中の大流行によって死者が多数発生した。コレラ病は陸と海の両経路で東進北上し、翌月には江戸に侵入、その後の2か月間で激烈に蔓延して、大量の死者を出した。確定的な死者数は不明であるが、当時の人口約100万人の江戸で28万人の犠牲者を算定した史料の存在も知られている。

　この年、日米修好通商条約など「安政5か国条約」が締結され、開国をめぐる幕府内対立は激化する一方の状況にあり、異国船の寄港が疫病大流行を招いたとの風評が伝播し、排外的な攘夷の機運を高める要因にもなった。

　本訳書刊行は、榕樹書林社主・武石和実さんのお勧めによるものです。歴史的知識に加えて、海洋航海に関連する自然科学分野の知識に不足する訳者が単身で翻訳に取り組む無謀さを早々に思い知らされましたが、なんとかゴールにたどり着きました。折につけ、参考資料類を救命具よろしく投げ入れてくれた武石さんのお心遣いに助けられることしばしばでした。

　各書簡で言及される内容は多岐にわたり、調べごとには手間と時間を惜しむことなくあたりましたが、理解が及ばず訳文に過ちが生じている可能性は排除できません。読者各位におかれましては、お気づきの点を忌憚なくご指摘くださいますようお願い申しあげます。

　年数を要した訳出と編集・製作の過程で、知人・友人諸氏から励ましの言葉をいただきました。とりわけ、田場由美雄さんにはいろいろとご心配をおかけしました。渡久地健さんには初歩の質問に丁寧なお答えとアドバイスをいただきました。両氏に心からの謝意を表します。

343

地理・海洋情報の不明点について、気象庁、海上保安庁など関連する公共機関あるいは自治体の担当部署に照会メールを送信したところ、公務ご多忙のなか丁寧にお答えいただく幸運に恵まれました。本書製作に取り組まれた（有）でいご印刷の皆さまにはいろいろとご面倒をおかけしました。ありがとうございます。

　最後に、榕樹書林・武石和実さんに厚くお礼申しあげます。古書店経営の傍ら、琉球・沖縄関連の出版活動に意欲的に取り組まれていることに敬意を表するとともに、今後のご健勝を祈ってやみません。氏の発案にもとづき刊行された本書が日本・沖縄の近代前史解明の一助になれば、訳者としてもこの上ない喜びです。

　　　　2024年7月

　　　　　　　　　　　　　　　　　　　　　　　　　　　梓澤　登

【主な参考文献】

M・C・ペリー，F・L・ホークス『ペリー艦隊日本遠征記』全3巻（宮崎壽子監訳　栄光教育文化研究所 1997）＊『ペリー提督日本遠征記』（角川ソフィア文庫 2014）は、上記の第1巻を文庫化したもの。

サミュエル・ウィリアムズ『ペリー日本遠征随行記』（洞富雄訳　雄松堂書店 1973、講談社学術文庫 2022）

ウィルヘルム・ハイネ『ハイネ世界周航日本への旅』（中井晶夫訳　雄松堂出版 1983）

『沖縄県史料「ペリー来航関係記録」』Ⅰ・Ⅱ（1982・84）

『シーボルト「日本」』第1巻（中井晶夫訳　雄松堂書店 1977）

大熊良一『ブロッサム号来琉記』（第一書房 1979）＊「ビーチー太平洋航海踏査録」抄訳

加藤祐三『黒船前後の世界』ちくま学芸文庫 1994

加藤祐三『幕末外交と開国』ちくま新書 2004

西川武臣『ペリー来航』中公新書 2016

小島敦夫『ペリー提督　海洋人の肖像』講談社現代新書 2005

田中弘之『幕末の小笠原』中公新書 1997

真崎翔『核密約から沖縄問題へ～小笠原返還の政治史～』（名古屋大学出版会 2017）

解説
『ペリー提督日本遠征書簡集』の訳稿について

ティネッロ・マルコ

　今回、取り扱った『ペリー提督日本遠征書簡集』（第33回合衆国議会第２会期、上院）という史料は、アメリカ大統領が海軍の日本遠征に関連する書簡・文書の公開を求めた1854年12月６日（日付は全て西暦に表す）の上院決議に基づいて、海軍長官の報告を伝達したものである。ここには、まず、1852年に海軍長官からペリーがアメリカを出発する前の日本遠征に関するペリーへの指示について書かれている。また、マデイラ・中国・琉球の航海などを経ての２回目の来日までの間のペリーから海軍長官への書簡及びそれに関する海軍長官の返答と指示なども書かれており、多少のことが盛り込まれており極めて興味深いものである。加えて、アメリカ大統領から日本国皇帝陛下に宛てた書簡や、その後根拠のない情報で分かるようになったが、ペリーが自分よりも前にすでにロシア人が日本政府と条約を締結した懸念があったこと、ペリーが語る「イタリアの古代都市を思わせるうえ」琉球の美しさなど様々な話題が読み取れる。

　この史料の解説にあたり、二つの課題に注目したい。一つ目は、アメリカと日本の関係の枠組みからだけではなく、ペリーの日本遠征を、当時の中国の国内情勢を始め、アメリカと中国の関係や東アジアにおける西洋列強の権力均衡を含めるより国際的な出来事として分析する必要がある、ということである。二つ目は、ペリーの視点から見た琉球と日本の関係についてである。

① 日米関係の枠組みを超える視点から見たペリーの日本遠征
　ペリー提督の日本遠征は、日本の歴史の中で、またアメリカ・日本関係の歴史の中において、最も重要な出来事の一つとして、先行研究で大いに注目されてきた。アメリカ側の史料として、M・C・ペリー『ペリー提督日本遠征記』（全３巻、合衆国海軍省編）やS・W・ウィリアムズ『ペリー日本遠征随行記』（洞富雄訳、雄松堂書店、1970年）、Matthew C. Perry, *The Japan Expedition, 1852-*

1　その中、石井孝『日本開国史』（吉川弘文館、1972年）や三谷博『ペリー来航』（吉川弘文館2003年）、加藤祐三『幕末外交と開国』（講談社、2012年）及びPeter Booth Wiley, *Yankees in the Land of the Gods: Commodore Perry and the Opening of Japan,* (New York: Viking, 1990)は非常に優れた研究である。

345

1854: the Personal Journal of Commodore Matthew C. Perry, (edited by Roger Pineau, Washington: Smithsonian Institution Press, 1968) などが挙げられる。これらの史料は、主にペリーの視点からのアメリカと日本の関係、ペリーと幕府側の交渉についての詳細な記録である。[2]

『ペリー提督日本遠征書簡集』の中からは以上の史料には見られないものが含まれており、日本遠征が日米関係の枠組みのみならず、ペリーが中国で直面した他の重要な問題と密接に絡み合うことが理解できる。このような絡み合いは、ペリーと海軍長官や、ペリーと中国駐在弁務官H.マーシャル、ペリーと香港総督ジョージ・ボナムとの書簡のやりとりで浮かび上がるのである。

ここでは、ペリーの日本遠征記の新しい側面を示すために、『ペリー提督日本遠征書簡集』の極めて重要な内容を簡単に紹介していきたい。

まず、ペリーが1853年4月9日に香港に到着した際、中国では清朝と太平天国との激しい内戦が行われていた、ということを見逃してはいけない。また、その数か月前から中国に滞在していた中国駐在弁務官マーシャルは、自らが未だ清朝から正式な米国政府の外交官として認められていなかったので、清朝側と正式な面会を行うことと、中国の内戦から駐在アメリカ市民を保護することが非常に重要な課題だと受け止めていた。彼は、ペリーが中国に率いてきた艦隊の一部分を自らの目標を達成するために用いたかったのである。よって、マーシャルと、日本を開国するのが自らの最も重要な使命であると考えているペリーの対立が始まる。これに関するペリーの記録を見てみよう。

ペリーが海軍長官に宛てた1853年4月9日付の書簡では「香港に着いてすぐに、航海計画に重大な乱れが生じていることが判明した。サスケハナ号が予定と異なり姿を見せていませんが（中略）ケリー艦長の指揮のもと上海に急ぎ派遣されたということです。その目的は、マーシャル閣下とその随行員を上海に送り届けて、中国北部における革命運動が周辺地域におけるアメリカの国益を危うくしかねない不安な状況を確認することでした」と書かれている。これの対応措置として、ペリーは「プリマス号を上海に派遣し、サスケハナ号には私の到着を上海で待機するよう命じ」たのである。

その後すぐ、マーシャルは、上海に滞在していたアメリカ人の保護のため、そして自らが清朝側と交渉するために北京の近くまで送り届けてもらうように

2　ペリーとマーシャルの対立について Chester A. Bain, "Commodore Matthew Perry, Humphrey Marshall, and the Taiping Rebellion," *Journal of Asian Studies* (Vol. 10 Issue 3, Cambridge University Press, 1951, pp. 258-270) という先行研究が挙げられる。

軍艦の利用をペリーに要求するに至った。

　特に、ペリーの日本遠征について、1853年5月13日付のペリーへの書簡では
マーシャルは「中国でいま現実に享受している優位性に相当する関係を、日本
には期待しようもありません。中国という偉大にして広大な、生産力に富む国
との間に築かれている互恵的な繁栄につながる交易を維持するためには、いか
なる努力も惜しむべきでないように思われます」と述べた。マーシャルにとっ
ては、日本の開国計画が重要ではあるものの、米国の中国に対する既得権益の
維持に主力を注ぐべきだと思っていたのである。

　マーシャルの以上の要求に対して5月16日付の彼への書簡では、ペリーは「ア
メリカ市民からの閣下を介する申請に応じて、たとえ短期間であっても、上海
にプリマス号を残す」と約束したが、自分を北京に送り届けるためペリーの援
助を要求したマーシャルの希望に対しては、「こうした確認のもと、現在、比
較的良好な状態にあり、より大きな利益をもたらす見込みのある中国との交易
に深く関係する可能性のある試み、あるいは不確定な議論に、仮に私にその権
限があるとしても、閣下と協力するわけにはまいりません」と返事した。

　また、当日（5月16日）付の海軍長官への書簡でペリーは「当艦隊に所属す
る艦船の公務に関するマーシャル氏の要求は、指令に忠実に私が作成した、艦
隊をあげて日本に直行する計画に相当の妨げとなりました。目下の状況では、
少なくとも短期間、プリマス号を上海に残し、私の乗るサスケハナ号とミシシッ
ピ号の二隻で琉球に向かい、日本訪問への準備を整えることを余儀なくされま
しょう」と述べた。

　その後、ペリーは琉球に訪問してから、来日した。幕府側にアメリカ大統領
の国書を渡してから、日本を出発する直前、自らの日本訪問の結果として1853
年7月12日付の海軍長官への書簡ではペリーは以下の通り述べている。

　　また、現在の中国の混乱した状況、その海域に1隻ないし複数の艦船を配
　備する必要性、さらに海軍省が確約した本艦隊を追尾する艦船がいまだ1
　隻も合流せず、ヴァーモント号を見こんでいたアメリカ本国から派遣も
　ない現状を自分への言い訳として、日本政府の最終回答を来春まで待つ
　ことにすすんで同意するきっかけにもなりました。
　　来春には、配下の全艦隊が集結し、補給物資と石炭の輸送船を確保して、
　私が考えているような日本側の譲歩をかちとるために、必要とあれば無
　期限に停泊する態勢をととのえます。日本政府も譲歩せざるを得ないは
　ずです。
　　大規模な艦隊を誇示し、成功に至るまで一貫した方針を継続させ、大統
　領の提案事項の検討に十分な時間を与えたうえで、いつでも決然たる行

動に出られるようにします。本国出発を前にして政府から確約のあった
艦隊の削減はあり得ないことを、一貫して信じております。

　以上からも理解できるように、ペリーは、中国の国内情勢を念頭において日
本政府に対する外交上の作戦を立てており、日本の再来日にあたり、「大規模
な艦隊」で戻ることが日本側を開国させるように最も重要なことだと確信して
いた。
　次にペリーが再び中国に戻った際に、彼が当時の中国の国内情勢について残
した記録をみてみよう。
　1853年８月31日付のマカオから海軍長官への書簡においてペリーは以下のよ
うに述べた。

　　広東駐在のアメリカ人商人と私の間で交わされた数通の書簡の写しを、
　謹んでここに同封いたします。
　　一般的な観測筋と同様、紳士諸氏の表現からも汲み取れるように、様々
　な要因が中国に渦巻いており、遠からぬ時期に王朝統治に変化が生じ、
　開かれた現代にふさわしい状況がもたらされることは必至です。
　　反対制陣営が成功をおさめる気配がただよい、反乱軍というより今や革
　命軍と呼んだ方が適切と思われる勢力「太平天国の乱を指す」に有利な形
　で進行しています。
　　これまでのところ、革命勢力は在留外国人を抑え込むというより懐柔策
　で対応するように思われ、大いに慎重な姿勢を保ってきました（中略）。
　　アメリカとイギリス（この2国だけが、中国と広範な通商関係を有してい
　る）がとるべき方策は、いたずらに動かず、行動すべき時機の到来を待
　つこと（中略）、したがって当面は、「巧妙な不動の姿勢」の保持こそがわ
　国がとるべき最良の方策です。その一方で、われわれの全精力は、日本
　及ぶその属国を商業の共同体、あるいは最低でも交易関係にある国々の
　ひとつに引き入れることに向けられるべきです。

　ペリーは「遠からぬ」太平天国が清朝を破ると思っており、彼らに心情的姿
勢を示しているが、中国の内戦に関与せず「巧妙な不動の姿勢」の保持を維持
しながら日本の開国にアメリカ側が全力を尽くすのが得策である、と考えてい
たのである。
　しかし、1853年９月になると、上海が反乱軍（これは「三合会」のことであり、
太平天国の別の反乱軍である）により占領されると、マーシャルが駐在アメリ
カ人の利益を保護するために再びペリーに様々な要求をするに至る。

348

まず、上海の新しい状況について、ペリーは1853年9月26日に海軍長官へは次のように報告している。

> 上海は反乱軍の手中に落ちましたが、外国人の身体及び財産は脅かされていません。サラトガ号はアメリカ市民の利益を防衛する場所に停泊し、私は同様の観点から広東及び周辺に2隻の艦船を配置しています（中略）。フランス政府が日本への艦隊派遣を検討しているとの情報がありますが、この時期になって介入するのはいかにも不公正ですから、私には真実とは思えません。
> 去る6月、広東に寄港したロシア海軍の提督は、大口径砲を装備した艦船に乗り、小型蒸気船を1隻随行させながら、私の艦隊の姿を追い求めていることをわが国のフォーブス領事に明言しました。その際、ロシア政府から私の艦隊と連携するよう命令されたとの情報も伝えてくれました。

この史料からも理解できるように、ペリーは中国の駐在アメリカ人の利益を守るために、上海にサラトガ号を碇泊させていた。また、彼は広東に滞在している間、フランス政府も日本に使節を派遣することを「検討している」という情報と、ロシア使節が（日本開国への行動について）ペリーと連携するようにロシア政府から命令を受けたということも聞いたのである。実際には、*The Narrative of the Expedition of an American Squadron to the China Seas and Japan: Under the Command of Commodore M. C. Perry,* (United States Navy, compiled at his request and under his supervision, by Francis L. Hawks, abridged and edited by Sidney Wallach, New York: Coward-McCann, 1952, p.351) では、ペリーは他の西洋列強（特にフランス及びロシア側）の関与を避けるために、予定していた通り春になってからではなく、それより前（＝年を開けてからまもなく）に日本に戻ることにした。

前述したように、上海が反乱軍により占領されてから、ペリーはマーシャルからいろいろな要求をされるようになる。これに関して、今回はペリーとマーシャルの対立について深く取り組むことができないが、マーシャルの行動を完全に理解するために彼と彼が所属している米国政府の国務省との書簡のやりとりを検討するのも非常に大事な作業である。

マーシャルがペリーに要求したことは、福建・厦門・寧波におけるアメリカ市民の利益を保護するためそれらの地点に軍艦を派遣すること、また清朝側と交渉するため南京までマーシャルを送り届ける軍艦を提供することなどである。これに関しては、ペリーはマーシャルと数通の書簡のやりとりを行うが、その中で太平天国と戦っていた清朝側を支えたい姿勢を示したマーシャルに対

して、1853年12月29日に以下のように反論している。

　　私は、アメリカと中国の外交関係には一切関与する立場になく、専ら閣
　　下の管轄事項であります。しかしながら、専制政府の存亡をかけて争わ
　　れている内乱への介入に際して、艦隊の作戦行動は私の裁量において決
　　定すべきことは言うまでもありません。内乱の一方の当事者は、みずか
　　らの法律を強制する権限も、協定事項を認めさせる権限もないものの、
　　組織性に富んでおり、より自由で開かれた信仰と政治的立場をかけて勇
　　敢に戦う革命軍です。したがって、革命勢力への私の共感はさておき、
　　自身の行動ならびに私の部下全員への命令にあたって、一貫して中立性
　　と不干渉に十分配慮しています。

　そして、同書簡でペリーはマーシャルに「現下の決定的な時点にあって、競
合するいずれの陣営も外国列強と交渉の席につく状況にはありません。内乱の
最終決着までには多少の時間を要することも明らかであり、それまでの間、事
態の進展を冷静に見守ることが賢明な選択と私は断言します。陣営は問わず、
中国人から暴力や不正の被害にあったという苦情をアメリカ市民から聞いたこ
とはありません」ということも主張した。
　以上からも分かるように、ペリーは太平天国の動きに対して「共感」を覚え
ていたが、アメリカ側が中国の内戦に関与せずに「事態の進展を冷静に見守る
ことが賢明な選択」であると考えていたのである。
　また、ペリーはマーシャルとの対立の他に、中国に滞在している間、フラン
ス・ロシア使節の動きにも注目し続けていた。ペリーは1853年12月24日付の海
軍長官宛てへの書簡では以下の通り述べている。

　　フランス艦隊の提督については、開封時指定の秘密命令をたずさえて数
　　週間前にマカオから出航して以来、消息がわかりません。ロシアの最高
　　司令官からは最近、書簡が届きましたが、内容は石炭の追加補給の要請
　　に加えて、当艦隊と一体化して全面的な共同作戦に着手したい旨を率直
　　に表明するものでした。
　　外国軍との提携をすべて禁じているわが国の方針に抵触しますので、当
　　然のことですが、丁重にはっきりとお断りする所存です。私にはその本
　　当の狙いがわかりませんが、ロシアとの共同作戦がロシア皇帝の関心事
　　に恩恵をもたらすことはあっても、アメリカの国益を前進させることは
　　ないという理由にもよります。

以上の記録から、ペリーはフランス及びロシア使節の動きを見張っていて、アメリカ側に国益をもたらさないのでロシアとの「共同作戦」という形ではなく、専らアメリカ政府の提督としてのみ再来日して日本側と交渉するのが得策であると考えていた、ということが理解できるだろう。

　また、ペリーは同じ（1853年12月24日付の）書簡では、小笠原諸島をめぐって彼がイギリス国王から全権を委任された最高責任者の在中ジョージ・ボナム卿としばらく前に面談したことについても述べている。ペリーは、1853年に琉球に到着してから日本に出かける前の間に小笠原諸島を訪問した。ボナムとの面会についてペリーは以下の通り報告した。

> 　ジョージ卿は、私と会うために2日前に当艦を訪ねて来たのですが、用向きは当艦隊の小笠原諸島に関する動向を調査するよう指示したクラレンドン卿からの書簡のことでした。長期間にわたり協議した後、ジョージ卿は私の説明に満足された様子で帰られました。さらに私の要請に応じて、この件に関する書状を私に送付することを約束して下さいました。届き次第、私からも返信するようにしますが、書状の内容は、照会のあった調査に関連する状況説明をもれなく両国政府に提供する手段となりましょう。

　特に、小笠原諸島の所属問題をきっかけに、ペリーは同様の書簡では次のように米国政府に主張している。

> 　我が国の権利を侵害するいかなる行為も応じて許すわけにはいきません。これに対抗して、東洋世界におけるアメリカの立場を明らかにし、合衆国の権威と影響力をみせつける絶好の機会であると思います。軍事力を強く誇示することによって、東洋の諸国家の間に、諸権利の重要性をより強く認識させる必要性があります。責任を重視して行動し、美しき琉球島の権力者及び一般の人々に対して確保した影響力を継続する考え方に立つ私としじ、これに沿った指令が発せられることを望みます。

　この時点において、小笠原諸島をめぐって英国政府と米国政府とは深い緊張関係は生じなかったが、日本遠征の際ペリーは、琉球及び小笠原諸島を始め東アジアにおいてアメリカ政府の立場を明確にし、軍事力の下でアメリカの「権威と影響力をみせつける絶好の機会」として認識していたことが読みとれる。

　1854年1月になると、ペリーはマーシャルとのやりとりの書簡について再び米国政府に報告した。1854年1月9日付の海軍長官への書状（「書簡番号33」）

においてペリーは以下の通り述べている。

> 今月2日付で私の書簡をお送りした後、マーシャル氏から長文の書簡を受理しました。公務に関する公平を期して、その写しをお送りします。氏の要求に私が困惑を覚えたことについては、海軍省もすでにご承知の通りです。特別に指名された派遣任務にもとづき私が出発前の最終調整をしている最中のことでした（艦船数隻はすでに出航し、私自身も遅くとも3日後には琉球と日本への航海に出る予定でした）。1週間前に、マーシャル氏を上海に送り届けるために、蒸気艦船1隻を本来任務から転用し、上海で数日待機させて、その間は一切予定入れないという2度目の強い要請がありました（氏は上海から到着したばかりでした）。

同書簡では、ペリーはマーシャルの要求を断ることを伝えており、そして「プリマス号の上海駐留は、アメリカ市民を保護する効果を十分発揮しつづけることでしょう」と海軍長官に伝えている。その後すぐマーシャルは望んでいた通り南京に行けずに帰国するに至る。

ペリーは、1854年1月9日にもう一枚の書簡（「書簡番号34」）を海軍長官に送っている。

その中では、フランス・ロシア使節の問題について、ペリーは「フランス及びロシアについても良好な関係を保っており、石炭の供給量に制約があるこの海域にはわれわれの艦隊しか航行していないことが洞察でき、海軍省にはご満足いただけると存じます」と述べている。これで、一応フランス・ロシア使節の動きに対するペリーの懸念は弱まったと思われる。

前述したようにペリーは最終的に、マーシャルを南京まで送り届けるために1隻の軍艦を提供する要求に応じずに再来日した。しかし、再来日する直前の1854年1月13日に、1853年10月28日付のペリーとマーシャルとの間に生じた問題や、これから中国に到着する新しい米国弁務官などについて海軍長官からの新しい指示がペリーのところに届いた。

> 大統領は、中国政府との開かれた関係を築こうとする重大な事業を、弁務官と連携して進めることが、提督の日本に対する作戦行動に大きな妨げとはならないとお考えです。それは、アメリカ国民に大きな利益をもたらす通商条約を締結し、交易・商業の歴史に新しい時代を切り開くことに他なりません。
> 提督がたずさわる派遣団の使命は多くの賞賛をあつめ、期待する声が高まっています。しかしながら現状では、中国は歴史的な危機に立たされ

ているように思われ、日本にくらべても、魅力を発揮できずにいます。
提督のお名前が日本との通商関係の始まりと一体化するなら、名誉は一段と高まります。中国との関係においても今後大きな進展が見られるなら、名声は揺るぎないものとなりましょう。
提督の作戦計画に大事な妨げとならないことを望みますが、この書簡をご覧になり次第、時をおかずに、蒸気戦船を1隻マカオに派遣してください。その地で、中国駐在アメリカ弁務官R・M・マクレーン閣下とお会いになり、新たな命令を受理するまで、弁務官の指示に従ってください。マクレーン氏は、提督への新たな命令を受け入れることになっています。

　以上の史料は非常に興味深いものであるが、その内容の重要性についてあまり知られていないと思われる。ペリーが他の書簡でも主張したように、自らの日本遠征は「人生の最大目標を転換させる行為であり（1853年9月2日付海軍長官への書簡の中）」として受け止めており、日本側との交渉に当たり彼が率いた艦隊の全力を尽くすべきだと考えていた。しかし、米国政府は、ペリーの使命が日本にとどまることなく、アメリカの利益の獲得及び維持のために、当時「歴史的な危機に立たされている」中国との関係においてもペリーが重要な役割を果たすことを期待していたのである。
　海軍長官の以上の指示に対して、1854年1月14日付の書簡ではペリーは以下の通り返事した。

　私の手元には（昨夜、郵便船で届いた）私に宛てた海軍省かたの10月28日付書簡があります。その内容は、中国に関する政府の見解にもとづき、艦隊の1隻を私の指揮権から分離し、最近、中国弁務官に任命されたR・M・マクレーン氏の裁量にゆだねるようにと私に指名するものです。
　この時点でのこうした取り決めは、すでに着手されている私の作戦計画の遂行に重大な支障をきたす不当なものです。艦船相互の連携はきわめて密接なものであり、艦隊の作戦行動を混乱させることは必至です。もし、海軍省として状況の実態に精通し、3隻の艦船を日本に同行させることの重要性を承知しているのであれば、先の日本訪問時と同様に、この命令をただちに取り消すことでしょう。しかし、命令への服従が私の義務であり、私に課せられた使命の成功に深刻な影響が及ぶことは必至とはいえ、江戸湾に着き次第、蒸気艦船1隻をマカオに派遣します。中国では、専ら弁務官の便宜に沿って使い方が決められますが、喫水の制約から河川の遡行は、目的がいかに有益であろうと不可能です。

353

以上からも理解できるように、自らの使命に「重大な支障をきたす」にも関わらず、ペリーは海軍長官の命令に応じると答えた。その後、幕府側と交渉をしていたペリーは、1854年3月20日付の書簡において海軍省に次のように述べている。

　　　サスケハナ号は、10月28日付海軍省指令にしたがって、本日香港にむけて出航しました。私としては、今月23日に予定され、松前港に関する明確な回答が約束されている交渉委員との次回会見まで出航を延ばすべきと考えていたわけではありません。

　ペリーは「艦砲外交」政策に基づいて、一応サスケハナ号を幕府の役人たちを始め日本側に見せてから、命令された通り新しい弁務官に迎え入れるために香港に出発させたのである。

　以上は今回扱った史料を簡単に紹介する目的のことであったが、他のペリーの日本遠征に関する史料には見られない、『ペリー提督日本遠征書簡集』では非常に重要な内容が確認できることがすでに明らかになったと期待しており、これから多くの研究者がこの史料を検討するようになることを望む。

　あまり知られていない書簡内容の中では、太平天国の軍事的圧力にペリー艦隊の一部を使用したい中国の駐在弁務官マーシャルとペリーとの対立は見逃してはいけない、ペリーが日本に出かける前の1853年及び1854年に2回にもわたって直面した大事な問題である。また、中国の内戦問題についてペリーが何回も詳細な報告していることからも考察すると、彼の日本への使命に関して中国の情勢は重要な影響を与えていたと考えられる。その他に、ペリーがフランス・ロシア使節の情報について深く感心を持ち、彼らの動きを監視したり、小笠原諸島をめぐってボナム卿と交渉したりしたことも考えると、ペリーの日本遠征記を日本の国内事情のみではなく、中国を始めアジアの政治・軍事事情との絡み合いから分析する必要があるのではないかと考える。つまり『ペリー提督日本遠征書簡集』の内容から、アメリカと日本の関係の枠組みからのみではなく、ペリーの日本遠征を中国の情勢及びアジアにおける西洋列強の権力均衡を含めるより国際的な出来事として捉え直す必要性が出てくると思われる。

②ペリーから見た日本と琉球の関係
　周知の通り、ペリーの背負った最も重要な使命は日本と条約を締結することであり、これについて海軍長官は「閣下（＝ペリー）が政府から委任された日本への使節団という特別な任務については、断固たる決意とあわせて格段の慎

重さが求められる」とした。だが、ペリーへの指示に関して『ペリー提督日本遠征書簡集』で確認できるように、1852年11月5日に国務長官代理コンラッド氏から海軍長官ケネディ氏に宛てた書簡では、「もし艦隊が派遣の主目的について干渉を受けることなく、日本および近接する大陸や島嶼の沿岸を探査できるならば、蓄積されてきた地理情報がさらに増えるだけでなく、通商関係を拡大し、さらには遠洋捕鯨船団が緊急時に避難し、物資を補給する港を確保する手段になるかもしれません。こうした観点に立って、提督には、当該地域の独立主権国ともれなく友好条約ならびに航海条約の交渉にあたることを認める権限が授与されましょう」と書かれている。このことから、ペリーは日本だけでなく、日本の近くにある「地域の独立主権国」とも条約を締結する権限を持っていたことが理解できる。

　さて、ペリーは琉球という国をどのように位置付けたのか。これについて、『ペリー提督日本遠征書簡集』から重要な点が浮かび上がる。

　1852年12月14日付のマデイラ発のペリーから海軍長官に宛てた書簡では、ペリーは「日本政府が本土の港の提供に反対し、武力行使や流血の事態なしには港の使用が不可能である場合には、日本の南方にある一つか二つの島に艦隊の集結地を開設して、良港を築き、水や補給物資を確保する設備を保有」する必要があると述べてる。そしてこれについて彼は「琉球という名の島々は（中略）日本の属領と言われていますが、中国政府は現実の統治権について異議を唱えています。琉球諸島は帝国のなみいる諸侯の中でも最強の薩摩侯の管轄下にあります」と記した。ペリーは東アジアに到着する前に、琉球を日本の属領で権力のある薩摩藩主の管轄でありながら、中国も琉球の「統治権」を主張していると認識していたのである。

　この書簡の内容に対して、1853年2月15日に国務省からペリーに宛てた指示では、日本では避難港を確保できない場合には「大統領は、琉球であれば避難港確保に成功する見込みが高いという提督のお考えにも同意されています」と記されている。

　1853年6月2日に、琉球の那覇にいたペリーから海軍長官に宛てた書簡では「この美しい島は日本の属国であり、日本と同じ法体系で統治されています。人々は勤勉で、性格は穏やかです」と述べており、ペリーは琉球に到着してからも琉球を日本の属国と位置付けている。

　次に、1853年6月25日付のペリーから海軍長官に宛てた書簡においてペリーは「実際には、琉球は日本の重要な属国であり、この段階に至ってもわれわれが当面の目的を遂行するうえで必要なことにはすべて制約が課されています」と述べている。

355

その後、1853年7月8日にペリーは初めて日本に上陸し、アメリカ大統領の国書を幕府側の役人に渡してから、来年の春に日本の皇帝のお返事を受け取るためにまた来日することを約束してから、中国に向けて7月17日に日本を出発した。

　1853年12月24日に香港からペリーは海軍長官に書簡を送り、その中で「12世紀以来、絶えることなく継続している琉球王国の系譜をたどると、日本への依存が甚だしい政治的な隷属と拘束の状態にあり、アメリカなど外国政府からの影響力行使と保護を活発に行う価値があると聞かされたら、海軍省は驚かれることでしょう」と述べている。ペリーは日本による琉球の厳しい支配の状態について、アメリカ政府による「影響力行使と保護を活発におこなう価値がある」と言っている。

　次に、1854年1月に那覇に戻り、同月25日に海軍長官に宛てた書簡ではペリーは「日本政府が交渉を拒み、あるいはアメリカの商人や捕鯨船が避難する港の指定を拒んだ場合には、目的達成のために私としては、アメリカ国旗の監視のもと、アメリカ市民への侮辱的言動や権利侵害に対する是正要求を行動の基盤として対応する考えです。私の言動の認否にかかわる政府の決定が判明するまでは、帝国の属領である大琉球島は拘束状態におかれます。こうした裁定が下されるまでは、一切の責任はひとえに私にかかっており、一定の政治的予防策として受け止めます。江戸に向けてこの那覇港を出航する前に、こうした方針のもと予備的な措置を講じなければ、ロシアやフランス、おそらくはイギリスに先手を打たれることでしょう」と述べている。以上から理解できるように、日本政府が交渉を拒否する場合、ペリーは琉球を「拘束状態」にする計画があり、さらに自分の計画を認められてもらうために、琉球に対する西洋列強の関心についてアメリカ政府に注目させようとしていた。

　だが、ペリーの計画に対して、1854年5月30日に海軍長官からペリー提督に宛てた書簡では琉球の占領提案について「当惑を覚えずにはいられません」、また「この件についての判断を委ねられた大統領は、提案の背景にある愛国的な動機を高く評価しているものの、現状をこえる緊急かつ強力な理由が生じない限り、連邦議会の承認なしに、琉球という遠い国のある島を占領し、これを継続することに、あまり乗り気ではありません」という指示が見られる。

　1854年2月9日に日本に向けての海上において、ペリーは再び海軍長官に書簡を送った際、「われわれの知るところでは、宮古諸島は大琉球の国王と諮問機関が任命した官吏集団によって統治されていますが、日本やその属領では習慣化している陰湿な嫉妬感情も絡んで、被任命者は頻繁に変わります。また、宮古諸島は琉球に従属し、琉球の政府に年毎に税金を納めています。さらに、琉球は日本帝国の封建領土であるとの情報もありますが、薩摩侯のみに義務を

負っていると主張する著述家もいます」と記している。以上から見ると、ペリー
は琉球と日本の関係や琉球と周りの島々の関係について、ヨーロッパや中国な
どで確保することができた諸文献からできるだけ詳細な情報を集めていたこと
が窺える。

　1854年2月13日にペリーは再び来日した。ペリーは儒者の林大学頭と交渉す
ることになり、日米の2回目の交渉は3月17日に行われた。その際、以前にペ
リーに提出された漢文で記されている日本側の条約草案について、両者は提案
と回答を連続して行い、議論した。
　幕府側の条約草案について、第6の日本の提案では「琉球は大変遠い国であ
り、その港の開放について日本が論じることはできません」と記されている。
これに関して、ペリーは「アメリカ国民が琉球と自由に交流してはならないと
いう正当な理由はありませんので、この提案については譲歩できません」と応
答したのである。
　この日本側の提案とペリーの応答から見ると、ペリーはそれ以前に幕府に琉
球の開港の要求をしていたが、幕府は琉球が地理的に遠いので日本側が琉球開
港について交渉することが出来ないと述べた。幕府側の琉球の位置付けに基づ
いて、ペリーはアメリカ人が琉球と「自由に交流してはならない正当な理由は」
ない、すなわちアメリカ人が琉球と自由に交流することができると示唆したの
である。
　その後、ペリーは下田及び松前の開港確約に成功したので、幕府に琉球の開
港についてそれ以上プレッシャーをかけることはしなかった。しかし、今まで
述べてきたように、2回目の来日において幕府との交渉前にペリーは連続して
琉球を日本の厳しい支配下にあると解釈していたが、幕府と交渉した後は、琉
球の位置付けについて、少し異なる意見を持つようになったことに留意すべき
である。これについて、以下の記録の内容は極めて重要なものである。
　1854年7月18日に、海上からペリーが海軍長官に宛てた書簡において、ペリー
は「私の書簡（番号41）で表明した見解は、その後の観察によって正しさが立
証され、琉球は、日本あるいは中国のいずれに対しても忠誠関係が希薄で、一
種の独立国（独立主権）であるようですが、中華帝国との関係をより強く志向
しています。台湾から九州まで連なる島々はすべて琉球の統治下にありますが、
守護者たる大琉球島との交流は、海上交通が中心のゆるやかなものです」と述
べている。すなわち、ペリーは幕府と交渉して、幕府が「琉球は大変遠い国で
あり、その港の開放について日本が論じることはできません」と述べてから、
琉球は「一種の独立国（独立主権）であるようだ」と位置付けるようになったこ
とが理解できる。

357

次の日（7月19日）に、海軍長官に宛てた書簡でペリーは、「私はまた、琉球
王国府との間で盟約を締結しました。この盟約は、島にある港を訪れるすべて
のアメリカ人を丁寧に友好的に処遇し、求められた物品を全て提供すること、
並びに「王国内の海岸に漂着した難破船の乗員をすべて救助し援護すること、
を政府と一般の人々に課しています。また、水先案内業務の確立も規定してい
ます」ということなどを記した。この記録から分かるように、ペリーは「琉球
王国府」と盟約を締結しており、日本側はこの交渉に参加していなかったので
ある。

　私が上梓した『世界史からみた「琉球処分」』（榕樹書林、2017年）では琉球
が幕末に西洋列強と締結した琉米・琉仏・琉蘭条約（以下は便宜的に「三条
約」で表す）に注目することで、「琉球処分」のプロセスにおいて清朝・明治
政府・琉球のみではなく、西洋列強も関わったことを明らかにした。これに
関して、私の研究から改めて浮かび上がった問題の一つは、琉球は「独立国」
としてアメリカ・フランス・オランダと条約（盟約、協定、条約）を締結した
のかということである。[3]まず、私の本では「琉球の独立性を示すことができ
るはずであったこれらの「三条約」」という表現を使用しているが、それらの
「三条約」は「琉球の独立性を示す可能性もあった」というふうに変更した方が
適切だと思うようになった（この点について以下の論文ではすでに指摘して
いる。Marco Tinello, "Islands between empires: the Ryukyu shobun in Japanese and
American expansion in the pacific," *Critical Asian Studies,* Vol. 54, 2022. "Early Meiji
Diplomacy Viewed through the Lens of the International Treaties Culminating in the
Annexation of the Ryukyus," *The Asia-Pacific Journal: Japan Focus,* Vol. 19 Issue 6,
2021)。 すなわち、「三条約」はどうしても琉球の独立性を示すというよりも、
それらの「三条約」が存在していたので、琉球の併合プロセスに西洋列強も関
わりがあったということに注目したい。
　次に、本解説を契機に次のことを明記したい。琉球が締結した「三条約」に
関して、私は、現在に生きているわれわれの視点というよりも、その条約に関
わった当時の人々の視点の方に関心を持っている。本解説で理解できるように、
ペリーは琉球が完全に独立国であることを明確にしていなかったが、琉球と盟
約（条約）を締結する際、アメリカ政府宛ての書簡では、琉球が日本と中国に

3　琉球の「三条約」の正式な名称について、以下の研究を参考。山城智史「琉
米コンパクトをめぐるペリー提督の琉球認識」『環太平洋地域文化研究』No. 3,
2022。下岡絵理奈「琉仏協定再考─琉仏協定の条項と仏人の来琉・滞琉経験─」
『琉球沖縄歴史』第 5 、2023年8月。

対して希薄な忠誠関係がありながら琉球を「一種の独立国（独立主権）である
ようだ」と位置付けた。すなわち、1854年7月の時点で、ペリーは琉球に不平
等的な盟約（条約）を締結することを認めたと思われる。

　琉米盟約（条約）の締結交渉について、ペリーの通訳者であったS・W・ウィ
リアムズは興味深い記録を残した。これによると、アメリカ側が準備していた
条約の前文に対して、琉球側は「この前文が主張しているように、われわれが
独立国としての立場を装うと、皇帝の激怒を買うのではなかろうか」という理
由で反論した。つまり、アメリカ側が琉球国と独立国同士で条約を締結しよう
としていたが、琉球側は中国の皇帝の感情を害しないように前文に書かれてい
た琉球の「独立」に関する表現を除外したい旨を主張し、それが認められたの
である。これらの琉球側の要求によって条約では「独立」という表現がなくなっ
たにも関わらず、琉球人にとっての琉米盟約（条約）の意義についてウィリア
ムズは「かくして沖縄は、これまでよりも国家としていっそう立派な地位をや
がて獲得するであろう。この盟約が温和な、かつ、平和を愛好するこの島人た
ちに、永遠の幸福をもたらすであろうことを、固く信ずるものである」と述べた。
ウィリアムズは、琉米盟約（条約）を締結することで、琉球が国際的にそれま
でよりも「国家としていっそう立派な地位」が認められるであろうと考えてい
たのである。

　だが、以上は史料から読み取れるペリーとウィリアムズの1854年の時点の認
識でしかなく、これのみで琉米盟約（条約）は琉球の独立性を永遠に保障する
わけではない。その後、1860年代の当時の人々、そして1870年代において琉球
藩が沖縄県として日本に併合された際の当時の人々にとってその「三条約」は
どのような意義を持っていたか具体的に検討する必要がある。

　現在（2024年2月）私からみると、琉球の「三条約」は必ず琉球の独立性を証
明する、あるいはその条約自体は絶対琉球の独立性を証明できないといった、
史料を調べることない浅薄な考え方を批判し、その条約に関わった当時の人々
の観点について、より詳細な研究が望ましいと考えている。なぜなら、当時の
人々がそれらの「三条約」の歴史的な重要性を理解することをわれわれに啓発
ずるからである。

4　S. Wells Williams, "A Journal of the Perry Expedition to Japan (1853-1854)," edited by his son F. W. Williams, *Transactions of the Asiatic Society of Japan,* vol. 23, part. 2, Yokohama: Kelly & Walsh, 1910.

人名索引

【L】

Lew *165*

【M】

M.C.P. *67, 72, 109, 240, 256*

【あ】

アームストロング *141*
アウリック *11, 17*
アダムズ *88, 91, 102, 134, 141, 217, 219, 220, 222-225, 227, 228, 242, 259, 261, 269, 294, 313*
アボット *11, 214, 232, 261*
新嘉喜 *302*
アントン・ジュニア *328, 329*

【い】

伊佐 *281*
伊澤 *224, 229, 251, 253, 272, 281, 284*
井戸 *229, 251, 253, 272, 284*

【う】

ウィークス *323*
ヴィクトリア *63*
ウィリアムズ ... *46, 61, 89, 102, 219, 233, 262, 271, 289, 328, 329*
ウェイド *323*
ウェイン *164*
ウェットモア ... *49, 82, 83, 122, 149, 150*
ウェップ *160, 293*
ウェブスター *125*
ウォーカー ... *11, 88, 140, 154, 164, 172, 191-196, 261*
ウォルシュ *120, 122*
鵜殿 *229, 251, 253, 272, 284*
思戸 *301*

【え】

エアズ *311, 312*
エヴァレット *26, 33, 34*
エルドリッジ *283, 286, 289, 290*
エンディコット *121*

【お】

オーキャラハン *308, 309*
オーリック *37, 40*
小笠原 *72, 163*
オルテリウス *162*

【か】

カーンズ *323*
金城 *302*
カニンガム *188, 191, 193, 195, 196*
ガマ *326*
香山 *90, 96, 225, 226, 228, 242*

【き】

キーナン *328, 329*
儀間 *299, 301*
牛 *302*
ギリアム *323*
ギリス *40*
キング *49, 82, 83, 120, 122, 149, 150, 190*

【く】

クァスト *162*
クーレン *162*
クック *326*
国吉 *302*
グラッソン *261, 295, 299, 318*
クラプロート *72, 75, 163*
クラレンドン *152, 156*

グリン …………… *210, 213, 293, 298*
クルティウス ……………………… *44*
グレイ ………………………… *310*
黒川 ……………… *248, 249, 281, 291*
クロフォード ……………………… *32*

【け】

ゲスト ………………………… *307, 312*
ケネディ ……… *14, 15, 23, 27, 32, 35*
ゲラン ………………………… *210*
ケリー ……………… *11, 37, 57-59,*
  77-84, 115, 123, 124, 126, 127, 129,
  172, 175, 261, 306, 310, 312, 318
ケンペル ………… *71, 72, 75, 162, 163*

【こ】

呉 ………………………… *302*
コールドウェル ……………… *141*
コナー ………………………… *323*
コフィン ………… *64, 67, 128, 160*
ゴロウニン ………………… *241*
コロンブス ………………… *326*
コンテ ……… *88, 89, 91, 102, 141, 142*
コンラッド ………………… *15, 23*

【さ】

サヴォリ ……… *68, 75, 76, 127, 159, 160*
三郎助 ……………………… *89*
サリバン ……………………… *323*
サンズ ………………………… *11*

【し】

シーボルト ………… *162, 211, 212, 241*
シーモア ……………………… *27, 28*
嶋谷 ……………………… *74*
謝 ………………………… *302*
尚 ……………………… *299, 303, 305*
ジョージ ……………… *28, 42, 152*
ジョーンズ ……………… *210, 293, 323*
ショバン ……………………… *320*

ジョンソン ……………… *76, 159, 323*
次郎兵衛 ……………………… *292*
シンクレア ……… *11, 116, 117, 140, 261,*
  281, 306
シンプソン ………… *155, 156, 158, 159*

【す】

スタージス ………………… *121*
スタフォード ……………… *27, 28*
スハープ ………………… *162*
スパイデン ……… *258, 283, 286, 290*
スプーナー ……………… *136, 138*
スミス ……… *49, 82, 83, 127, 323*

【た】

竹内 ………………………… *281, 284*
タスマン ……………………… *162*

【ち】

チェイピン ……………… *76, 159*
知念 ………………………… *302*
チャールトン ……………… *157, 158*

【つ】

都築 ……………………… *281, 284*

【て】

デイビス ……………………… *314*
テイラー ……………… *114, 146*

【と】

トゥイスト ……………… *45, 207*
徳川 ……………………… *151*
渡慶次 ……………………… *301-303*
戸田 ………………………… *96*
ドナルドソン ……………… *311, 312*
ドビン ……… *10, 36, 39, 41, 60, 84, 87,*
  113, 116, 125, 130, 132, 135, 142, 143,

361

145, 147, 154, 167, 178, 190, 191, 198,
201, 205, 209, 213, 215, 218, 256, 261,
268, 270, 283, 294, 297, 298, 306, 313,
316, 319, 320, 321
トルレス …………………………… 162
トレイン …………………………… 323

【な】

ナイ … 49, 82, 83, 116, 120, 122, 149, 150
中尾 ………………………………… 74
中島 ………………………………… 89

【は】

馬 …………………………………… 305
パーカー ………… 116, 149, 150, 314
パーキンス ………………… 120, 122
ハード …… 49, 82, 83, 120, 122, 149,
150, 323
パードン ………………… 120, 122
ハウエル …………………………… 141
バウリング ………………………… 317
ハスケル …………………………… 329
パターソン ………………………… 323
バターワース ……………………… 317
八兵衛 ……………………………… 74
ハッブル ………… 120, 122, 149, 150
林 … 72, 226, 228, 229, 243, 245, 249- 251,
253, 267, 272, 284
バリー ……………………………… 257
ハリス ……………………… 191, 192
バレステール ……………………… 314
ハンター ………………… 120, 122

【ひ】

ピアース …………………………… 10
ピアソン …………………………… 309
ビーチー ……… 63, 64, 67-69, 128, 153,
157, 160, 279, 280, 336
彦右衛門 …………………………… 292
ビドル ……………………………… 17
ヒューソン ………………………… 323

【ふ】

ファイト …………………………… 75
フィッシャー ……………………… 323
フィッツジェラルド ……………… 141
フィルモア ………………… 24, 26
フィンドレイ ……………………… 67
ブエノ ……………………………… 162
フォーブス ………………… 78, 132
ブキャナン ……… 11, 40, 88, 91, 102, 230,
254, 261, 310
フリース …………………………… 162
プリンス …………………… 45, 207
ブル ………………………… 49, 82
フルソン …………………………… 30
ブルック …………………………… 314
ブルボロン ………………… 56, 192

【へ】

ヘイガン …………………………… 323
ベイリー …………………………… 67
ベネット …………………… 279, 280
ペリー（秘書官）………… 219, 220
ペリュー …………………………… 190
ヘロデ ……………………………… 221
ベント … 92, 103, 271, 278-280, 291, 292,
333, 336, 339

【ほ】

ボイル ……………………… 11, 261
ボード ………………… 295, 299, 303
ポートマン … 89, 103, 219, 230, 262, 289,
291, 292
ポープ ……………… 11, 224, 261, 310
ポールディング …………………… 11
ボナム … 42, 79, 152, 156, 161, 205, 208
ボルチ ……………………………… 129
ホワイティング …………………… 141
ポンティアティン ………………… 155
ホンディウス ……………………… 162

362

【ま】

マーシャル ……………… 37, 46, 48-50, 55,
　　　　　78-81, 112, 115, 133, 134, 136-138,
　　　　　140, 147, 166, 167, 170, 173, 174-
　　　　　177, 179, 188, 191, 194, 196
マーフィー ………………………… 307
マキントッシュ ………………… 323
マグフォード ……………………… 191
マクルーニー ……………………… 11
マクレーン …… 112, 113, 130, 144, 145,
　　　　　197-200, 217, 253, 254, 310, 314,
　　　　　316, 317
マザロ ……………………… 157-159
マシュー ………………………… 215
マゼラン ……………… 72, 163, 326
マッカーティ ……………… 193, 310
マッコークル ……………………… 309
松崎 ……………………… 229, 284
マディガン ……………………… 279

【み】

ミトゥ …………………… 301, 302
ミルチャンプ ……………… 157, 159

【も】

モア ……………………………… 120
毛 ………………………………… 302
モーゼス ………… 120, 122, 149, 150
モーリー ………… 293, 330, 334, 336
モットリー ……………………… 160
モリス ……………………………… 160
森山 …………… 240, 248, 249, 289, 298
モロウ …………………… 130, 319

【や】

屋良 ……………………………… 302
ヤンソニウス …………………… 162

【よ】

与八 ……………………………… 292

【ら】

ラッセル ……… 49, 78, 82, 83, 120, 122,
　　　　　149, 150, 165, 309
ラ・ペルーズ ……………………… 326

【り】

李 …………………………………… 302
リー ……… 11, 88, 93, 110, 121, 166, 170,
　　　　　173, 174, 176, 261
リトケ ……………………………… 63
リュークレイター ……………… 311
リンスホーテン ………………… 162

【る】

ルイス ……………… 120, 122, 149, 150

【れ】

レイ …………………… 156, 158, 310

【ろ】

ローデス ………………………… 320
ロバーツ ……………… 17, 114, 314
ロビンソン ……………………… 323

363

地名索引

【A】

Abbey Point ································ *277*

【C】

Castle island ······························ *69*

【N】

North channel ·························· *277*
North island ····························· *70*

【S】

SAND bay ································· *70*
South Channel ························· *275*
Southern Head ························· *280*
Square Rock ···························· *279*

【W】

Wood Hill ································· *275*

【あ】

赤崎 ·· *330*
粟国島 ····································· *275*
アジア ···························· *16, 86, 108*
厚岸 ·· *271*
アナポリス ······························ *318*
兄島 ···································· *67, 70*
アビー岬 ································· *277*
アフリカ ································· *30*
天草島 ····································· *74*
奄美 ································· *102, 255*
奄美大島 ············· *210-212, 270, 293*
網の小路 ··································· *74*
アメリカ停泊地 ········ *100, 102, 218,*
    220, 222, 223, 231, 337, 338
厦門 ············· *117, 124, 136, 139, 140,*
    147, 270, 296 310
アルゾビスポス諸島 ················· *162*

【い】

伊江島 ····································· *278*
壱岐島 ····································· *74*
イギリス ········ *15, 20, 27, 28, 31, 40, 42,*
    62-64, 67, 69, 76, 89, 115, 119, 131,
    133, 134, 146, 152, 153, 155-161, 169,
    176, 185-189, 192, 203, 265, 271, 297,
    308, 310, 314, 316, 318, 320, 328
石垣島 ····································· *302*
伊豆大島 ································· *330*
伊豆七島 ····························· *330, 336*
伊豆国 ······················· *72, 74, 96, 236*
伊豆藩 ····································· *272*
伊豆半島 ····························· *72, 332*
伊豆岬 ················· *237, 330, 332, 333*
イタリア ····························· *159, 212*
犬走島 ····························· *284, 331*
石廊崎 ····························· *237, 330*
インガソル区域 ························ *337*
インドネシア ····················· *44, 206*
インド洋 ·················· *35, 61, 314, 318*

【う】

ヴァンダリア断崖 ········· *330, 331, 333*
ウェブスター島 ············ *231, 337, 339*
内浦湾 ····································· *270*
馬の背 ································· *334-336*
浦賀 ········ *85, 88-96, 98-100, 102, 104,*
    219, 223-228, 236, 242, 336
浦賀沖 ····························· *93, 218, 222*
浦賀水道 ····························· *336, 338*
浦賀停泊地 ······························ *100*
運天 ································· *126, 279*
運天港 ····························· *86, 278, 279*

【え】

エジプト ································· *61*
蝦夷 ····························· *72, 236, 240, 271,*
    298, 319, 334
蝦夷島 ····························· *269, 278*

江戸 ……… *17, 26, 65, 74, 77, 85, 86, 89, 90,*
92, 93, 95, 96, 99, 100, 102, 105, 108,
111, 124, 157, 199, 200, 202, 203, 206,
217, 219, 220, 222-228, 242, 243, 249,
256, 281, 289, 336, 337

択捉 ……………………………… *271*

江戸湾 ………… *15, 65, 85, 86, 88, 104,*
105, 113, 116, 132, 197, 202, 216, 219,
220, 222, 223, 225, 227, 228, 242, 243,
249, 254, 259, 264, 267, 269, 330, 332,
336, 338

江良町 …………………………… *271*
煙突岩 …………………………… *279*

【お】

奥武山 …………………………… *276*
大島 ………………… *102, 330, 331, 336*
オオ‐シマ ……………………… *210*
オーストラリア ………………… *35*
オーストリア …………………… *181*
大津湾 …………………………… *337*
オール・サンゴ礁 ……………… *277*
オール水路 ………………… *276, 277*
小笠原諸島 ……… *61-64, 67, 68, 71-76,*
84, 86, 124, 127, 152, 153, 155-158,
161-163, 205, 208, 238, 279, 280

小笠原島 …………………… *72, 163*
沖港 ……………………………… *128*
沖縄島 …………………………… *212*
弟島 ………………… *67, 70, 76, 129*
オマーン ………………………… *21*
オランダ … *15-17, 22, 24, 30, 31, 42-45,*
64, 71, 75, 105, 152, 162, 200, 206,
252, 319

オランダ領東インド諸島 ………… *44*
オレゴン州 ……………………… *15*
オレゴン準州 …………………… *24*

【か】

柿崎 …………………………… *284, 332*
加計呂麻島 ……………………… *211*
神奈川 …………………… *270, 274, 338*
神奈川沖 ………………… *259, 267-269*
神奈川港 ………………………… *233*
カナダ …………………………… *130*
カナリー諸島 …………………… *69*
鎌倉 ……………………………… *219*
カミサキ岬 ……………………… *337-339*
カムシンムーン ………………… *123*
カムチャツカ …………………… *132*
亀田川 …………………… *335, 336*
樺太 ……………………………… *271*
カリフォルニア ……… *19, 24, 25, 31, 35,*
61-63, 76, 160, 237, 259

カリフォルニア州 ……………… *24*
カワツ湾 ………………………… *336*
広東 ………… *42, 53, 61, 63, 77, 114,*
118, 119, 121, 123, 124, 131-134, 136,
138, 139, 146, 148, 150, 166, 167-170,
172-174, 176, 179, 182, 185, 186, 194,
196, 314, 316, 325, 326

上ノ根島 ………………………… *210*
観音崎 …………………………… *337*

【き】

喜界島 …………………………… *211*
北航路 …………………………… *277*
北太平洋 ………………………… *160*
喜望峰 …………………………… *35*
キャプスタン岬 ………………… *276*
九州 …………………………… *211, 293*
金星門 …………………………… *123*
金武湾 …………………………… *129*

【く】

グアム島 ………………………… *76, 159*
湖城村 …………………………… *301*
久米村 …………………………… *302*
久里浜 …………………………… *95*
クレオパトラ諸島 …………… *210, 211*

365

【け】

慶良間諸島 ……………………… 275

【こ】

紅海 ……………………… 61, 320
黄海 ……………………… 58
広州 ……………………… 42
神津島 ……………………… 331, 333
コーチン・シナ ……………… 316
ゴール ……………………… 314, 320
国場川 ……………………… 275, 277
呉淞 ……………………… 164
コフィン諸島 ……………… 86
駒ケ岳 ……………………… 334
コロンビア川 ……………… 15
コンデ岬 ……………………… 279

【さ】

サウサンプトン岩 ………… 331, 333
相模岬 ……………… 332, 336, 339
相模湾 ……………………… 336
崎原岬 ……………………… 276
サスケハナ湾 ……………… 100, 337
サプライ岩 ……………… 331
サラトガの出洲 ………… 337, 339
猿島 ……………………… 337
サンガー海峡 ……………… 237, 334
サンドイッチ諸島 ……… 62, 76, 155,
　　157, 158, 190, 214, 280
サンフランシスコ … 62, 208, 214,
　　237, 256

【し】

ジェノア ……………… 76, 159
汐首岬 ……………………… 334
四角岩 ……………………… 279, 280
下田 …………… 217, 236, 237, 239, 261,
　　266, 267, 269, 270, 272-274, 281-287,
　　291, 292, 297, 330, 332, 333
下田沖 ……………………… 262
下田港 ……… 73, 74, 217, 237, 239, 272,
　　284-287, 289-292, 330, 332
ジャカルタ ……………………… 206

シャム ……………… 21, 314-317
ジャワ島 ……………………… 44
ジャンク川 ……………………… 277
ジャンク・ハーバー …………… 275
上海 ……… 37, 38, 42, 43, 46-51, 56-59,
　　61-63, 65, 77, 81, 83, 123, 131-133,
　　136, 137, 139, 140, 148, 154, 155,
　　164-170, 172, 175, 176, 180-185,
　　187, 188, 191-197, 200, 202, 208,
　　214, 216-218, 237, 256, 281, 306,
　　309-311, 316
上海川 ……………………… 62
上海港 …… 49, 78, 81, 155, 167, 185, 187
シュガーローフ島 ……………… 278
珠江 ……………………… 123
首里 ……………… 212, 299
条約岬 ……………………… 338
白浜湾 ……………………… 333
尻屋崎 ……………………… 334
シンガポール …… 32, 37, 314, 316-318

【す】

須崎 ……………… 330, 333
スターボード海岸 ……………… 69
ステープルトン ……………… 67
スペイン ……………………… 15

【せ】

セイロン ……………… 314, 320
浙江省 ……………………… 137
銭洲 ……………………… 333
セブン・ファゾム ……………… 275
センター島 ……………… 284, 331-333

【た】

タイ ……………… 21, 314
ダイアモンド岬 ……… 330, 331, 333
大英帝国 ……………………… 31
太平洋 ……………… 17, 19, 24, 32, 64, 156,
　　157, 189, 245, 257, 258, 316
太平洋沿岸 ……… 20, 61, 106, 108
大琉球 … 77, 202, 208, 211, 212, 253, 304
大琉球島 ……… 203, 211, 212, 275, 278,

280, 293, 304
台湾 ………… 211, 212, 270, 293, 319

【ち】

父島 ………… 61, 62, 64, 67-70, 75, 76, 86, 127-129, 157, 159, 238, 279
チュー川 ………………… 123
中東 ………………… 213
長江 ………………… 165
朝鮮 ………………… 72
チリ ………………… 124

【つ】

津軽海峡 ………… 237, 240, 241, 334
築島 ………………… 335
ツキ岬 ………………… 335
爪木崎 ………………… 330
剱崎 ………………… 332, 336

【て】

テーブル湾 ………………… 35
出島 ………… 22, 44, 45, 71, 206, 207
天津 ………………… 168
テン・ファゾム ………………… 70
テンファゾム・ホール ………… 280
デンマーク ………………… 76

【と】

ドイツ ………… 71, 72, 162
灯台岬 ………………… 338
トカラ列島 ………………… 210
徳之島 ………………… 211
十島村 ………………… 210
泊 ………………… 304
泊岬 ………………… 275, 277

【な】

長崎 ……… 16, 22, 71, 90, 91, 94, 98, 99, 101, 151, 152, 202, 217, 231, 233-236, 238, 247, 252, 253, 263, 271, 273
長崎港 ………………… 15, 248
夏島 ………………… 231, 337

那覇 …… 59-61, 66, 77, 84, 123, 126-128, 199, 207, 236, 275, 278, 280, 295, 296, 299-305, 333
那覇港 ………………… 59, 65, 79, 86, 88, 106, 202, 203, 208, 213, 253, 255, 275-277, 295, 336
那覇港外停泊地 ………………… 79, 129
南京 ………… 42, 46, 48, 51, 79, 130, 169, 172, 186, 187, 192
ナンタケット ………………… 64

【に】

新島 ………………… 73
西インド諸島 ………………… 27
西村 ………………… 302
日本海 ………………… 241, 245
ニューベッドフォード ………… 64
ニューポート ………………… 128
ニューヨーク ……… 27, 32, 62, 63, 131, 147, 214, 318-320
ニューヨーク州 ………………… 31
寧波 ……… 137-139, 191, 193, 195-197, 270, 296, 310

【ね】

根岸湾 ………………… 337

【の】

ノーフォーク ………………… 14, 214, 318

【は】

ハーグ ………………… 30, 44
バージニア州 ………………… 14, 318
バイテンゾルフ ………………… 206
白河 ………………… 51, 55, 58
函館 ………………… 240
箱館 ……… 240, 241, 251, 261, 265-267, 269, 270, 272-273, 278, 281-285, 289, 295, 334, 335
箱館港 ………… 240, 251, 269, 270, 272, 278, 284, 285, 334, 335
箱館湾 ………………… 241, 334
バタヴィア ………………… 206

367

旗山崎 …………………………… *100, 224*
八丈島 …………………………… *72-74, 163*
バックランド …………………… *67*
パナマ …………………………… *17, 217*
羽田沖 …………………………… *337*
ハバー …………………………… *130*
母島列島 ………………… *67, 86, 128*
バマ島 …………………………… *129*
浜比嘉島 ………………………… *129*
パリー諸島 ……………………… *67*
バルパライソ …………………… *124*
バロウ湾 ………………………… *129*
ハワイ …………………………… *190*
ハワイ諸島 ……… *62, 63, 155, 208, 214*
バンコク ………………………… *314*
帆船港 …………………… *275, 276*

【ひ】

ピール島 ………………………… *61, 67*
東インド（諸島）海域 ……… *17, 31, 40,*
    113
東村 ……………………… *301, 302*
東インド洋 ……………………… *35*
毘沙子島 ………………… *331, 333*
肥前 ……………………………… *75*
ヒルズボロ ……………………… *128*
岷江 ……………………………… *136*

【ふ】

黄埔 ……… *119, 121-123, 138, 167, 173*
フィラデルフィア ……………… *214*
フォールス・キャプスタン岬 …… *275,*
    277
フォルモサ ……………………… *211*
福州 ……………… *136, 138-140, 196,*
    197, 270, 296, 310
二見港 ……………… *69, 70, 76, 86, 205,*
    208, 279, 280
二見湾 …………… *61, 63-65, 68, 75, 127,*
    157, 159, 279
富津岬 …………………………… *337*
無人島 ……… *18, 69, 71, 72, 157, 160,*
    163, 210

ブラジル ………………………… *70*
フランス ……… *47, 56, 72, 76, 132, 134,*
    147, 151, 152, 169, 187, 189, 192,
    203, 210, 265, 297, 316
ブラント岬 ……………………… *334*
プリマス岩 ……………… *336, 337*
プルウォレジョ ………………… *44*
ブロッサム・サンゴ礁 ……… *275, 277*
噴火湾 …………………………… *270*

【へ】

ヘイコック ……………………… *338*
ベイリー諸島 …………………… *67, 128*
北京 ………… *42, 51-53, 55, 56, 114,*
    115, 154, 164, 166, 168
ベトナム ………………………… *316*
ペナン …………………………… *318*
ペリー島 ………………… *337, 339*
ヘレ岩 …………………………… *279*

【ほ】

ボード海岸 ……………………… *69*
ポートルイス …………………… *320*
ボゴール ………………………… *206*
ボストン ………………… *131, 214, 217*
渤海 ……………………………… *58*
ボニン諸島 ……………………… *61*
ホノルル ………………… *62, 190*
ポルトガル ………… *15, 20, 64, 162, 311*
ボルネオ ………………………… *32*
香港 …………… *11, 22, 32, 37, 60-63,*
    79, 80, 117, 119, 123, 131, 140, 148,
    151, 155, 159, 161, 164, 166, 170,
    173, 175, 184, 189, 191, 195, 197,
    199, 205, 208, 209, 214, 217, 255,
    270, 281, 296, 297, 306, 310, 313,
    327, 328, 329, 339
本牧岬 …………………………… *338*

【ま】

マカオ ………… *11, 22, 36, 37, 41, 46,*
    59, 84, 114, 120-123, 131, 133, 137,
    138, 140, 141, 144, 146, 151, 164,

167, 173, 174, 181, 196, 198, 200,
214, 254, 262, 278, 280, 324
マカオ海峡 ……………………… 119
マガラニア …………………… 72, 163
マサチューセッツ州 ……… 64, 76, 159
マスカット ……………………… 21
松前 ………… 235-241, 271, 283, 334
松前港 ……………… 217, 235, 237
松前藩 ……………………… 272
マデイラ ………………… 27-29, 69
マビラ ……………………… 271
マラッカ海峡 ………………… 318
マリアナ諸島 ……………… 76, 159
マルセイユ ……………………… 62
漫湖 ……………………… 275
マンダリン断崖 ……………… 338

【み】

三浦半島 ……………………… 332
三重城 ………………… 276, 302
御蔵島 ………………… 73, 74
神子元島 ……………… 290, 330
ミシシッピ湾 ……………… 337
南航路 ………………… 275, 277
南崎 ……………………… 280
三宅島 ……………… 73, 331, 333
宮古島 ……………… 212, 255, 302
宮古諸島 ……………………… 211
宮之浜 ……………………… 70

【む】

鄂島列島 ……………………… 67
ム - ニン - シマ ……………… 72, 163

【め】

メキシコ ………………… 30, 70
メリーランド州 ……………… 318
メルヴィル港 ………………… 126, 278

【も】

モーリシャス島 ……………… 320
モンタナ州 ……………………… 130

【や】

八重山島 ……………………… 302
屋良座森城 …………………… 276

【ゆ】

雪崎 ……………………… 276

【よ】

揚子江 …………… 42, 62, 175, 185, 187
ヨーロッパ …… 15, 16, 20, 25, 58, 61, 62,
64, 71, 108, 153, 162, 173, 189, 198,
212, 224, 226, 287, 297, 319
横当島 ……………………… 210
横須賀 ……………………… 231
横根岩 ………………… 332, 333
横浜 ……………… 100, 289, 338, 339
横浜沖 …… 216, 228, 242, 243, 249, 264

【ら】

ラトナ島 ……………………… 211
ラドローネ諸島 ……………… 76, 159
ラブアン諸島 ……………………… 32

【り】

リバプール ……………………… 62
琉球 …… 29, 30, 33, 46, 59, 60, 65, 66,
72, 77, 79, 85, 86, 102, 106, 117,
123, 126, 127, 129, 135, 138, 140,
154, 169, 175, 184, 199, 204, 207,
208, 211-213, 216, 235, 236, 238,
239, 255, 270, 276, 293, 295, 296,
298, 303, 304, 319, 333, 336
琉球王国 ……… 153, 296, 299, 302, 304
琉球諸島 …… 29, 30, 184, 208, 210-212
琉球島 ……… 61, 65, 77, 84, 86, 88, 123,
127, 153, 204, 212, 255, 256, 278

【る】

ルビコン岬 ……………………… 224

369

【れ】

レセプション湾 ························· *95*
レッドフィールド岩 ············· *333*

【ろ】

ロイド港 ······························· *61*
ロシア ··· *15, 39, 147, 151, 152, 155, 189,*
　　　200, 202, 203, 241, 247, 265, 297
ロック・アイランド ················ *290*
ロック島 ··························· *330-333*
ロンドン ······················· *23, 28, 64*

【わ】

ワシントン ····················· *10, 11,*
　　　15, 27, 32, 33, 35, 60, 110, 130, 198,
　　　201, 205, 214, 255, 259, 262, 283,
　　　296, 297, 298, 306, 316, 318-321
ワシントン市 ························· *26*
ワシントンＤ．Ｃ． ············· *38, 43, 47,*
　　　66, 78, 87, 116, 125, 132, 135, 147,
　　　167, 178, 190, 191, 213, 218, 256,
　　　268, 270, 294, 297, 298, 320
渡地村 ······························· *302*

[略 歴]

梓澤 登（あずさわ・のぼる）
　（訳著）『トロツキーは無罪だ！』（現代書館 2009）
　　　　『八月十五夜の茶屋』（彩流社 2012・同電子版 2022）
　　　　『ダルトン・トランボ』（七つ森書館 2016）
　　　　『国家機密と良心』共訳（岩波書店 2019）
　　　　『デューイが見た大正期の日本と中国』（論創社 2024）

ティネッロ・マルコ
　1977年　イタリア生れ
　2004年　国費留学生として来日、法政大学大学院、早稲田大学
　　　　　大学院で学ぶ
　2014年　ヴェネツィア・カ・フォスカリ大学で博士号取得
　2015年　第1回ヨーゼフ・クライナー博士記念法政大学国際日
　　　　　本学賞
　2016年　沖縄文化協会比嘉春潮賞受賞
　2017年　『世界史からみた「琉球処分」』（榕樹書林）で第1回徳
　　　　　川賞特別賞受賞
　現在、神奈川大学准教授

沖縄学術研究双書・20

ペリー提督日本遠征書簡集
——上海・香港・琉球・江戸湾・小笠原・箱館——

| ISBN978-4-89805-250-1　C0321 | 2024年　11月15日　印刷 |
| | 2024年　11月20日　発行 |

訳　者　梓　澤　　　登
解　説　ティネッロ・マルコ
発行者　武　石　和　実
発行所　（有）榕　樹　書　林

〒901-2215　沖縄県宜野湾市真栄原3丁目8-3
　　　　　　大光ビルⅢ-203
TEL 098-943-7991　FAX 098-943-7274
E-mail：gajumaru@chive.ocn.ne.jp
郵便振替　00170-1-362904

印刷・製本　（有）でいご印刷　Printed in Ryukyu
©NOBORU AZUSAWA 2024

第 48 回（2020）伊波普猷賞受賞

琉球海域史論 上 貿易・海賊・儀礼
琉球海域史論 下 海防・情報・近代

真栄平房昭著　琉球史を海域史という視座からとらえ直し、琉球史研究の新しい扉を押し開く。収録論文は上下合わせて 35 本に及ぶ！

A5、上製、総 1116 頁〈分売可〉定価各巻 13,200 円（本体 12,000 円＋税）

琉球弧叢書⑲

島津氏の琉球侵略 —もう一つの慶長の役

上原兼善著　1609 年の薩摩による琉球侵略という歴史的な転換点を、残された古文書をもとにその要因を探り、過程を明らかにし、その結果もたらされたものが何であったのかを分析する。400 年記念出版‼　274 頁　定価 4,180 円（本体 3,800 円＋税）

沖縄学術研究双書⑯

境域の近世 —慶長戦役後の琉球と薩摩

上原兼善著　1609（慶長 14）年の島津侵攻後の琉球—薩摩関係史を新しい視点から描き出す、『島津氏の琉球侵略』続編！

A5、並製　232 頁　定価 2,970 円（本体 2,700 円＋税）

沖縄学術研究双書⑲

牧志恩河一件 —琉球王国末期の疑獄事件

金城正篤著　緊張をはらんだ幕末期の琉球と薩摩——　牧志朝忠と恩河朝恒は何故とらわれたのか。謎の疑獄事件を伊江文書から解きあかす！

A5、並製　318 頁　定価 3,300 円（本体 3,000 円＋税）

琉球弧叢書㉚　徳川賞特別賞受賞

世界史からみた「琉球処分」

ティネッロ・マルコ著　従来、対日本、対中国との関係の中でのみ論じられてきた「琉球処分」を世界史的枠組の中でみるとどうなのかを、西欧列強のアジアへの進出と幕府の開国という歴史的背景をベースにして分析した注目の書。　定価 6,380 円（本体 5,800 円＋税）

琉球弧叢書㉝

絵解き「琉球処分」と東アジアの政治危機

大城宜武著　「琉球処分」の内実と東アジア情勢のからみあいを同時期の漫画・戯画の絵解きを通して分析した新「琉球処分」論。　218 頁　定価 3,960 円（本体 3,600 円＋税）

沖縄学研究資料④　　ISBN978-4-947667-85-4 C1021

琉球王国の崩壊【明治初期英字新聞琉球資料集成】
—大動乱期の日中外交戦

山口栄鉄編訳　グラント将軍の琉球分割案をめぐる当時の英字新聞・雑誌での論争を集成し、琉球王国の崩壊過程を探る。琉球の頭越しに事を進めようとする今が暗示されて背筋が寒くなる。　A5　238 頁　定価 3,300 円（本体 3,000 円＋税）

沖縄学研究資料⑪
1856 ペリー提督日本遠征記

琉球本島図／那覇港図

原寸大地図 2 枚セット　定価 1,980 円（本体 1,800 円＋税）

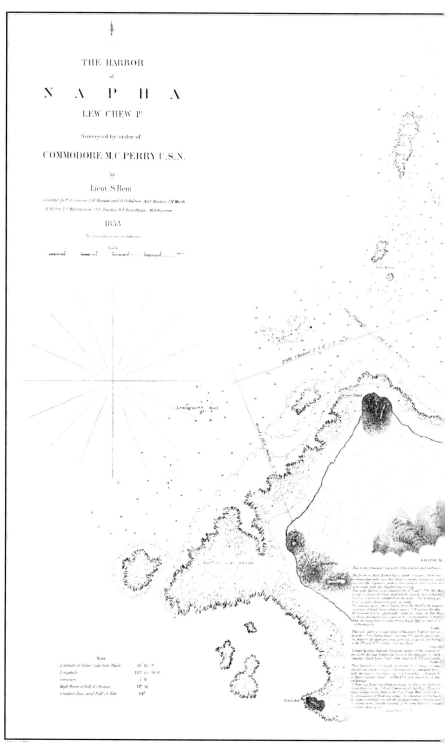